Axel Klausmeier • Leo Schmidt

MAUERRESTE
MAUERSPUREN

Der umfassende Führer zur Berliner Mauer

Westkreuz-Verlag
2005

Umschlagfoto:
Hinterlandmauer auf dem Gelände des Nordbahnhofes
(Kilometer 14)

Foto Seite 1:
Streckmetallzaun und Stachelfelder der Vorfeldsicherung
nördlich der Klemkestraße (Kilometer 7-9)

Die Deutsche Bibliothek – CIP Einheitsaufnahme

Klausmeier, Axel; Schmidt, Leo
Mauerreste – Mauerspuren
Der umfassende Führer zur Berliner Mauer
ISBN 3-929592-50-9

1. Auflage 2004
2. Auflage 2005

© **Lehrstuhl für Denkmalpflege**
BTU Cottbus
Postfach 101344
03013 Cottbus

www.tu-cottbus.de/berlinwall/

Westkreuz-Verlag GmbH Berlin/Bonn
Bühlenstraße 10-14
53902 Bad Münstereifel

Printed in Germany
Westkreuz-Druckerei Ahrens KG Berlin/Bonn
2005

Gesamtgestaltung: Christian Reher

Axel Klausmeier

Leo Schmidt

Mauerreste – Mauerspuren

Der umfassende Führer zur Berliner Mauer

Mit einem Vorwort von Jörg Haspel

Westkreuz-Verlag Berlin/Bonn
2005

Vorbemerkung zur zweiten Auflage

Dieser Führer ist auf der Grundlage einer umfassenden Dokumentation der Mauerreste auf Berliner Stadtgebiet entstanden, die vom Lehrstuhl Denkmalpflege der Brandenburgischen Technischen Universität Cottbus erstellt wurde. Auftraggeber der Dokumentation war das Land Berlin, vertreten durch die Senatsverwaltung für Stadtentwicklung.

Nach nur einem halben Jahr ist die erste Auflage von „Mauerreste – Mauerspuren" vergriffen. Die Neuauflage ermöglicht es den Autoren, die Informationen des Führers zu aktualisieren, denn einige neue Befunde konnten zusätzlich aufgefunden werden und erweitern unser Bild von der Gestalt der Grenzanlagen.

Zu diesen neu aufgenommenen Befunden gehören Spuren in der Brehmestraße in Pankow und in der Reichenberger Straße in Mitte. Dort zeichnen sich im Straßenpflaster jeweils eine Reihe von Asphaltflicken ab: sie zeigen, dass hier mitten in der Straße die Betonpfosten eines Zaunes standen. Er riegelte in den frühen 60er Jahren das Sperrgebiet ab, das den Grenzanlagen auf der nach Osten gewandten Seite vorgelagert war. Die anfangs noch recht ausgedehnten Grenzen des Sperrgebiets wurden später enger gefasst

und auch nicht mehr mit Zäunen, sondern mit rot-weißen Markierungen angezeigt, wie sie noch an einigen Stellen im Stadtgebiet erhalten sind.

Auf die spezielle Situation der Grenze am Wasser verweist ein Bauwerk nördlich der Schillingbrücke. Es handelt sich um ein massives Bootshaus aus Beton, in dem drei Patrouillenboote der Grenztruppen Platz fanden. Es ergänzt die benachbarten Anlagestellen, die in der Dokumentation bereits verzeichnet sind (S.187 und 192/193).

Ein weiteres Grenzbauwerk, das neu aufgenommen werden konnte, ist der Wachtturm auf dem ehemaligen Speichergebäude unmittelbar nordwestlich der Oberbaumbrücke, also am südlichen Ende der East Side Gallery. Aus dem Dach ragt eine Struktur, die sehr stark den am

Bootshaus der Grenztruppen am Spreeufer nördlich der Schillingbrücke

Wachturm auf dem ehemaligen Speicher an der East-Side-Gallery

Schlesischen Busch und am Kieler Eck erhalten gebliebenen Führungsstellen ähnelt. Dieser Turmaufbau ist auch auf dem historischen Foto auf S.199 erkennbar.

Weit größer als die Zahl der neu aufgenommenen Befunde ist allerdings leider die der Reste und Spuren der Grenze, die zwar bei der Erarbeitung der Dokumentation in den Jahren 2001 bis 2003 noch erfasst werden konnten, aber seither abhanden gekommen sind. Zu ihnen gehören der Mauerrest der „Ersten Generation" am Kapellenufer (S.142), der größte Teil der Hinterlandmauer an der Schillingbrücke (S.180, 186), die vier Lampen der Lichttrasse an der Sebastianstraße (S.183) und die Pfostenlöcher der Grenzmauer und der Hinterlandmauer in der Straßenoberfläche des Bethanien- und des Engeldamms. Durch Renovierungsarbeiten sind überdies einige Ansatzspuren der Hinterlandmauer an bestehenden Hauswänden, etwa

in der Onckenstraße (S.217) verloren gegangen.

Die vielen unterschiedlichen Situationen und Grenzbefunde in diesem Buch mögen, jede für sich, banal und hässlich sein, aber eine Qualität kann man ihnen dennoch nicht absprechen: sie sind authentisch in dem Sinne, dass sie an ihrem ursprünglichen Ort stehen und dass sie als unmittelbare materielle Quellen der Grenze gelesen werden können. Ganz anders dagegen die Situation an der Grenzübergangsstelle Friedrichstraße (Checkpoint Charlie). Nachdem man jahrelang nichts gegen den allmählichen Verlust der originalen Reste unternommen hatte, entstand im Herbst 2004 auf Initiative der Betreiber des 'Hauses am Checkpoint Charlie' entlang der Zimmerstraße und beidseits der Friedrichstraße eine insgesamt rund 200 Meter lange Reihe von Elementen der 'Grenzmauer 75'. Überdies weist die Anlage mit Hunderten von Holzkreuzen auf die Menschen hin, die an der Berliner Mauer und an der innerdeutschen Grenze zu Tode gekommen sind. Zwar wird das Bauwerk als „Kunstaktion" deklariert, doch der unbefangene Betrachter muss den Eindruck gewinnen, es handele sich um einen original erhaltenen Abschnitt der Berliner Mauer. Die verwendeten Elemente stammen in der Tat von den Grenz-

Mauerinstallation am Checkpoint Charlie

anlagen, wenn auch von ganz unterschiedlichen Orten; aber die Position der neuen Mauer am Checkpoint Charlie hat mit der ursprünglichen Situation an dieser weltweit bekannten und symbolhaften Stelle nichts zu tun. In Wirklichkeit verlief die Grenze rund zehn Meter entfernt an der Südseite der Zimmerstraße; die Straße selbst war Bestandteil des Todesstreifens, wie die historischen Fotos auf den S. 162-164 dieses Führers illustrieren. Die neu aufgestellte Reihe der Betonelemente suggeriert dagegen in bildhafter Weise, dass „die Berliner Mauer" nur eine Lücke zwischen bestehenden Häusern geschlossen habe. Sie banalisiert und verfälscht die historische Situation also in unverantwortlicher Weise und es ist zu hoffen, dass sie möglichst bald wieder entfernt wird.

* * *

Auch anlässlich der zweiten Auflage ist denjenigen zu danken, die die zugrundeliegende Dokumentation möglich gemacht haben und die sie begleiteten: es sind dies – vom Landesdenkmalamt Berlin – Gabi Dolff-Bonekämper, Jörg Haspel, Frank Hesse, Klaus-Henning von Krosigk und Hubert Staroste, sowie Uta Haubensak von der Senatsverwaltung Stadtentwicklung. An der Aufnahme der Reste und Spuren im Stadtgebiet und vor allem an der Weiterverarbeitung der gesammelten Daten waren zahlreiche Personen beteiligt, unter ihnen viele Studierende und Mitarbeiter der BTU Cottbus: Katja Beck, Barbara Eichmann, Polly Feversham, Patrick Gerdsmeier, Kai Giesler, Jessica Greis, Katja Heine, Fleur Hutchings, Marianne Kristen, Ralf Meier, Gudrun Morwinski, Antje Neitsch, Christian Reher, Bernhard Ritter, Meike Sasse, Frank Wadenpohl, Almut Weiler und Michael Ziegenbein. Christian Reher wandelte die Dokumentation in den vorliegenden Führer um und erstellte auch das Layout. Den Text der englischsprachigen Ausgabe „Wall Remnants – Wall Traces" besorgte Ralf Jaeger mit Unterstützung durch Claire Bennett. Den Umschlag gestaltete Dominik Lorentzen. Herstellung, Marketing und Vertrieb lagen in den Händen von Kristin Ahrens und Lutz Ahrens.

Ihnen allen sei herzlich gedankt.

Axel Klausmeier   Leo Schmidt

Die Berliner Mauer: Erkundung einer Geschichtslandschaft

'Wir haben die Verpflichtung, Dokumente dieses Irrsinns zu wahren, um uns gegen jeden Ansatz der Wiederkehr zu wappnen. Das Wort von der Unglaublichkeit des Mauerbaus müssen wir ernst nehmen. Es wird uns schon bald niemand mehr glauben wollen, dass so etwas in eine Großstadt gestellt wurde. Wir brauchen deshalb die Reste dieses schauerlichen Bauwerks als bleibende Zeitzeugen.... Es handelt sich um bedrückende Orte unserer Stadt. Man muss deshalb auch die Frage verstehen, warum nun, da man sich von diesem Druck befreit hat, man auch zukünftig diese deprimierenden Ausschnitte des Stadtbildes ertragen muss.'

Es war der damals für Denkmalpflege zuständige Berliner Senator Dr. Volker Hassemer, der 1995 auf einer Tagung des Deutschen Nationalkomitees für Denkmalschutz mit dieser Formulierung für die Erhaltung und Erschließung eines unbequemen Baudenkmals plädierte. Er warb damit um Akzeptanz für ein unerhört bekanntes und ungeheuer schwieriges Denkmal - und zugleich warb er um Toleranz für die Kritiker, die solche Denkmalzumutungen, oftmals auch aus biographischen Gründen, prinzipiell ablehnten.

Hassemers Plädoyer lässt etwas von den Kontroversen erahnen, die die Diskussionen um die Denkmaleigenschaft der Mauer von Beginn an begleiten. Man spürt darin auch die Argumentationsnöte, der sich Denkmalpflege und Politik in Sachen Berliner Mauer noch fünf Jahre nach der Einheit von Stadt und Land ausgesetzt sahen. Schließlich waren die Grenzanlagen zu diesem Zeitpunkt längst bis auf wenige denkmalgeschützte Mauerabschnitte und Wachttürme oder unbeachtet gebliebene Partien im Windschatten der städtebaulichen Entwicklung abgeräumt; das Bauwerk, das Berlin im Kalten Krieg zu trauriger Weltberühmtheit verholfen, als unüberwindliche Grenze zwischen zwei Hemisphären weltpolitische Bedeutung besessen und die Stadt geprägt hatte, bestand wenige Monate nach dem Zusammenbruch der DDR nur noch aus Rudimenten, die sich gleichsam als Inseln im Verlauf der vormaligen Grenzanlagen erhalten hatten.

Ein knappes Jahrzehnt später hat sich zwar die Zahl der unter Denkmalschutz gestellten Bauteile der Grenze verdoppelt, nicht zuletzt dank einer Senatsinitiative im Jahr 2001 und gestärkt durch Verwaltungsgerichtsurteile, die - wie jüngst im Falle des Wachtturms Kieler Straße - sowohl den Denkmalstatus als auch die Versagung eines Abbruchantrags für

Grenzdenkmale bestätigt haben, so dass heute insgesamt deutlich mehr als ein Dutzend Mauerabschnitte und Wachttürme als Baudenkmal in der Denkmalliste verzeichnet sind. Dem stehen freilich eine Unmenge schleichender und oftmals auch undokumentierter Verluste von grenzrelevanten Elementen gegenüber, die entlang der historischen Demarkationslinie inzwischen eingetreten sind.

Die vorliegende Dokumentation von Leo Schmidt und Axel Klausmeier widmet sich der Berliner Mauer in einem umfassenderen Sinn, der über die denkmalgeschützten baulichen Teilanlagen auch und vor allem all jene Reste und Spuren berücksichtigt, die bald als authentische Sachzeugnisse oder Kleinzeugnisse, bald als mittelbare Strukturen und Ausprägungen auf die unglaubliche Grenzsituation zurückverweisen. Die Studie nähert sich ihrem Gegenstand aus einer erweiterten Perspektive; sie nimmt all die historischen Kulturlandschaftselemente auf, die nachweislich aus der vormaligen Grenzanlage herrühren oder die dem Grenzverlauf indirekt als historischer Abdruck der Spaltungsgeschichte Berlins, Deutschlands und der Welt zuzurechnen sind.

Was aus dieser breit angelegten Bestandaufnahme entsteht, ist eine Art Grenzkataster, das in dieser Reichhaltigkeit und Authentizität knapp fünfzehn Jahre nach dem Mauerfall von den wenigsten erwartet worden

sein dürfte. Die Dokumentation bindet die sporadisch im Stadtgebiet als Baudenkmale erhalten gebliebenen Mauerreste als verdichtete Kristallisationspunkte und augenfälligste Erinnerungsposten der Berliner Mauer ein in den kilometerlangen historischen Grenzzusammenhang, dem sie entstammen und für den sie als Denkmale der Teilung Berlins anschaulich Zeugnis ablegen. Zugleich lässt die von Leo Schmidt und Axel Klausmeier mit Sorgfalt und Akribie zusammengestellte historische Grenztopographie aber auch die bereits eingetretenen und vielfältig drohenden Verluste erahnen, denen diese historischen Kulturlandschaftselemente der innerdeutschen Grenze vor allem dort ausgesetzt sind, wo es sich nicht um denkmalgeschützte bauliche Anlagen handelt, sondern um oftmals hinfälligere kleinere Sachzeugen oder Markierungen, die selten als aussagekräftige Bestandteile oder Folgeerscheinungen des Mauerverlaufs begriffen oder gar konserviert wurden. Ich wünsche der vorliegenden Veröffentlichung, dass der 'Grenzgängerblick' der beiden Autoren breiten Anklang finden, sozusagen Schule, eine Schule des Sehens, machen und zur Erkundung unserer eigenen Geschichten und ihrer Grenzen vor Ort einladen möge.

Jörg Haspel
Landeskonservator Berlin

Einführung

Grenzmauer in der Niederkirchner Straße

Jeder Berliner und jeder Berlin-Besucher weiß zwei Dinge über die Berliner Mauer: Erstens, dass sich in diesem Bauwerk der Kalte Krieg ausdrückt, der die Welt rund vierzig Jahre in Atem hielt. Und zweitens, dass die Mauer praktisch vollständig aus dem Stadtbild verschwunden ist.

Beide Einschätzungen sind in dieser Form unzutreffend.

Die Berliner Mauer entstand zur Zeit des Kalten Krieges, und sie wäre ohne den Hintergrund des schwelenden Konfliktes zwischen den Supermächten nicht möglich gewesen. Aber sie war kein zwangs-läufiges Produkt des Kalten Krieges: Es ist heute belegt, dass die Machthaber der DDR erst nach jahrelangem Insistieren die Erlaubnis der Sowjetunion zum Mauerbau erhielten; die ganzen fünfziger Jahre hindurch hatte Chruschtschow den Genossen in der DDR immer wieder entgegengehalten, sie sollten ihre Politik ändern, um die eigene Bevölkerung davon abzubringen, ihnen davon zu laufen. Die Mauer wurde von Ulbricht und Honecker erfunden und durchgesetzt; für ihre Existenz kann niemand einfach nur den anonymen Kalten Krieg verantwortlich machen.

Für uns noch interessanter ist die zweite Fehleinschätzung – dass die Berliner Mauer praktisch verschwunden sei. Tatsächlich hat man vor allem in den Jahren 1990 und 1991 in einer großen Kraftanstrengung versucht, die Grenzanlagen rund um West-Berlin vollständig abzutragen und auszulöschen. Das dieser Aktion zugrunde liegende emotionale Bedürfnis ist sicherlich nachvollziehbar, aber heute bedauern viele, auch in Berlin, dass sie so gründlich durchgeführt wurde. Warnende Stimmen gab es damals durchaus: Pfarrer Manfred Fischer, dessen Versöhnungsgemeinde durch die Grenze in der Bernauer Straße geteilt war, der viele Jahre von Westen her auf die Mauer geblickt hatte und dessen unzugängliche Kirche im Todesstreifen 1985 gesprengt wurde, wusste schon im Winter 1989/90: Diese Mauer, die das Leben der Menschen so lange und schmerzlich geprägt hatte, konnte man nicht einfach abräumen und so tun, als wäre nichts gewesen. Er spürte, dass man sie noch brauchen würde, um mit der neuen Situation zurecht zu kommen, um auch physisch zu 'be-greifen', was passiert war. Hunderte Male lief Fischer deshalb auf die Bernauer Straße, um anrückende Bulldozer wegzuschicken; ihm ist es zu verdanken, dass dort noch so viel von der Grenze erhalten blieb. Ein anderes Beispiel ist der international renommierte Architekt Richard Rogers: Als Mitglied in einer vom Senat berufenen Planungsgruppe legte er den Verantwortlichen nahe, dieses historisch einzigartige Bauwerk ernst zu nehmen und in die Stadtplanungskonzepte einzubeziehen, konnte sich aber nicht durchsetzen.

Aber auch ungewollt und ungeplant zieht sich noch heute eine städtebauliche Schneise von Norden nach Süden durch Berlin; eine Erinnerungslandschaft, die voll ist mit Resten und Spuren der Grenzanlagen. Mit dem zeitlichen Abstand wuchs die Bereitschaft, die erhalten gebliebenen Überreste der Berliner Grenze zu dokumentieren und soweit wie möglich vor der weiteren Zerstörung zu bewahren. Die daraufhin von der Senatsverwaltung für Stadtentwicklung in Auftrag gegebene und 2002-03 erarbeitete Dokumentation des Bestandes wurde zur Grundlage des vorliegenden Führers.

Hunderte von Resten und Spuren der innerstädtischen Grenze sind in diesem Band verzeichnet und abgebildet. Vieles davon entspricht überhaupt nicht dem allgemeinen Bild von der Berliner Mauer, denn gerade diejenigen Elemente, die jeder mit der Grenze identifizierte – insbesondere die nach Westen gerichtete Grenzmauer und die Beobachtungstürme – wurden zum allergrößten

Teil abgeräumt. Was in weit größerem Umfang erhalten blieb, waren Bestandteile, die die (westliche) Öffentlichkeit kaum wahrgenommen hatte – denn der 'Antifaschistische Schutzwall' war ja nur sehr indirekt ein Bollwerk gegen den Westen. Wirksam und unüberwindlich zeigten sich die Grenzsperren nur für die Bürger des Ostens; für sie allerdings war die von Westen her als 'Die Mauer' wahrgenommene Betonwand nur das letzte in einer tiefgestaffelten Folge von Hindernissen. Wer es schaffte, von Osten nach Westen vorzudringen, traf dabei zunächst auf markierte Sperrgebiete, dann auf allerlei Vorfeldsicherungen und auf die Hinterlandmauer, ehe er sich schließlich im Todesstreifen der eigentlichen Grenzanlagen fand.

Das nach Osten gerichtete Gesicht der Mauer ist niemals ins Bewusstsein der westlichen Öffentlichkeit gedrungen. Die Bürger im Osten hatten erst recht keine Möglichkeit, sich von ihm eine Vorstellung zu machen: Sperrgebiete hielten Unbefugte auf Abstand. Gerade die nach Osten gerichtete Seite der Grenzanlagen und damit die Vielfalt, Differenziertheit und Perfidie der Mittel, mit denen die Bürger der DDR an der 'Republikflucht' gehindert wurden, lassen sich an den erhaltenen Spuren noch sehr gut nachvollziehen.

Die materiellen Reste berichten in unmittelbarer, anschaulicher Weise von der Realität dieser Grenze, die von den einen als 'Antifaschistischer Schutzwall', von den anderen als 'Schandmauer' bezeichnet wurde. In allererster Linie berichten sie eindrucksvoll und unwiderleglich von der Existenz der Grenze selbst, von der Tatsache, dass um West-Berlin mit unerhörtem materiellem und auch personellem Aufwand eine Grenze definiert und über achtundzwanzig Jahre hin aufrecht erhalten worden ist, die in vielerlei Hinsicht einzigartig war - so einzigartig, dass es späteren Generationen schwerfallen dürfte, an ihre Existenz zu glauben, wenn diese nicht auch in der Zukunft über das Hinsehen und das Anfassen, also durch materielle Quellen, nachprüfbar bleibt.

Das Buch strebt eine möglichst vollständige Darstellung der derzeit erhaltenen Reste und Spuren der Berliner Mauer an. Mit 'Resten' sind diejenigen materiellen Zeugnisse gemeint, die einmal Teil der Grenzanlagen waren. In aller Regel sind dies Elemente, die speziell für die Grenze geschaffen wurden: Mauern, Türme, Kolonnenweg, Lichtmasten, Zäune, Hindernisse aller Art, Grenzmarkierungen. Nicht selten wurden aber auch bestehende

Strukturen, etwa Mauern oder Wege, in die Sperranlagen integriert; auch sie sind damit zu 'Resten' der Grenze geworden. 'Spuren' sind dagegen allerlei sichtbaren Zeichen, die zwar selbst nicht Teil der Grenzanlagen waren, aber die es ohne die Existenz der Grenze so nicht geben würde. Dazu zählen beispielsweise Bauten, die in besonderer Weise auf die Grenze reagieren, wie das Springer-Hochhaus, die Wohnbebauung an der Leipziger Straße, oder ein von einem türkischen Kreuzberger im Niemandsland vor der Mauer errichteter Schwarzbau am Bethaniendamm. Zu den Spuren gehören aber auch Erinnerungsmale aller Art.

Ein präziser Stichtag für den hier veröffentlichen Stand der Dinge kann nicht genannt werden: Es ist vielmehr davon auszugehen, dass der graduelle, kontinuierliche Verlust von Mauerresten auch während der Arbeiten für den vorliegenden Mauerführer weiter gegangen ist und dass daher einige der aufgenommenen Befunde schon bei der Fertigstellung dieses Buches nicht mehr existieren. Dieser prozesshafte Charakter entspricht gewissermaßen dem Wesen der Grenzanlagen, denn die 'Mauer' war niemals statisch: Zwischen dem 13. August 1961 und dem 9. November 1989 wurden die Grenzbefestigungen ständig verändert, erweitert, um-

gebaut, und alte Anlagen wurden durch neue ersetzt.

Die 'Berliner Mauer' sollte als Sachgesamtheit begriffen werden, als ein einziges Monument, das sich jedoch in einer unendlichen Vielzahl unterschiedlichster Teilbefunde auf einem ausgedehnten Gebiet abbildet. Grundlage des Buches ist daher in erster Linie eine archäologische Befunderhebung, ein 'Survey', der das gesamte Gelände der Grenzanlagen einschließlich des nach Osten vorgelagerten Sperrgebietes umfasst und die darin erkennbaren Befunde auflistet. Zu diesem Zweck wurde das Gebiet in sinnvoll abgegrenzte Abschnitte aufgeteilt. Im Abgleich mit Karten, Luftaufnahmen und historischen Fotos insbesondere aus dem Bestand der Grenztruppen wurde der Befund vor Ort erhoben und eingeordnet.

Eine Übersichtskarte stellt die Lage und Dimension der Abschnitte dar, deren jeweiliger Befundreichtum durch die Hintergrundsfarbe angedeutet wird. Die Bezeichnung der Abschnitte richtet sich nach ihrer topographischen Lage an der von Norden nach Süden verlaufenden Grenzlinie; so beginnt der Abschnitt '11' beispielsweise rund elf Kilometer südlich des Tegeler Fliesses, des nördlichsten Punktes der innerstädtischen Grenze.

Zur Baugeschichte der Berliner Grenzanlagen

Mauer der ersten Generation

Der 'Eiserne Vorhang', der Europa kurz nach dem Zweiten Weltkrieg teilte, folgte der Grenze zwischen der Sowjetischen Besatzungszone und den drei Besatzungszonen der Westalliierten. Spätestens ab 1952 war die Grenzlinie zwischen Ost- und Westdeutschland völlig undurchdringlich. Nur das unter gemeinsamer Verwaltung der Siegermächte stehende Berlin bildete ein Schlupfloch: Aus der DDR kam man nach Ost-Berlin, und von Ost-Berlin konnte man problemlos über die Sektorengrenze nach West-Berlin wechseln. Einmal in West-Berlin angekommen, konnte man über die Transitstrecken nach Westdeutschland ausreisen. Bis 1961 verließen rund 2,7 Millionen Menschen die DDR auf diesem Wege – ein lebensbedrohlicher Aderlass für einen Staat mit rund siebzehn Millionen Bürgern.

Am 13. August 1961 wurde die Grenze rings um West-Berlin überraschend mit Stacheldrahtsperren abgeriegelt. Die zunächst noch sehr improvisierten Grenzsperren wurden in der Folge verfestigt, weiterentwickelt, perfektioniert. Das für den westlichen Betrachter auffallendste Bauwerk, die Mauer direkt an bzw.

hinter der Grenzlinie zu den West-sektoren Berlins, war letztlich nur ein Element in einem komplexen und vielgestaltigen System von Befestigungen und Hindernissen. Die Anlagen waren ständig im Wandel, wurden immer wieder modifiziert und erneuert.

Um dem Wandel des Erscheinungsbildes gerecht zu werden, spricht man - auf die Form der Grenzmauer bezogen - von insgesamt vier 'Generationen', obwohl sich eigentlich nur drei deutlich unterschiedliche Phasen herausarbeiten und beschreiben lassen. Die 'erste Generation' ist demnach die Mauer, mit deren Errichtung wenige Tage und Wochen nach dem 13. August 1961 begonnen wurde. Sie bestand aus großen quadratischen Blockelementen, die eigentlich für die Blockbauweise im Wohnungsbau entwickelt und produziert worden waren; in Abständen wurden immer wieder im rechten Winkel nach Osten vortretende Blöcke als Strebepfeiler eingefügt, die diese Mauer stabilisierten. Auf die großen Blockelemente wurden zwei bis vier Lagen kleinerer Hohlblocksteine aufgemauert; auf diesen wiederum lagen lange Betonbalken, in die eiserne Ständer eingelassen waren. Diese oft Y-förmigen Halterungen neigten den Stacheldraht, der zwischen ihnen gespannt wurde, glei-

chermaßen nach Osten und nach Westen und machten es so von beiden Seiten her schwierig, die Mauer zu übersteigen. Das ganze Bauwerk, dessen grobes, mitunter schlampiges Erscheinungsbild seine hastige und lieblose Errichtung verriet, war etwa zwei Meter hoch.

Während der folgenden Monate verstärkte man diese erste Grenzmauer auf mancherlei Weise; oft erhöhte man sie auch nachträglich um einige Lagen. Als Antwort auf mehrere Ereignisse, bei denen Flüchtlinge die Mauer mit schweren Fahrzeugen durchbrochen hatten, wurde die Blockmauer an verschiedenen Stellen durch massive Betonsperren ersetzt. Eine Mauer aus massiveren Betonelementen wurde später auch an anderen Orten errichtet, etwa an der Bernauer Straße nach dem Abbruch der Grenzhäuser - zurückgesetzt hinter den Fassaden der Erdgeschosse, die man stehen gelassen hatte. Obwohl es sich letztlich nur um einige nachträglich verstärkte Abschnitte der Grenze handelt, tauchen diese Beton-Strukturen als 'zweite Generation' der Mauer in der Literatur auf.

Ab etwa 1965 wurde die Grenzmauer der ersten Generation (wie auch die der sogenannten zweiten Generation zuzurechnenden Abschnitte) abgelöst durch eine Mauer, die einem neuen Bauprinzip folgte. Die Grenzmauer der 'dritten Generation' bestand aus relativ schmalen Betonplatten, die zwischen (im Querschnitt H-förmige) Stahlbetonpfeiler eingefügt und übereinander geschichtet wurden; auf die so geschaffene, übermannshohe Betonwand wurde ein Abwasserrohr aus Beton geflanscht, das als Sicherung gegen Übersteigen diente.

Diese Mauer stellte zwar sowohl optisch als auch funktional eine erhebliche Verbesserung gegenüber der improvisierten ersten Version dar, hatte aber so viele Mängel und Schwachpunkte, dass sie schließlich ab der Mitte der siebziger Jahre durch die 'Grenzmauer 75' abge-

löst wurde. Dieses Mauerformat war das Ergebnis eines umfangreichen Entwicklungs- und Erprobungsprogrammes. Verschiedene Fertigteileelemente, die bereits für landwirtschaftliche Zwecke existierten, wurden jeweils zu Übungsmauern zusammengefügt, die man simulierten Angriffen unterzog. Im Ergebnis wurde das L-förmige Stützwandelement UL 12.41 ausgewählt.

Die Vorteile der neuen 'Grenzmauer 75' gegenüber der Mauer der 'dritten Generation' lagen darin, dass sie keinerlei Fundamentierung benötigte, wesentlich widerstandsfähiger und zudem praktisch nicht mit einem Fahrzeug zu durchbrechen war. Überdies bot die Mauer

Prinzip des weiteren pionier- und signaltechnischen Ausbaus der Staatsgrenze zu BERLIN-West
(Staatsgebiet und Ortslagen)

| Vorderes Sperrelement | Kontrollstreifen | Kolonnenweg Lichttrosse | Beobachtungstürme und Führungsstellen | Grenzsignalzaun | Hinterlandmauer bzw. Sperr- u. Kontzun |

Mauer der 'vierten Generation'

der 'vierten Generation' ein glattes, sauberes Erscheinungsbild in Richtung West-Berlin: Ein nicht unerheblicher Gesichtspunkt, weil den Machthabern in der DDR seit den siebziger Jahren immer mehr daran gelegen war, die Außenwirkung ihres Staates nicht durch die offensichtliche Brutalität der Grenzanlagen zu beeinträchtigen.

Eine Grafik der Grenztruppen illustriert die Standardsituation an der Grenze in den späten siebziger Jahren, mit dem breiten Todesstreifen und den verschiedenen Hindernissen, auf die ein Flüchtling treffen musste. Die einzelnen Elemente werden weiter unten diskutiert.

Am Beispiel des Grenzregiments 33, dessen Einsatzgebiet vom Reichstag bis an die nördliche Stadtgrenze reichte, lässt sich die Praxis der Grenzbewachung zeigen. Die Einheit war für einen Abschnitt von rund dreiundzwanzig Kilometer Länge zuständig. Das Grenzregiment umfasste vier Kompanien, in denen jeweils siebzig Mann für den Dienst an der Grenze eingesetzt werden konnten. Drei Kompanien waren jeweils in drei Schichten im Einsatz; eine vierte Kompanie war jeweils anderweitig beschäftigt. Jede Acht-Stunden-Schicht bestand somit aus siebzig Mann, die immer paarweise, als Postenführer und Posten, eingesetzt wurden: Offiziell 'zur eigenen Sicherheit', tatsächlich aber um einander zu bewachen. Dies bedeutete fünfunddreißig Doppelpatrouillen, die im Durchschnitt einen dreiviertel Kilometer Abstand voneinander hatten. Trotz aller politischen Bedeutung, die der Grenzbewachung seitens der DDR-Führung zugemessen wurde, und trotz des unerhörten materiellen und personellen Aufwandes, der hierfür getrieben wurde, reichten die Anstrengungen letztlich nur zu einer erstaunlich geringen Dichte an Grenzsoldaten vor Ort. Dennoch war die 'Berliner Mauer' letztlich für den einzelnen Fluchtwilligen fast unüberwindlich. Entscheidende Faktoren für diese Wirksamkeit waren die Geheimhaltung ihrer Funktionsweisen, die ausgefeilten baulichen Anlagen und nicht zuletzt die durch vielerlei psychologische Mittel erzielte Bereitschaft der Grenzsoldaten, dem existierenden Schießbefehl Folge zu leisten.

Die Berliner Mauer als Baudenkmal

Rekonstruktion der Kontrollhütte am Checkpoint Charlie

Die Berliner Mauer ist rund um den Erdball wahrscheinlich bekannter als viele Objekte, die sich auf der Welterbeliste der UNESCO befinden. Aber so groß das weltweite Interesse an ihr auch zu jeder Zeit war, in Berlin hat man nach 1989/90 zunächst versucht, das Instrument der Teilung und Trennung zu verdrängen und zu vergessen.

Jeder Berlin-Besucher stellt die Frage „Wo war die Mauer?" Die Antwort gibt in erster Linie eine Doppelreihe von Pflastersteinen im Boden, die in den letzten Jahren gesetzt wurden, um den Verlauf der Grenzmauer zu markieren. Die tatsächlichen Reste der Mauer und der Grenzanlagen insgesamt sind für die Besucher nicht ohne weiteres zu erkennen. Die Grenzmauer selbst ist nur an wenigen Stellen erhalten – als angenagte Betonwand, aus der die Stahlarmierungen herausragen. Viele Besucher versuchen ihren Wissensdurst am Checkpoint Charlie zu stillen: Sie finden eine Rekonstruktion der Kontrollhütte der Westalliierten, wie sie in den sechziger Jahren bestand, daneben eine ebenfalls rekonstruierte Tafel mit der bekannten, mehrsprachigen Aufschrift: „Sie verlassen den amerikanischen Sektor". Ferner sehen sie eine Kunstinstallation aus dem Jahr 1998, die den Grenzübergang markiert. Sie finden daneben das Museum im Haus am Checkpoint Charlie, in dem – etwas verstaubt und verblichen – die Emotionen der 1960er bis 80er Jahre konserviert sind. Die ernsthafter Interessierten dringen bis zum Dokumentationszentrum Berliner Mauer in der Bernauer Straße 111 vor, das sich in vielfältiger und differenzierter Weise mit der Mauer auseinandersetzt und mit der Bedeutung, die diese Grenze für die Menschen besaß und besitzt.

Bekanntheit und touristisches Interesse alleine machen ein Objekt noch nicht zum Baudenkmal, und für viele versinnbildlicht die Mauer gera-

dezu das Gegenbild zu den Werten, die man gemeinhin mit Bau- oder Kulturdenkmalen in Zusammenhang bringt.

Aber Baudenkmale werden in erster Linie wegen ihrer geschichtlichen Aussagekraft erhalten, und hier handelt es sich um ein in der Weltgeschichte einzigartiges Objekt: Von den vielen Mauern, die im Lauf der Jahrtausende gebaut wurden, trennte nur dieser 'Schutzwall' Menschen derselben Kultur, Sprache und Abkunft. Nur diese Befestigung richtete sich nicht gegen potentielle Eindringlinge, sondern gegen die eigene Bevölkerung. Flucht aus einem Staat, in dem sie nicht leben konnten oder wollten, wurde in den fünfziger Jahren zum letzten Ausweg für

Doppelreihe von Pflastersteinen zur Markierung der ehemaligen Grenzmauer

Grenzmauer an der Liesenstraße

Mauerdenkmal an der Bernauer Straße

weit über zwei Millionen Ostdeutsche; mit der Schließung der letzten Öffnung in der Grenze machte die alleinherrschende Partei klar, dass sie Herrin im Haus war und dass den Bürgern der DDR keine Wahl blieb, als sich mit den Machtverhältnissen abzufinden. Die Große Mauer von China, der Limes - aber auch die heutigen Grenzbefestigungen in Palästina oder zwischen den USA und Mexiko: Keine von ihnen beruht auf einer so verdrehten Logik wie die Berliner Befestigung.

Beiderseits dieser historischen Grenzlinie verdichtet sich die Geschichte des zwanzigsten Jahrhunderts wie an keinem anderen Ort.

Entstanden aus den Folgen des Zweiten Weltkrieges, stellte die Berliner Mauer achtundzwanzig Jahre lang den einen Punkt auf der Weltkugel dar, an dem sich die beiden Supermächte gegenüber standen; den Brennpunkt des Kalten Krieges, der hier zu Zeiten durchaus auch zum heißen Krieg hätte werden können. Hunderte von Menschen starben, oft vor den Augen der Weltöffentlichkeit, bei dem Versuch, diese Grenze von Ost nach West zu überwinden. Der für die Allermeisten völlig unverhoffte Fall der Mauer am 9. November 1989 löste weltweite Anteilnahme und Begeisterung aus und war das unübersehbare Startsignal für die weiteren Umwälzungen im

'Parlament der Bäume', Denkmal an der Spree gegenüber des Reichstages.

östlichen Block und für die Neuordnung Europas.

Die Tatsache, dass die Mauer, die nach Honeckers Worten noch hundert Jahre lang stehen sollte, plötzlich und unverhofft fallen konnte, ist wohl die eindrucksvollste Botschaft, für die dieses Objekt in der Wahrnehmung der Menschen steht. In diesem Kontext ist die fragmentarische Erhaltung der Grenzanlagen auch ein Teil der Botschaft, da der ruinöse Zustand ja auch von dieser Bedeutungsschicht des Objektes, nämlich von seiner Überwindung, kündet. Aufgrund dieser friedlichen und unverhofften Überwindung ist der Begriff der Berliner Mauer heute, in der internationalen Wahrnehmung, in allererster Linie positiv besetzt – am stärksten in Ländern wie China und Korea, die an den Folgen von nationalen Trennungen leiden. In Berlin und Deutschland allerdings ist diese positive Konnotation wenig ausgeprägt. Hier hat man einerseits, verständlicherweise, das Leid der Trennung nicht vergessen, und andererseits hat die einseitige Wahrnehmung von nachteiligen Folgen der Wiedervereinigung bei manchen den Wunsch geweckt, die Mauer wieder aufzubauen und zu den – auf beiden Seiten des Eisernen Vorhanges - überschaubaren Verhältnissen früherer Jahrzehnte zurückzukehren.

Die heutigen Befunde an der ehemaligen Grenze

Grenzgebietsmarkierung und Hinterlandmauer an der Pflugstraße

Das allgemein präsente Bild der Berliner Mauer ist weitgehend identisch mit der Sicht von Westen – auf die (so die Grenztruppenakten) 'feindwärtige' Ansicht der Grenzanlagen. Die potentiellen Republikflüchtlinge, die die Mauer aufhalten sollte, näherten sich ihr jedoch von der vermeintlich 'freundwärtigen' Seite, und in diese Richtung, nach Ost-Berlin und zur DDR hin, waren die Grenzanlagen deshalb in Wirklichkeit ausgerichtet. Diese Seite der Grenze hat in den Köpfen aber kein Bild hinterlassen können, denn sie war abgeschottet und weitgehend unzugänglich.

In ihrer Gesamtheit fügen sich die erhaltenen Befunde zu einem detaillierten Bild davon zusammen, wie das System der Grenzsperren von Osten nach Westen fortschreitend aufgebaut war.

Zunächst traf man auf verschiedene Warnzeichen. Die unmittelbare Sperrzone vor den Grenzanlagen wurde durch rot-weiße Pfosten und Markierungen oder auch durch ein niedriges rot-weiß gestrichenes Geländer angezeigt. In Abständen angebrachte Schilder warnten Unbefugte mit der viersprachigen Aufschrift „Grenzgebiet – Betreten und Befahren verboten".

Im Sperrgebiet, aber noch vor den eigentlichen Grenzanlagen, gab es an vielen Stellen zusätzliche, sehr vielgestaltige Einrichtungen, die sich unter dem Oberbegriff 'Vorfeldsicherungen' zusammenfassen lassen. Sie sollten vor allem an unübersichtlichen und problematischen Stellen die Sicherheit der Grenze erhöhen. Zu diesen zusätzlichen Sicherungen gehören vorgelagerte Plattenwände, Zäune oder Durchfahrtsperren (oft als 'Blumenschalensperren'), aber auch Vergitterungen an Fenstern unmittelbar am Grenzstreifen oder Übersteigsicherungen und Lampen in Bereichen, die der Hinterlandmauer vorgelagert waren. Diese Anlagen veranschaulichen das perfektionistische Bedürfnis der Verantwortlichen in der DDR, die Grenze absolut unüberwindlich zu gestalten.

Erst an der 'Hinterlandsicherungsmauer' (HiSM) begann der Zuständigkeitsbereich der Grenztruppen. Sie ist teilweise in längeren zusammenhängenden Abschnitten erhalten geblieben. Obwohl sie das Sperrelement war, das die Grenzanlagen in Richtung Ost-Berlin definierte, wurde ihr nie so viel Aufmerksamkeit zuteil wie der Grenzmauer, die vom Westen her wahrgenommen, berührt und bemalt werden konnte. Die Hinterlandmauer besitzt oft noch ihre ursprüngliche Farbfassung: Die nach Ost-Berlin gerichtete Fassade zeigte lange weiße Rechtecke in grauer Rahmung; eine Markierung, die dem Unbedarften signalisieren sollte, dass es sich um keine gewöhnliche Mauer handelte.

Zum Todesstreifen hin war die Hinterlandmauer weiß gestrichen, so dass sich ein Flüchtender auch nachts vor ihr abzeichnete. Häufig wurden bestehende Strukturen - etwa die nackten Brandmauern, die durch Abbruch grenznaher Häuser freigelegt wurden – in den Verlauf der Hinterlandmauer mit einbezogen und entsprechend gestrichen. In ihren vielfältigen Erhaltungsformen – gelegentlich mit Zufahrtstoren versehen, teils nur als

'Blumenschalensperren', als Hindernisse vor der Ostseite der Mauer

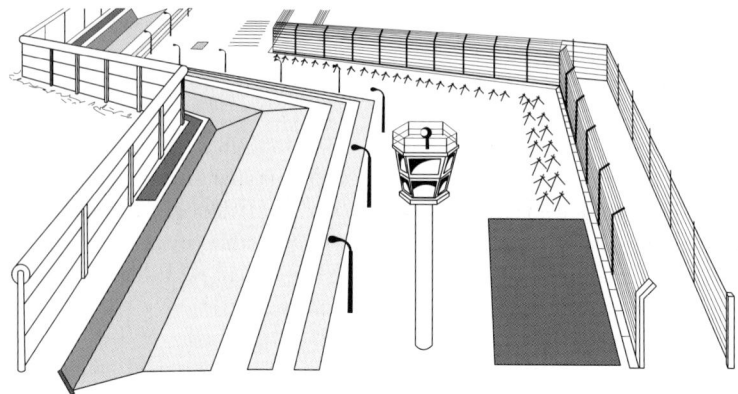

Schematischer Aufbau der Grenzanlagen vor 1975

Pfostenreihe, als Maueransatz an einem Haus, als Abbruchkante im Boden – markiert die Hinterlandmauer immer wieder die unterschiedlich tiefe Ausdehnung des Grenzstreifens in Richtung Osten.

Ein Flüchtender, der die Hinterlandmauer von Osten her überstieg, fand sich direkt vor dem Elektrosignalzaun. Dieser löste bei Berührung Alarm aus; außerdem war er recht elastisch und daher schwer zu überklettern. Zu diesem Elektrozaun gehören auch die noch relativ häufig sichtbaren Schaltkästen an der 'freundwärtigen' Seite des Todesstreifens; sie versorgten aber auch die Lichttrasse.

Hinter dem Signalzaun waren oft Hundelaufanlagen und andere Hindernisse angeordnet - etwa die 'Flächensperren' mit aufrecht stehenden langen Stahlspitzen, die einen vom Zaun herunterspringenden Flüchtling schwer verletzen konnten.

Zu den markantesten Elementen im Todesstreifen gehörten die Wachttürme. Von knapp über 300 Tür-

Führungsstelle am Kieler Eck

men, die 1989 rings um West-Berlin standen, sind heute nur noch drei erhalten, davon zwei auf Berliner und einer auf Brandenburger Gebiet. Jeweils eine Gruppe der relativ schlanken Beobachtungstürmen wurde von einer voluminöseren Führungsstelle aus koordiniert. Alle drei erhaltenen Türme gehören zum Typus der Führungsstelle; von den Beobachtungstürmen ist keiner am originalen Standort erhalten. An einigen Stellen zeichnen sich aber die 'Fußabdrücke' von Türmen im Boden ab.

Der teils asphaltierte, teils betonierte Kolonnenweg, der noch oft über längere Abschnitte erhalten ist, diente der Logistik der Grenztruppen - als Patrouillenweg sowie zum Absetzen von Posten und zur Versorgung beispielsweise auch der Hunde in den Laufanlagen. Zum Kontext des Kolonnenweges gehören auch die Zufahrtstore in der Hinterlandmauer, beispielsweise auch im Kontext der Grenzübergangsstellen, die ja den Grenzstreifen durchschnitten und die deshalb umfahren werden mussten.

Entlang des Kolonnenweges waren die Lampenmasten der Lichttrasse aufgereiht; sie umringten West-Berlin und leuchteten den Todesstreifen nachts aus. An einigen Stellen sind Lampen der ehemaligen Lichttrasse heute zu normalen Straßenlaternen umfunktioniert worden. Im Liesenfriedhof sind Holzmasten der allerersten Lichttrasse aus den sechziger Jahren stehen geblieben.

Historische Aufnahme von Kolonnenweg und Lichttrasse

Kolonnenweg und Lichttrasse heute

Üblicherweise standen die Licht-masten entlang der 'feindwärtigen' Seite des Kolonnenweges und be-leuchteten dabei nicht primär den Weg, sondern den zwischen Weg und Grenzmauer angelegten Kon-trollstreifen aus nacktem Sand. In diesem sollten sich die Spuren von Flüchtlingen abzeichnen; dadurch konnte man gegebenenfalls fest-stellen, welcher Wachtposten seine Pflicht vernachlässigt hatte, und die-sen zur Verantwortung ziehen.

Die Lichtmasten an der West-Berlin zugewandten Seite des Kolonnenwe-ges trugen eine Farbmarkierung aus horizontalen Streifen in der Abfol-ge rot-weiß-grün-weiß. Sie signa-lisierte die 'Vordere Postenbegren-zung'. Grenzsoldaten durften diese

Farbmarkierung 'Vordere Postenbe-grenzung'

Linie nicht ohne Vorankündigung überschreiten: Dies wäre als Flucht-versuch gewertet worden. Die Sol-daten der Grenztruppen, die die Mauer bewachten und die Befehl hatten, jeden Gegner zu 'vernich-ten', wurden von ihren Vorgesetzten also selbst als potentielle Grenzver-letzer eingestuft.

Das 'Vordere Sperrelement', die Grenzmauer direkt an der Sekto-rengrenze, ist immer als 'Die Mau-er' schlechthin betrachtet worden und hat die allgemeine Aufmerk-samkeit auf sich gezogen. Diese Sicht drückte sich einerseits darin aus, dass nur Segmente der Grenz-mauer in alle Welt verkauft wurden und dass die 'Mauerspechte' nur die-ses Element bearbeiteten, anderer-seits darin, dass auch der Abbruch der Grenzanlagen sich besonders auf die Grenzmauer konzentrierte. Abschnitte der Grenzmauer der '4. Generation' gibt es heute nur noch an drei Stellen – in der Niederkirch-nerstraße, der Bernauer Straße und der Liesenstraße (die als East Side Gallery bekannte lange Mauer wur-de zwar als Grenzmauer 75 errichtet, ist aber technisch gesehen eine Hin-terlandmauer). Nicht selten finden sich aber auch Reste und Überbleib-sel von früheren Phasen der Grenz-mauer, die zuletzt durch die 'Grenz-mauer 75' ersetzt worden sind. Diese archäologischen Reste veranschau-

Typischer Grenzaufbau, hier in der Nähe vom 'Bürgerpark'

lichen auch den prozesshaften Charakter dieser Grenze, die stetig im Wandel war und immer wieder erneuert und perfektioniert wurde. Eine Sondersituation der Grenze stellten die Grenzübergangsstellen (GÜSt) stellten dar. Es gab sie für Fußgänger, Autofahrer, Bahnreisende und für Frachtschiffe. Immer waren es besonders scharf gesicherte Zonen. Die komplexen Abläufe, mit denen der Grenzverkehr kontrolliert wurde, zeichnen sich an diesen Orten noch immer ab, etwa in Gestalt von Fahrbahnmarkierungen, Lichtmasten, Fahnenstangen und Spuren der speziellen Anlagen wie Tore und Baracken.

* * *

Obwohl ihre Bausubstanz größtenteils abgeräumt worden ist, hat die Mauer bis heute ihre Spuren sowohl in der Stadtstruktur als auch im Bewusstsein ihrer Bewohner hinterlassen. Das Abräumen von Mauern, Türmen und Zäunen hat leere Räume erzeugt – ein Schattendenkmal, das in den Köpfen und Erinnerungen von Menschen nicht nur in Berlin, sondern in der ganzen Welt weiterhin präsent ist. Die Reste und Spuren der Mauer sind noch immer zahlreich und vielfältig. Sie mögen banal, schäbig und vernachlässigt erscheinen und sind doch unverzichtbar als Zeugnisse einer geschichtlich einzigartigen Situation. Sie sind jedoch auch dabei, langsam aber stetig zu verschwinden. Es ist zu hoffen, dass dieser Führer einen Beitrag dazu leistet, diese materiellen Geschichtszeugnisse für die Zukunft zu erhalten.

Von der Stadtgrenze zum früheren Bergmann-Borsig-Werk

Sperranlagen am Wehr (R1) im Tegeler Fließ östlich der Brücke des Kolonnenweges

Im Norden beginnen die innerstädtischen Grenzanlagen östlich des Dorfes Lübars. Der nördlichste Abschnitt erstreckt sich von der Landesgrenze zwischen Brandenburg und Berlin am Tegeler Fließ bis zum ausgedehnten Werksgelände des ehemaligen VEB Bergmann-Borsig. Die Grenzanlagen durchzogen zunächst die offene, landwirtschaftlich genutzte Landschaft, ehe sie entlang der alten Trasse der Niederbarnimer Eisenbahn, die parallel zum Märkischen Viertel verlief, auf die städtischen Bezirke von Pankow und Wilhelms-

ruh trafen. Beispielhaft lassen sich in diesem nördlichsten Abschnitt zahlreiche Reste und Spuren der einstigen Grenzsicherungsanlagen aufzeigen. Auch heute noch zeichnet sich der frühere Grenzstreifen dadurch ab, dass seine Spontanvegetation landwirtschaftlich bebaute Flächen in Brandenburg und Berlin von einander trennt.

Bereits direkt an der Landesgrenze zwischen Berlin und Brandenburg finden sich mehrere Reste der innerstädtischen Grenzanlagen. Auf der Ostseite der Brücke im Tegeler

Grenzstreifen und Kolonnenweg am Köppchensee, Blick nach Süden (KW1)

Fließ befindet sich etwa zwanzig Meter vom Weg entfernt ein für dieses kleine Gewässer völlig überdimensioniertes Wehr aus roten Eisenstangen (R1), das im Wasserbereich mit zusätzlichen eisernen Sicherungen versehen ist, um ein Durchschwimmen unmöglich zu machen; auf der Westseite stehen dagegen noch zwei eiserne Teile des Unterbaus der früheren Grenzmauer (GM1). Im Todesstreifen waren unmittelbar vor der Grenzmauer Hundelaufanla-

Lübars

Der Berliner Vorort Lübars, das 'letzte Dorf Berlins', ist das älteste Dorf im Berliner Norden. Die heutigen Gebäude stammen jedoch größtenteils aus der Mitte des 19. Jahrhunderts. Der ganze Dorfanger mit zahlreichen Dreiseithöfen und der Dorfkirche steht als Ensemble unter Denkmalschutz.

Lübars gilt bei vielen (West-) Berlinern noch immer als der Inbegriff des gesunden Landlebens. Zu Zeiten der Berliner Mauer kamen zahlreiche Besucher, um Felder und Tiere sowie die Landschaft zu sehen, die unter Naturschutz steht. Und dies, obwohl die Begrenzung der 'freien Natur' durch die Grenzanlagen, die den Ort nach Norden und Osten vom natürlichen Hinterland abschnitten, auf diese Weise um so frustrierender und schmerzlicher erfahren werden musste.

Kolonnenweg am Köppchensee, Grenztruppenfoto 1988/89

29

Grenztruppenfoto 1988/89

gen angebracht. Der Köppchensee wurde für den Bau der Mauer teilweise zugeschüttet, wodurch der Todesstreifen künstlich verbreitert werden konnte.

Der von Norden kommende Kolonnenweg (KW1) erreicht bei der Brücke das Berliner Stadtgebiet. Er hat sich bis zur Quickborner Straße in seinem ursprünglichen Zustand erhalten. Es sei darauf hingewiesen, dass es mit rund drei Kilometer das längste zusammenhängende Stück

Kolonnenweg mit Ausweichstelle (KW5)

Kolonnenweg im Stadtgebiet von Berlin ist.

Der Grenzstreifen zog sich nach Süden den Hügel hinauf. Auf etwa halber Höhe gab es eine Zufahrt und ein Tor von Osten; hiervon ist ein etwa fünfzig Meter langes Stück aus Betonplatten (KW3) erhalten. Von hier aus verlief der Grenzsicherungsstreifen in beinahe geradem Verlauf bis auf die Kuppe des Hügels, der heute wieder von der Blankenfelder Chaussee überquert wird. Kurz vor der Kuppe hat der Kolonnenweg auf seiner Ostseite eine asphaltierte Verbreiterung (KW5), die von den Grenzern offenbar als Ausweichstelle oder Parkhafen angelegt wurde.

Die Spontanvegetation im einstigen Grenzstreifen, die hier vornehmlich aus schnellwachsenden Birken, Pappeln, Holunder, Ahorn und vereinzelten Kiefern besteht, setzt sich deutlich von den bewirtschafteten Feldern in Lübars und Blankenfelde ab. Auch die unterschiedliche Alleebepflanzung in Lübars und auf Blankenfelder Seite entlang der Blankenfelder Chaussee erzählt von der Jahrzehnte währenden Teilung der Stadt.

Unmittelbar westlich neben dem früheren Verlauf der Grenzmauer an der Blankenfelder Chaussee steht ein Denkmal (S1), das an eine Kuriosität nach dem Fall der Mauer erinnert: Am 7. Juni 1990 rissen die Feuerwehrmänner von Lübars und Blankenfelde mit Traktoren die Grenzanlagen zwischen den beiden Orten nieder und eröffneten einen Fußgängerübergang im Verlaufe der alten Blankenfelder Chaussee, die durch die Grenze abgeschnitten war. Im Juli 2001 wurde von der Reinickendorfer Bezirksbürgermeisterin ein Denkmal gesetzt, das an das Ereignis erinnert. Seine leicht ironische Inschrift spricht von einem 'mutigen Mauerdurchbruch' und nennt den neu geschaffenen Durchgang – in Anspielung auf den Initiator – 'Checkpoint Qualitz'. Das Denkmal besteht aus zwei rechtwinklig aufeinander gestellten Betonblöcken der ersten Mauergeneration.

An der Blankenfelder Chaussee hat sich ein kurzes Stück eines im Bogen auf den Kolonnenweg zugeführten Asphaltweges (KW4) erhalten, der offenbar einst als Zufahrt in den Grenzstreifen genutzt wurde. Etwas weiter nach Süden, etwa gegenüber des Heerwegs auf Lübarser Seite, führt ein weiteres etwa zwanzig Meter langes Stück Asphaltweg im rechten Winkel vom Kolonnenweg nach Osten. Dieser Weg diente einst als Zufahrt zu einem Wachtturm, der auf alten Grenztruppenfotos zu sehen ist. (WT1)

An der alten, nun stillgelegten Trasse der Niederbarnimer Eisenbahn

Denkmal 'Checkpoint Qualitz' mit Blöcken der Grenzmauer an der Blankenfelder Chaussee (S1)

Kolonnenweg (KW4) und Zufahrt zum ehemaligen Wachtturm (WT1) nur wenig südlich der Blankenfelder Chaussee schwenkt der Kolonnenweg (KW1) im rechten Winkel nach Westen. Unmittelbar nördlich davon gibt es ein Wachtturmfundament (WT2). Rund zweihundert Meter weiter westlich kreuzt der Kolonnenweg die Bahntrasse. Bald darauf erreicht er einen von Südosten auf ihn zulaufenden asphaltierten Weg, wiederum ein ehemaliger Zufahrtsweg der Grenztruppen. Dort, wo der Weg in die Grenzanlagen eintrat, zeichnen sich Spuren und Abdrücke zweier Tore, der gestaffelten Zäune und der Hinterlandmauer im Boden ab (KW6).

Der evangelische Gemeindefriedhof von Rosenthal ist ein kleiner Fried-

Vermauerung als Bestandteil der Vorfeldsicherung (VH1) in der Friedhofsmauer des Evangelischen Gemeindefriedhofs Rosenthal

hof, der im Grenzgebiet lag und zu Mauerzeiten besonders gesichert war. In der den Grenzanlagen zugewandten Friedhofswand, die in den letzten Jahren saniert worden ist, findet sich ein vermauerter Durchgang: Die dazu verwendeten Hohlblocksteine gehören zur ersten Mauergeneration der frühen sechziger Jahre (VH1).

Am nordöstlichen Ende des Friedhofs setzt ein Hinterlandsicherungsweg (die sogenannte Straße 127) aus Betonplatten (HW1) an, der ohne Unterbrechung bis kurz vor die Quickborner Straße parallel zum Kolonnenweg durchläuft. Dieser Hinterlandsicherungsweg verlief 'freundwärts' unmittelbar vor der Hinterlandmauer und diente vornehmlich der Erschließung des grenznahen Geländes. Verwaltungstechnisch gehörte er nicht in den Bereich der Grenztruppen, sondern wurde auch zivil genutzt. Bezeichnend für die Sicherungsmaßnahmen im Vorfeld der Grenzanlagen sind jedoch die aussagekräftigen, erhalten gebliebenen Reste der Vorfeldsicherung. So stehen zwischen dem Gemeindefriedhof von Rosenthal und der Einmündung der Straße 126 mehrere Auslegerlampen (VL1), einige davon mehrstrahlig, die den grenznahen Bereich beleuchteten. An der T-förmigen Einmündung der Straße 126 / Straße 127 sind unmittelbar vor dem einstigen Verlauf der Hinterlandsicherungsmauer neun hüfthohe massive Eisenpfosten (VH2) erhalten, die einen Grenzdurchbruch mit Fahrzeugen erschweren sollten. Mehrere Elemente der Vorfeldsicherung finden sich am nördlichen Ende des parallel zur Straße 126 verlaufenden Erschließungsweges der Kleingartenanlage Ziekow: Ein rotes Eisentor mit Streckmetallfüllungen am Ende des Erschließungsweges sowie eine Schranke und eine daneben stehende Lampe (VL1). Offenbar war die Zufahrt in den westlichen Bereich der Straße 127 nur besonders autorisierten Personen vorbehalten. Dieser Bereich, der heute vom Kleingartenpark Rosenthal Nord ausgefüllt wird und der sich südlich an diesen Betonplattenweg (HW1) anschloss, war jedenfalls vollständig mit einem Zaun der Vorfeldsicherung (VZ1) eingefasst. Inmitten der Zaunreihe steht ein rotweißer Betonpfosten der Grenzgebietsmarkierung (M1).

Am Wilhelmsruher Damm und an der Quickborner Straße finden sich zwei Hinweise auf die Folgen, die die Teilung der Stadt für den städtischen Verkehr hatte: Auf der Seite des Märkischen Viertels existiert noch die große Wendeschleife für die Busse der (West-Berliner) Verkehrbetriebe, die an dieser Stelle umdrehen mussten, da ihre Linien während der Teilung der Stadt an der Mauer endeten. Das Äquivalent dazu auf der östlichen Seite findet sich an der Quickborner Straße, nämlich die Wendeschleife und Endhaltestelle der Straßenbahnlinie 53 in Rosenthal.

Entlang des Märkischen Viertels zeichnet sich die frühere Existenz der Grenze durch den scharfen städtebaulichen Gegensatz zwischen Ost- und Westseite ab: Der massiven, dichten und vielgeschossigen Neubebauung der 1970er Jahre im Westen stehen Kleingartenanlagen, ein

Hinterlandsicherungsweg, Schranke, Tor und Lampe der Vorfeldsicherung (VL1, HW1) westlich der Straße 126

Begrenzungszaun vor dem Sperrgebiet (VZ1) östlich der Quickborner Straße und Markierungspfosten (M1)

33

Wachtturmfundament (WT3) nahe des Märkischen Viertels

Friedhof und Einfamilienhäuser östlich des verwahrlosten Grenzstreifens (S2) gegenüber.
Die Schienentrasse der Niederbarnimer Eisenbahn verlief direkt hinter der Grenzmauer und damit im Grenzstreifen und wurde während der gesamten Zeit der Grenzanlagen weiter genutzt. Unmittelbar südlich an den Wilhelmsruher Damm angrenzend ist ein Rest von rund zehn Metern des Kolonnenweges (KW2) erhalten geblieben.

Im Friedhof Pankow VII an der Uhlandstraße wurden einige Gräberfelder für die Anlage der Grenzbefestigungen abgeräumt; dies zeichnet sich auf dem wiederhergestellten Friedhofsgelände gut ab (S3). Nordöstlich der Friedhofsgrenze finden sich die Fundamentreste eines Wachtturms vom Typ BT 9 (WT3); Reste einer Führungsstelle lassen sich südwestlich des Friedhofs identifizieren (WT4).

Sperranlagen an Kanalmündung im Nordgraben (R2)

Der als Regenvorfluter angelegte Nordgraben verlief von Osten kommend durch das Grenzgebiet und setzt sich in Reinickendorf fort. Um den Graben regelmäßig entschlammen zu können, war eine Zufahrt in den Grenzstreifen nötig. Dieser Weg wurde nicht nur von den Ostberliner Wasserbetrieben genutzt, sondern diente auch den Angehörigen der Grenztruppen als Zufahrt zum Grenzstreifen. Diese Trasse aus Betonplatten (HW2) befindet sich nördlich des Nordgrabens und führt durch die Kleingartenanlage an der Uhlandstraße auf den Nordgraben zu. Der Weg ist vollständig erhalten geblieben, ebenso eine weiter östlich zu findende Sperre in der Kanalmündung (R2).

Vergleichsaufnahme 2003 beim Märkischen Viertel

Zum Mauerstreifen hin war die Kleingartenanlage mit einem Zaun der Vorfeldsicherung eingefasst. Diese Zaunreihe stand 'freundwärts' unmittelbar vor der Hinterlandmauer. Vereinzelt ist an den Kronen der Betonpfähle noch Stacheldraht als zusätzliche Sicherung angebracht. Den Gartenbesitzern ist dieser Zaun, der oft in Streckmetall ausgeführt war, noch heute als 'Staatsdraht' geläufig. Über den Nordgraben führt im grenznahen Bereich eine schmale Brücke, die Bestandteil eines Hinterlandsicherungsweges war. Die abgeschnittenen Pfostenreste des Hinterlandsicherungszaunes sind auf der Brücke gut erkennbar (HM1).

Der Kolonnenweg selbst verlief nicht über diesen kleinen Betonsteg, sondern über eine hohe Brücke über den Nordgraben; diese ist jedoch abgetragen worden. Einzelne Betonreste ihrer Widerlager (KW7) finden sich allerdings auf beiden Seiten des Nordgrabens im Boden.

Weiter westlich, wo der Nordgraben kanalisiert wird, zeichnen sich Abrissspuren der einstigen eisernen Sicherungen in der Betonfläche ab (R2): Die Eisengitter sollten ein Durchschwimmen des Nordgrabens nach West-Berlin unmöglich machen.

Grenztruppenfoto 1988/89; die heute noch existierende Brücke ist im Hintergrund zu sehen; von der Brücke des Kolonnenweges und von der Führungsstelle sind noch Reste im Boden erhalten

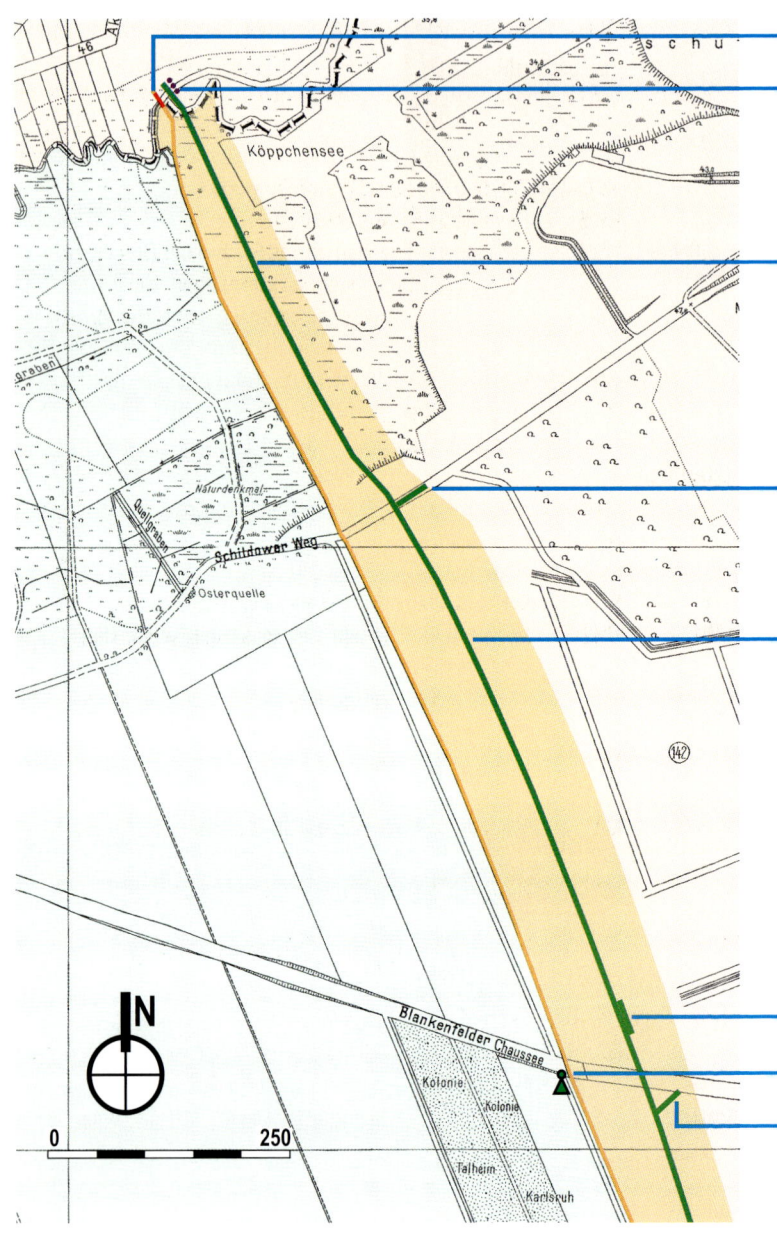

GM1	GM1	Tragkonstruktion für Grenzmauer zur Überquerung des Tegeler Fließes
R1	HM1	Hinterlandschutzzaun: Pfostenreste auf Brücke
	KW1-2	Kolonnenweg
	KW3-4	Zufahrtsweg zum Grenzgebiet
	KW5	Kolonnenweg; Ausweichstelle
KW1	KW6	Zufahrt zum Grenzgebiet mit Spuren der Durchfahrt durch Hinterlandmauer und Grenzsignalzaun
	KW7	Kolonnenweg, Reste der Brücke über den Nordgraben
	WT1-2	Fundamentrest und Spuren, älterer Wachtturm
	WT3	Fundamentrest und Spuren, Wachtturm BT 9
	WT4	Fundamentrest: Führungsstelle
KW3	R1	Sperranlagen an Wehr
	R2	Sperranlagen an Kanalmündung
	VH1	Vorfeldsicherung: Vermauerung
KW1	VH2	Vorfeldsicherung: hüfthohe massive Eisenpfosten
	VL1	Vorfeldsicherung: Leuchten
	HW1-2	Hinterlandweg
	M1	Markierungspfosten des Sperrgebietes
	VZ1	Begrenzungszaun vor dem Sperrgebiet
	S1	Denkmal 'Checkpoint Qualitz' mit Blöcken der Grenzmauer, 1. Generation
KW5	S2	Leere des Grenzstreifens
S1	S3	Leere der für den Grenzstreifen abgeräumten Gräberfelder
KW4		

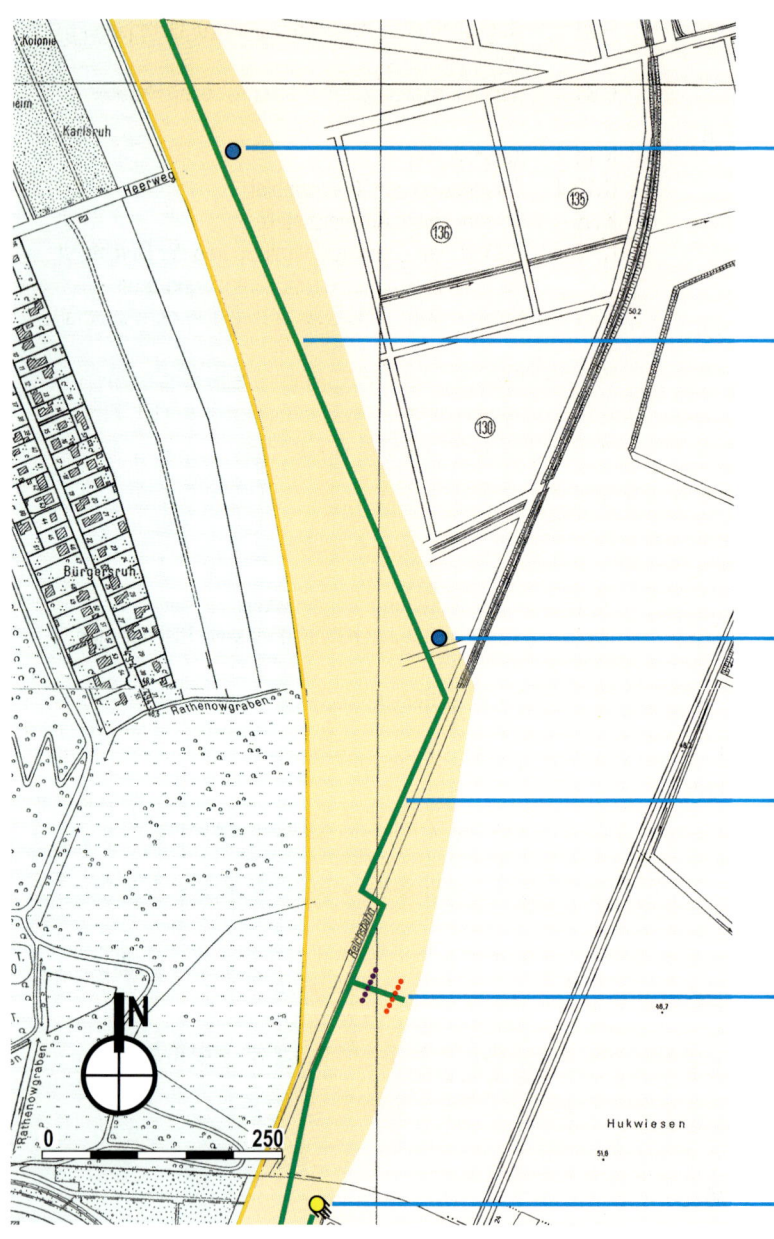

GM1   Tragkonstruktion für Grenzmauer zur Überquerung des Tegeler Fließes

HM1   Hinterlandschutzzaun: Pfostenreste auf Brücke

KW1-2   Kolonnenweg

KW3-4   Zufahrtsweg zum Grenzgebiet

KW5   Kolonnenweg; Ausweichstelle

KW6   Zufahrt zum Grenzgebiet mit Spuren der Durchfahrt durch Hinterlandmauer und Grenzsignalzaun

KW7   Kolonnenweg, Reste der Brücke über den Nordgraben

WT1-2   Fundamentrest und Spuren, älterer Wachtturm

WT3   Fundamentrest und Spuren, Wachtturm BT 9

WT4   Fundamentrest: Führungsstelle

R1   Sperranlagen an Wehr

R2   Sperranlagen an Kanalmündung

VH1   Vorfeldsicherung: Vermauerung

VH2   Vorfeldsicherung: hüfthohe massive Eisenpfosten

VL1   Vorfeldsicherung: Leuchten

HW1-2   Hinterlandweg

M1   Markierungspfosten des Sperrgebietes

VZ1   Begrenzungszaun vor dem Sperrgebiet

S1   Denkmal 'Checkpoint Qualitz' mit Blöcken der Grenzmauer, 1. Generation

S2   Leere des Grenzstreifens

S3   Leere der für den Grenzstreifen abgeräumten Gräberfelder

WT1

KW1

WT2

KW1

KW6

VL1

39

KW1

VL1

VL1

VH1

VH2

VL1

S2

HW1

VZ1

KW1

M1

S2

GM1	Tragkonstruktion für Grenzmauer zur Überquerung des Tegeler Fließes	
HM1	Hinterlandschutzzaun: Pfostenreste auf Brücke	
KW1-2	Kolonnenweg	
KW3-4	Zufahrtsweg zum Grenzgebiet	
KW5	Kolonnenweg; Ausweichstelle	
KW6	Zufahrt zum Grenzgebiet mit Spuren der Durchfahrt durch Hinterlandmauer und Grenzsignalzaun	
KW7	Kolonnenweg, Reste der Brücke über den Nordgraben	
WT1-2	Fundamentrest und Spuren, älterer Wachtturm	
WT3	Fundamentrest und Spuren, Wachtturm BT 9	
WT4	Fundamentrest: Führungsstelle	
R1	Sperranlagen an Wehr	
R2	Sperranlagen an Kanalmündung	
VH1	Vorfeldsicherung: Vermauerung	
VH2	Vorfeldsicherung: hüfthohe massive Eisenpfosten	
VL1	Vorfeldsicherung: Leuchten	
HW1-2	Hinterlandweg	
M1	Markierungspfosten des Sperrgebietes	
VZ1	Begrenzungszaun vor dem Sperrgebiet	
S1	Denkmal 'Checkpoint Qualitz' mit Blöcken der Grenzmauer, 1. Generation	
S2	Leere des Grenzstreifens	
S3	Leere der für den Grenzstreifen abgeräumten Gräberfelder	

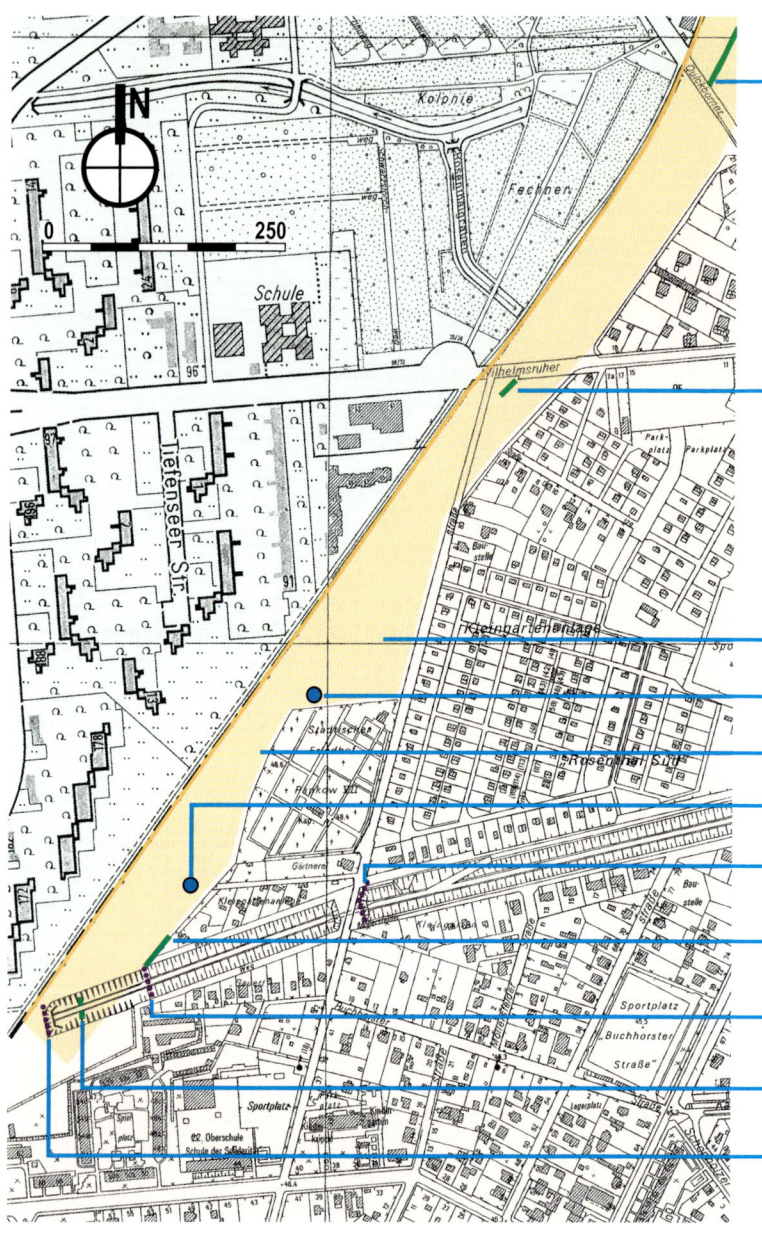

GM1	Tragkonstruktion für Grenzmauer zur Überquerung des Tegeler Fließes
HM1	Hinterlandschutzzaun: Pfostenreste auf Brücke
KW1-2	Kolonnenweg
KW3-4	Zufahrtsweg zum Grenzgebiet
KW5	Kolonnenweg; Ausweichstelle
KW6	Zufahrt zum Grenzgebiet mit Spuren der Durchfahrt durch Hinterlandmauer und Grenzsignalzaun
KW7	Kolonnenweg, Reste der Brücke über den Nordgraben
WT1-2	Fundamentrest und Spuren, älterer Wachtturm
WT3	Fundamentrest und Spuren, Wachtturm BT 9
WT4	Fundamentrest: Führungsstelle
R1	Sperranlagen an Wehr
R2	Sperranlagen an Kanalmündung
VH1	Vorfeldsicherung: Vermauerung
VH2	Vorfeldsicherung: hüfthohe massive Eisenpfosten
VL1	Vorfeldsicherung: Leuchten
HW1-2	Hinterlandweg
M1	Markierungspfosten des Sperrgebietes
VZ1	Begrenzungszaun vor dem Sperrgebiet
S1	Denkmal 'Checkpoint Qualitz' mit Blöcken der Grenzmauer, 1. Generation
S2	Leere des Grenzstreifens
S3	Leere der für den Grenzstreifen abgeräumten Gräberfelder

Sidebar labels:
KW1
KW2
S2
WT3
S3
WT4
R2
HW2
HM1
KW7
R2

Dieses Gebiet ist nicht direkt mit U- Bahn oder S- Bahn zu erreichen.
Am besten fährt man mit der S- Bahnlinie S1 bis Waidmannslust und
dann weiter mit dem Bus 222 bis Lübars. Das südliche Ende erreicht
man mit dem Bus 221 von Wittenau, wo die S1 und die U8 halten.

Das Bergmann-Borsig-Gelände

Gebäudefronten der Werkshallen am Grenzstreifen; erkennbar sind die Spuren des Teilabbruchs sowie die nachfolgend ausgeführten Vermauerungen der Erdgeschosse (R1)

Das Gelände des ehemaligen Turbinen- und Generatorenwerks VEB Bergmann-Borsig ragt auf einem dreieckigen Areal zwischen dem Nordgraben, der ehemaligen Trasse der früheren Niederbarnimer Eisenbahn und der S-Bahntrasse nach West-Berlin hinein. Wegen dieser exponierten Lage und wegen der besonderen wirtschaftlichen Bedeutung des Werkes für die Schwerindustrie der DDR wurde dieses Gelände im Verlauf der innerstädtischen Grenzanlagen besonders aufwendig gesichert. Da

sich das gesamte Gebiet, auf dem 1989 rund 4700 Menschen arbeiteten, im Grenzgebiet befand, mussten überaus umfangreiche bauliche Sicherungsmaßnahmen vorgenommen werden, um die Fluchtgefahr zu minimieren.

Der Betrieb, der bereits 1891 als 'Siegmund Bergmann & Co' gegründet worden war, wurde im Zweiten Weltkrieg zu 75 Prozent zerstört und 1949 nach dem Wiederaufbau als VEB Bergmann-Borsig wieder gegründet. Hier wurden Turbinen gebaut bzw. aufgerüstet. Zwischen 1960 und 1969, also ausgerechnet während der ersten Jahre nach dem Mauerbau, erlebte der Turbinenbau in der DDR seine intensivste Phase. Später wurden hier in durchgehend drei Schichten Servicearbeiten für die eigenen, aber auch für sowjetische Turbogruppen durchgeführt. Die im VEB Bergmann-Borsig gefertigten Turbinen waren besonders wichtig für Kraft- und Kernkraftwerke; hier fand auch die Entwicklung und Fertigung von wärmetechnischen Apparaten für die großen Braunkohle-Kraftwerke der DDR statt.

Diese Fakten machen deutlich, welche wirtschaftliche Bedeutung dem Betrieb im gesamten Wirtschaftsgefüge der DDR zukam und warum dieser Standort trotz seiner Lage im Grenzgebiet erhalten werden musste. Zur selbstverständlichen Routine des großen Betriebs, der auch über einen Bauhof, eigene Kindertages-

stätten und eine zum Betrieb gehörende Poliklinik verfügte, gehörte die Tatsache, dass das Betreten des Betriebsgeländes für die Mitarbeiterinnen und Mitarbeiter nur mit einem gültigen Passierschein möglich war. Weitere Personenkontrollen auf dem Betriebsgelände durch die Grenztruppen waren ebenfalls üblich.

Das Gelände war mit zahlreichen Vorfeldsicherungen ausgerüstet, von denen sich - trotz umfangreicher Abriss-, Sanierungs- und Modernisierungsarbeiten nach der Übernahme und Restrukturierung durch die ABB-Gruppe nach 1991 - auf dem gesamten Gelände aussagekräftige Zeugnisse erhalten haben. Zu diesen umfangreichen Vorfeldsicherungen gehört auch die hohe Dichte an mehrstrahligen Auslegerlampen, die im Bereich des Lagerplatzes nördlich und südlich der Lessingstraße erhalten geblieben sind (VL1). Hier steht auch ein rotweißes, etwa kniehohes

Lampe der Vorfeldsicherung am nordöstlichen Rand des Werksgeländes (VL1)

Zaun und Markierung des Grenzgebietes nordöstlich des Werksgeländes (M1)

Gestänge der Grenzgebietsmarkierung am östlichen Rand des Lagerplatzes (M1, VW2). Auf dem heute als Brachfläche leer stehenden Gelände südlich der Lessingstraße, also noch östlich der einstigen Trasse der Niederbarnimer Eisenbahn, stehen ebenso zwei mehrstrahlige Auslegerlampen in der Nähe eines Fahrwegs im Gelände (VL2).

Den Vorfeldsicherungen lassen sich auch längere Abschnitte von Betonplattenwänden zuordnen (VW1), wie sie etwa entlang der Rückseite des Kindergartengeländes und des Lagerplatzes an der Lessingstraße verlaufen. Diese Plattenwand erstreckt sich bis zur Schillerstraße, verspringt dort nach Westen bis zur ehemaligen Trasse der Niederbarnimer Eisenbahn, die in diesem Bereich die östliche Grenze des Werksgeländes markiert, und verläuft von dort bis auf die Höhe der Goethestraße nach Süden.

Die stillgelegte Trasse der Niederbarnimer Eisenbahn ist ebenfalls Zeuge der geteilten Stadt. Die sogenannte 'Heidekrautbahn' war 1959 von der Deutschen Reichsbahn übernommen worden, doch wurde mit dem Mauerbau die durchgehende Linie nach Berlin gekappt. Die nun plötzlich im Grenzstreifen liegende Trasse war allerdings für die Güterversorgung des Bergmann-Borsig-Werks weiter unerlässlich. Die im Grenzstreifen fahrenden Züge wurden besonders an den Einfahrtstoren in das Betriebsgelände gründlich kontrolliert. Von dieser Vorfeldsicherung sind im Bereich der von Norden auf das Gelände kommenden Bahntrasse zahlreiche Lampenmasten (VL1) erhalten. Unmittelbar nördlich des ehemaligen Standortes der Poliklinik findet sich zudem eine in einem Graben stehende Betonplattenwand mit Resten von Streckmetallzaun (VW4), doch ist gerade dieser Bereich mittlerweile

Plattenwand der Vorfeldsicherung am östlichen Rande des Werksgeländes (VW1)

Reste der älteren, später zur Grenzmauer umfunktionierten Werksmauer (GM1)

Lampen der Lichttrasse im Norden des Werksgeländes (LT1)

völlig überwachsen und nur noch schwer zugänglich.

Entlang des Nordgrabens finden sich Spuren des Fundaments einer älteren Grenzmauergeneration (GM1). Diese Fundamentreste liegen heute außerhalb der neuen Umzäunung und sind nur vom Nordgraben und nicht vom Betriebsgelände aus zugänglich. Der Grenzstreifen erstreckte sich auf dem parallel zum Nordgraben verlaufenden Damm, der heute vor allem im nordöstlichen Bereich des Betriebsgeländes fast völlig überwachsen ist. Dort sind drei Lampenmasten mit Auslegerlampen der einstigen Lichttrasse (LT1) erhalten geblieben. Zwei davon stehen in der Nähe des westlichen Zwickels; eine weitere ist im Dickicht im Nordosten des Geländes verborgen.

Besonders problematisch und entsprechend stark gesichert war der gesamte südliche Bereich des Betriebsgeländes, da die Grenzmau-

Vorfeldsicherungen im Betriebsgelände (VH2): Übersteigsicherung mit Stacheldraht

er direkt am S-Bahndamm verlief und der eigentliche Grenzstreifen zwischen betrieblich genutzten Gebäuden und Grenzmauer sehr schmal war. Tatsächlich mussten einige der Werkshallen um einige Meter gekürzt werden, um wenigstens den nötigsten Raum für den Grenzstreifen zu schaffen; dies lässt sich an Gebäudeabbruchkanten und an den roh aufgemauerten Ziegelfronten ablesen. Den Rückwänden dieser Gebäude kam damit teilweise die Funktion der Hinterlandmauer zu. Vermauerte Öffnungen und aufwendige Vergitterungen, aber auch Übersteigsicherungen und Lampen sprechen noch heute von dieser Grenzsituation (alles R1).

Grenztruppenfoto (1988/89) der Situation am Nordgraben

Weitere aussagekräftige bauliche Reste der Grenzsicherungsanlagen finden sich an mehreren grenznahen Gebäuden. Dazu zählen Vergitterungen (VH1), zwischen Werksgebäuden zusätzlich eingezogene Ziegelmauern, eiserne Übersteigsicherungen mit und ohne Stacheldraht (VH2) an Wänden, Dächern, Gebäudevorsprüngen und auf Mauern und Lampen (VL1) sowie die noch immer weiß getünchte Außenwand des südlichsten Werksgebäudes (VW3) – vor der weißen Wand im Grenzstreifen sollten sich Flüchtlinge auch nachts abzeichnen. In diesem Bereich befinden sich ebenfalls einige Reste der Vorfeldsicherung, so etwa die rotweißen Pfosten der Grenzgebietsmarkierung (M2) un-

Vergleichssituation 2003: der erhöht liegende Grenzstreifen am Nordgraben

mittelbar südlich der Hertzstraße und der diese säumende Hinterlandweg (HW1). Hier steht auch ein Lampenmast zur Ausleuchtung dieses grenznahen Bereiches (VL3). Etwas weiter nordwestlich, schon im Bereich des südlichen Eingangs des Betriebsgeländes, finden sich weitere Lampen (VL1) und eine Absperrung und Sicherung des Personalzugangs (VH3).

Fundamentreste der Grenzmauer, die oft auch ältere Ziegelmauern des Werksgeländes mit einbezog, zeichnen sich entlang des Bahndamms im südlichen Bereich des einstigen Bergmann-Borsig-Areals ab (R1).

Kolonnenweg, Lampenmast der Lichttrasse und Hinterlandmauer; dahinter die durch Teilabbruch der Hallen erzeugten neuen Gebäudefronten (R1)

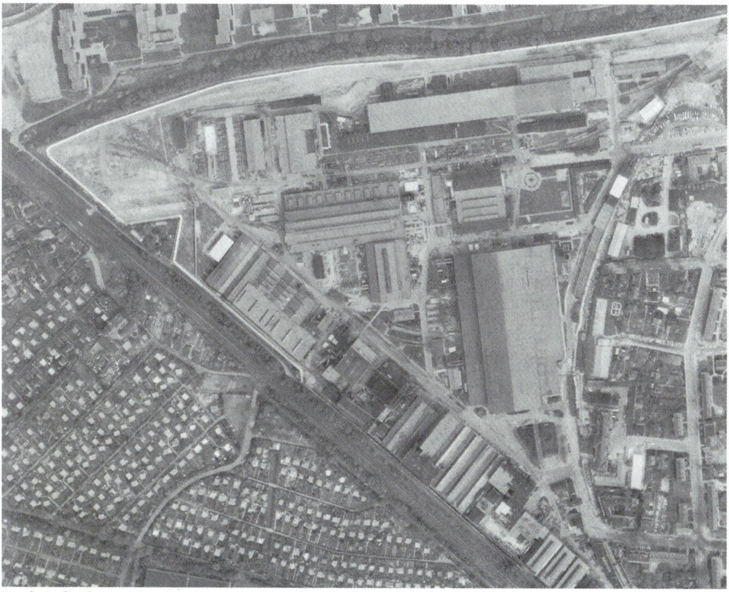

Luftaufnahme des Bergmann-Borsig-Geländes, 1979

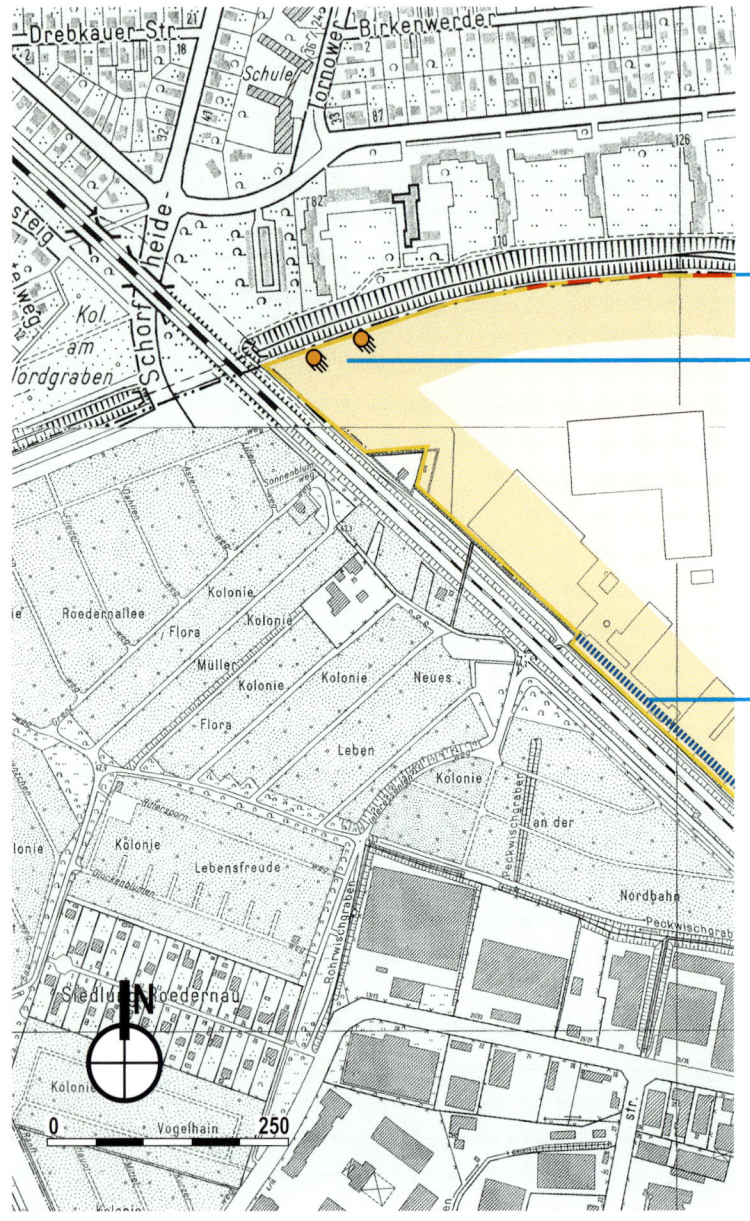

GM1   Grenzmauer - Fundamentreste (ältere Generation)

LT1   Lampen der Lichttrasse

R1   freigeräumter Grenzstreifen: Gebäudeabbruchkanten,
        Vermauerungen, Vergitterungen, Kolonnenweg,
        Fundament älterer Grenzmauern

GM1   VW1   Vorfeldsicherung, Plattenwand
        VW2   Vorfeldsicherung, Zaun
        VW3   Vorfeldsicherung, weiß getünchte Wand
LT1   VW4   Sicherung im Betriebsgelände, Plattenwand und
                Streckmetallzaun an der Poliklinik

        VH1   Vorfeldsicherung, Vergitterungen
        VH2   Sicherung im Betriebsgelände, Mauer, Übersteigschutz
                und Vergitterungen
        VH3   Absperrung und Sicherung des Personalzugangs

        VL1   Sicherung im Betriebsgelände, Leuchten
        VL2   Sicherung im Betriebsgelände, Fahrweg und Leuchten
R1   VL3   Leuchte am Hinterlandweg

        HW1   Hinterlandweg

        M1-2   rot-weiße Pfosten der Grenzgebietsmarkierung

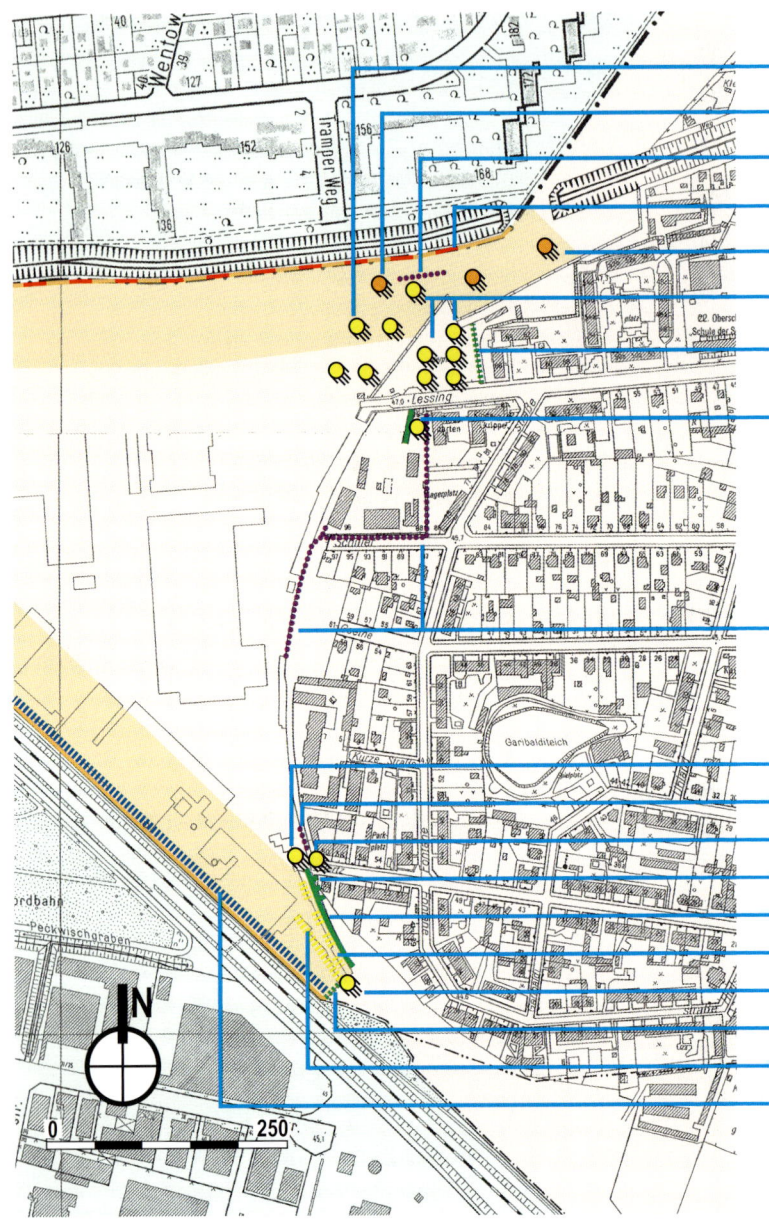

GM1   Grenzmauer - Fundamentreste (ältere Generation)

_VL1_

_LT1_   LT1   Lampen der Lichttrasse

_VW4_   R1   freigeräumter Grenzstreifen: Gebäudeabbruchkanten,
Vermauerungen, Vergitterungen, Kolonnenweg,
_GM1_   Fundament älterer Grenzmauern

_LT1_

_VL1_   VW1   Vorfeldsicherung, Plattenwand
   VW2   Vorfeldsicherung, Zaun
_VW2,M1_   VW3   Vorfeldsicherung, weiß getünchte Wand
   VW4   Sicherung im Betriebsgelände, Plattenwand und
_VL2_   Streckmetallzaun an der Poliklinik

   VH1   Vorfeldsicherung, Vergitterungen
   VH2   Sicherung im Betriebsgelände, Mauer, Übersteigschutz
   und Vergitterungen
   VH3   Absperrung und Sicherung des Personalzugangs

_VW1_   VL1   Sicherung im Betriebsgelände, Leuchten
   VL2   Sicherung im Betriebsgelände, Fahrweg und Leuchten
   VL3   Leuchte am Hinterlandweg

_VL1_   HW1   Hinterlandweg
_VH3_
_VL3_   M1-2   rot-weiße Pfosten der Grenzgebietsmarkierung
_M2_
_HW1_
_VH2_
_VL1_
_VW3_
_VH1_
_R1_

Dieser Abschnitt ist am besten mit der S-Bahnlinie S1 von der Station
Wilhelmsruh zu erreichen.

Von der Hertzstraße bis zum S-Bahnhof Wollankstraße

Streckmetallzaun und Stachelfelder der Vorfeldsicherung (VZ1) unmittelbar nördlich der Klemkestraße

Dieser lange Abschnitt, der sich von der Hertzstraße bis zum S-Bahnhof Wollankstraße erstreckt und fast durchgängig parallel zur S-Bahntrasse verläuft, enthält besonders viele und anschauliche Reste und Spuren der innerstädtischen Grenzanlagen. Im nördlichen Bereich zwischen Hertz- und Schützenstraße ist die Breite des ehemaligen Todesstreifens, der hier als städtebauliche Leere noch die Bezirke Reinickendorf und Pankow trennt, deutlich ablesbar. Das gesamte Gebiet ist mit Spontanvegetation überzogen, wobei einzelne Gehölze zwischen Kopenhagener und Schützenstraße eine

Höhe von bis zu zehn Metern erreicht haben. Entlang der Straße 'Am Bürgerpark' hat sich parallel zum Friedhof III das längste Stück Lichttrasse (LT1) des innerstädtischen Gebietes mit insgesamt achtzehn Lampenmasten erhalten. Nach Süden daran anschließend verdichtet sich das Bild der früheren Grenzanlagen zwischen der S-Bahntrasse am S-Bahnhof Wollankstraße und der Wohnbebauung der Schulzestraße, da hier der frühere Kolonnenweg mit originalen Lampen der Lichttrasse eine deutlich erkennbare Einheit bildet, die durch weitere Reste der Grenzanlagen bereichert wird.

Der frühere Grenzstreifen ist südlich des Bergmann-Borsig-Geländes als städtebauliche Leere deutlich nachvollziehbar. Entlang seiner Ostseite haben sich nördlich und südlich der Kopenhagener Straße entlang der Gartenanlagen zahlreiche Zäune der Vorfeldsicherungen (VZ1) erhalten. Diese Zäune standen unmittelbar vor der Hinterlandmauer und gewährleisteten so eine einheitliche Einfassung der Gärten oder Kleingartenanlagen gegenüber dem Grenzstreifen. Sie zählten zwar nicht direkt zu den Sperranlagen, sollten aber die Annäherung an die Grenze erschweren und gehören daher zu den verbreitet anzutreffenden Vorfeldsicherungen. Vereinzelt ist an den Kronen der Betonpfähle Stacheldraht als zusätzliche Sicherung angebracht. Der Zaun läuft nach Süden beinahe ununterbrochen bis zur Klemkestraße durch und ist in einigen Abschnitten, v.a. in der Nähe der Klemkestraße, mit Feldern aus Streckmetall gefüllt.

An dem imposanten Klinkerbau des Abspannwerks an der Kopenhagener Straße sind – auf der dem Sperrstreifen zugewandten Rückseite - Vergitterungen an den Fenstern angebracht (VH1). Die südliche Brandwand des Abspannwerkes war in der Verlauf der Hinterlandmauer einbezogen. Direkt davor unterbrach der Todesstreifen die

Abspannwerk

Dieses Abspannwerk ist eines von zahlreichen, die Hans Heinrich Müller in den zwanziger Jahren für die BEWAG gebaut hat. Sie wurden alle mit rötlichen Ziegeln im funktionalistischen Stil erbaut und fallen durch ihre schlichte Schönheit auf.

Kopenhagener Straße und verlief in geradem Verlauf parallel zur S-Bahnstrecke in Richtung Südosten weiter bis zur Schützenstraße. Hier setzt sich die städtebauliche Leere (S2) fort, die die Beräumung hinterlassen hat.

Ein von den Grenztruppen genutzter Werk- und Lagerhof (R1) grenzt

Vergitterungen als Teil der Vorfeldsicherung am Abspannwerk (VH1) und Zaun der Vorfeldsicherung (VZ1)

Grenztruppenfoto 1988/89: In der Nähe der Kopenhagener Straße

südlich an die Kopenhagener Strasse an und erstreckt sich nach Süden bis zur nächsten Kleingartenanlage. Der Werkhof war zum Grenzstreifen durch eine circa 2,50 Meter hohe Wellblechwand (R1) abgetrennt, die sich ebenfalls erhalten hat. Ein offener hoher Fahrzeugunterstand sowie zahlreiche, hohe Auslegerlampen, wovon zwei fünfstrahlig in der Mitte des Areals stehen, charakterisieren das Gelände. Drei weitere Auslegerlampen stehen in unmittelbarer Nähe des Wellblechzauns,

zwei einstrahlige Lampen am südlichen Ende in der Nähe der Kleingartenanlage (R1).

Auf den Verlauf der Grenzmauer (GM1) deuten südlich der Kopenhagener Straße einige längere Strecken des Unterbaus hin, die sich hier und da im Unterholz abzeichnen. Auf der gegenüberliegenden, nach Ost-Berlin gewandten Seite des ehemaligen Grenzstreifens finden sich mehrere Lampen der Vorfeldsicherung (VL1), die an

Werk- und Lagerhof der Grenztruppen (R1)

Unterbau der Grenzmauer südlich der Kopenhagener Straße (GM1)

den jeweiligen Enden der Erschließungswege stehen und allein dem Zweck dienten, den grenznahen Bereich und das 'freundwärtige' Gebiet der Hinterlandmauer auszuleuchten. Diese Lampen stehen an den Enden der Straße 78, auf beiden Seiten der Straße 79, im Feldweg und im Neuen Weg (VL1). Zudem stehen auch zwei circa kniehohe, rot-weiße Pfosten der Grenzgebietsmarkierung (M1-2) in dieser Kleingartenanlage, nämlich am Neuen Weg und an der Ecke Mittelweg / Straße 79.

Westlich der Kleingartenanlage ist der frühere Kolonnenweg zwar abgeräumt worden, hat aber inmitten einer sonst üppig wachsenden Vegetation eine weitgehend von Bewuchs freie Trasse hinterlassen, so dass sein einstiger Verlauf zwischen Friedensstraße und Vereinsstraße noch klar nachvollzogen werden kann (KW3). Er durchschneidet hier ein langes Stück städtebaulicher Leere, die die

Dimension des früheren Grenzstreifens vorstellbar macht.

Im Westen stießen die baulichen Elemente der Grenzanlagen an die Trasse der S-Bahn, im Osten befinden sich in diesem Bereich vorwiegend Kleingartenanlagen. Die unterschiedliche Bebauung auf beiden Seiten der früheren Grenzanlagen fällt auf: Im Westen vielgeschossige Bauten der siebziger und achtziger Jahre, im Osten Kleingartenanlagen bzw. vereinzelte Altbauten aus der Zeit vor 1945. In diesem Areal hat sich der Kolonnenweg aus Asphalt über die gesamte Strecke erhalten (KW1).

Am Ende der Frühlingstrasse steht ein Pfosten der Grenzmarkierung aus Beton samt originaler rot-weißer Farbmarkierung (M3). Ferner befinden sich auf dem Straßenpflaster und somit inmitten der Frühlingstraße insgesamt sechs große, etwa ein Meter hohe sogenannte Blumenschalensperren aus

Betonpfosten als Sperrgebietsmarkierung in der Kleingartenanlage (M3)

Blumenschalensperren in der Frühlingstraße (VB1)

Grenztruppenfoto 1988/89 beim Bürgerpark

Beton von rechteckigem Grundriss (VB1). Diese stehen jeweils in Dreiergruppen nebeneinander und in einigem Abstand hintereinander versetzt, so dass nur ein sehr langsames Durchfahren möglich war. Als Elemente der Vorfeldsicherung sollten sie das Durchbrechen der Grenzanlagen mit Fahrzeugen in voller Fahrt verhindern, nachdem solche Durchbrüche in den frühen Jahren der Mauer mehrfach vorgekommen waren. Eine Lampe der Vorfeldsicherung (VL1) befindet sich in unmittelbarer Nachbarschaft. Zum Grenzstreifen hin stehen ferner hinter den Blumenschalensperren drei weiße, circa 1,30 Meter hohe Eisenpfähle, die ebenfalls als zusätzliche Sperren der Vorfeldsicherung anzusehen sind.

Das Haus Provinzstraße 74, das letzte Haus vor den Grenzanlagen im Bezirk Pankow, fällt durch seine 'abgeschnittene', zum Mauerstreifen gewandte Front auf, die in eine rot-weiße Kunststoffverkleidung gefasst ist (S3). Diese Verkleidungen wurden regelmäßig für die nackten Brandmauern am Grenzstreifen verwendet, die durch den Abbruch grenznaher Häuser freigelegt worden waren. Unmittelbar westlich des Hauses, also zum Grenzstreifen hin, stehen zwei etwa ein Meter hohe, rechteckige, jedoch versetzte Blumenschalensperren aus Beton (VB1).

Pfosten eines Gestänges zur Markierung des Sperrgebietes (M5) an der Einmündung Schützenstraße

Entlang der früheren Buddestraße, die durch den Bau der Grenzanlagen faktisch verschwand, ist der asphaltierte Kolonnenweg (KW1) durchgängig erhalten; er knickt in der Nähe der Schützenstraße nach Südosten ab.

Sowohl der Städtische Friedhof Pankow als auch der Bürgerpark Pankow waren einst von den Sperranlagen begrenzt; der Güterbahnhof Schönholz sowie die S-Bahntrasse befanden sich bereits in West-Berlin. Entlang des Friedhofs Pankow im Bereich der Straße Am Bürgerpark (einst Bahnhofstrasse) wurde der Streifen der einstigen Grenzanlagen großflächig umgestaltet. Um so bemerkenswerter ist es, dass dennoch zahlreiche Elemente, die für das vielschichtige Grenzsystem charakteristisch waren, erhalten geblieben sind. So stehen an der Einmündung Schützenstraße / Straße vor Schönholz sechs eiserne, etwa hüfthohe Pfosten der rot-weißen Grenzgebietsmarkierung (M5). Die Gräberfelder auf der den Grenzanlagen zugewandten Seite des Friedhofs wurden zugunsten der 'Staatsgrenze' beräumt (S1), was sich noch heute durch Leere dieser Fläche abzeichnet.

Entlang der Straße 'Am Bürgerpark' hat sich parallel zum landeseigenen Friedhof III (Am Bürgerpark 24) das längste Stück Lichttrasse (LT1) des innerstädtischen Gebietes mit insgesamt achtzehn Lampen-

Lampenmast der Lichttrasse: Unter der Übermalung: Farbmarkierung 'Vordere Postenbegrenzung' (LT1)

Lichttrasse, Lampenköpfe (LT1) erneuert und Kolonnenweg (KW1) an der Straße 'Am Bürgerpark'

59

Elektroschaltkasten der Grenzanlagen (E1) an der Straße Am Bürgerpark.

masten erhalten, wobei allerdings die Lampenköpfe nach der Wende ausgetauscht wurden und alle Lampen einheitlich neu gestrichen worden sind. An einigen Lichtmasten scheint mittlerweile wieder eine charakteristische Farbmarkierung durch, der aus den Farben rot-weiß-grün-weiß bestehende Hinweis 'vordere Postenbegrenzung'. Damit war gemeint, dass die diensttuenden Grenzsoldaten diese Linie nicht unangemeldet überschreiten durften, da dies sonst als Fluchtversuch ge-

Bürgerpark

Der Park ist nach italienischem Vorbild 1839 durch Baron Killisch von Horn angelegt worden. Der Gärtner Wilhelm Perring stattete ihn als Privatpark mit seltenem Baumbestand aus. Von den ehemals zahlreichen Gartenarchitekturen ist u. a. das reich ornamentierte Eingangsportal in Form eines italianisierenden Triumphbogens (um 1860) erhalten geblieben.

wertet und das Feuer eröffnet worden wäre. Entlang der Lichttrasse ist zwischen Leonhard-Frank-Straße und Schützenstraße der Kolonnenweg (KW1) vollständig erhalten geblieben und wird heute als Fahrradweg genutzt. Südlich der Kapelle des Friedhofs steht im Grünstreifens des abgeräumten Gräberfeldes ein Elektroschaltkasten (E1) der einstigen Grenzanlagen und an der Einmündung Leonhard-Frank-Straße / Am Bürgerpark steht auf der nördlichen Seite der Leonhard-Frank-Straße ein rot-weißer Pfosten der Grenzgebietsmarkierung.

Auf dem Grünstreifen südlich der Kreuzung Wilhelm-Kuhr-Straße / Schulzestraße befindet sich ein Laternenmast mit zwei Peitschenauslegerlampen (LT2), die einst den Todesstreifen in diesem Bereich ausleuchteten. Eine weitere Lampe steht im Grenzstreifen vor der Giebelwand des Hauses Schulzestraße 22.

Das Haus Schulzestraße 22, das sich an der Ecke Wilhelm-Kuhr-Straße / Schulzestraße befindet, ist zum Mauerstreifen 'abgeschnitten' (HM2); der Sockelbereich der Brandwand war geweißt, damit sich Flüchtlinge gegebenenfalls auch bei Nacht vor ihr abzeichneten. An beiden Ecken dieser Giebelseite sind deutlich erkennbare Ansätze der Hinterlandmauer (HM2) erhalten.

Ansatz der Hinterlandsicherungsmauer am Wohnhaus Schulzestraße 22 (HM2)

Lampe der Lichttrasse (LT2) mit Markierung 'Vordere Postenbegrenzung'; hinter der Schulzestraße

Die Grenzanlagen im Bereich der Schulzestrasse verliefen hinter den Häusern parallel zur S-Bahntrasse. Die Grenzmauer stand am Fuß der Bahntrasse; die S-Bahn-Züge fuhren bereits auf der Westseite der Grenzanlagen. Für den Bau des Mauerstreifens wurden zahlreiche Hinterhäuser der Wohnbebauung in der Schulzestraße abgerissen, was man an den zahlreichen Brandwänden in diesem Bereich erkennen kann. Der Mauerstreifen war hier vergleichsweise schmal und sein Verlauf ist aufgrund des beinahe durchgängig erhaltenen Kolonnenweges (KW2), der von insgesamt sieben in situ befindlichen Lampen der Lichttrasse (LT2) begleitet wird, noch deutlich ablesbar. An den Laternen hat sich die dem Kolonnenweg zugewandte rot-weiß-grün-weiße Farbmarkierung (für 'vordere Postenbegrenzung' – s.o.) erhalten.

Deutliche Fundamentreste der ehemaligen Hinterlandsicherungsmauer (HM1) zeichnen sich parallel zum asphaltierten Kolonnenweg (KW2)

Fundament der Hinterlandsicherungsmauer (HM2) entlang der Gebäuderückseiten der Schulzestraße

Elektroschaltkasten der Grenzanlagen (E2) nur wenig nördlich der Wollankstraße

Kolonnenweg (KW2) und Lampen der Lichttrasse (LT2) parallel zur Schulzestraße

im gesamten Bereich zwischen Wilhelm-Kuhr-Straße und Wollankstraße ab. Bis auf eine Aussparung im Bereich des Hauses Schulzestraße 26 ist der Kolonnenweg (KW2) bis zum südlichen Ende des S-Bahnhofs Wollankstraße durchgängig erhalten.

Im Verlauf der Schulzestraße haben sich zwischen den Häusern 29 und 26 entlang des westlichen Gehweges

Plattenwand der Vorfeldsicherung (VW1) zwischen den Häusern Schulzestraße 29 und 26

elf überaus massive Elemente einer Betonplattenwand erhalten, die als Bestandteil der Vorfeldsicherung in eine größere Lücke der Fassadenflucht eingefügt war (VW1).
Betonelemente der einstigen Hinterlandmauer (HM1), die mitunter etwa kniehoch aus dem Boden ragen, finden sich direkt gegenüber dem Bahnhof Wollankstraße entlang der rückwärtigen Grundstücksgrenzen der Gebäude in der Schulzestraße.

Auf dem Rasenstück gegenüber dem Eingang zum S-Bahnhof (LT2) ist eine einzelne Lampe der einstigen Lichttrasse stehen geblieben, die die markante rot-weiß-grün-weiße Farbmarkierung aufweist. Des weiteren steht im Bereich vor dem Eingang zum S-Bahnhof ein mittlerweile größtenteils zerstörter

Elektroschaltkasten (E2), der ebenfalls zu den ehemaligen Grenzanlagen gehörte. Zudem befinden sich am südlichen Ende des S-Bahnhofs vereinzelte Fundamentreste der Grenzmauer (GM1).

Der S-Bahnhof Wollankstraße lag vollständig auf dem Hoheitsgebiet der DDR, auch wenn er sich westlich der Grenzanlagen befand. Ihm kam ein Sonderstatus im Streckennetz der Berliner S-Bahnhöfe zu. Der Bahnhof blieb nämlich nach dem 13. August 1961 für den Fahrgastbetrieb geöffnet, war allerdings nur noch von West-Berlin zugänglich. Das ehemalige Empfangsgebäude und der Tunneldurchgang wurden vermauert.

Dieser Umstand zog verwaltungstechnische Besonderheiten nach sich. Erlitten etwa Reisende auf dem Bahnhof einen Unfall und bedurften sie medizinischer Hilfe, musste diese über einen komplizierten Meldeweg in Ost-Berlin angefordert werden. Sie wurden dann von aus dem Osten kommenden Helfern begleitet.

Der Zugang aus dem Osten war durch eine Seitentür in der Stützwand des Bahndammes von der Wollankstrasse aus möglich. Die gleiche Tür, die heute noch vorhanden ist, wurde auch von Angehörigen des Ministeriums für Staatssicherheit und der Ost-Berliner Kriminalpolizei genutzt, um in den Räumen unter den Bahngleisen Verhöre mit West-Berlinern zu führen, die auf Ost-Berliner Gebiet 'straffällig' geworden waren. An der Bahnhofswand findet sich eine kleine Gedenktafel für die Opfer der Berliner Mauer.

Grenztruppenfoto von 1988/89: An der Wollankstraße.

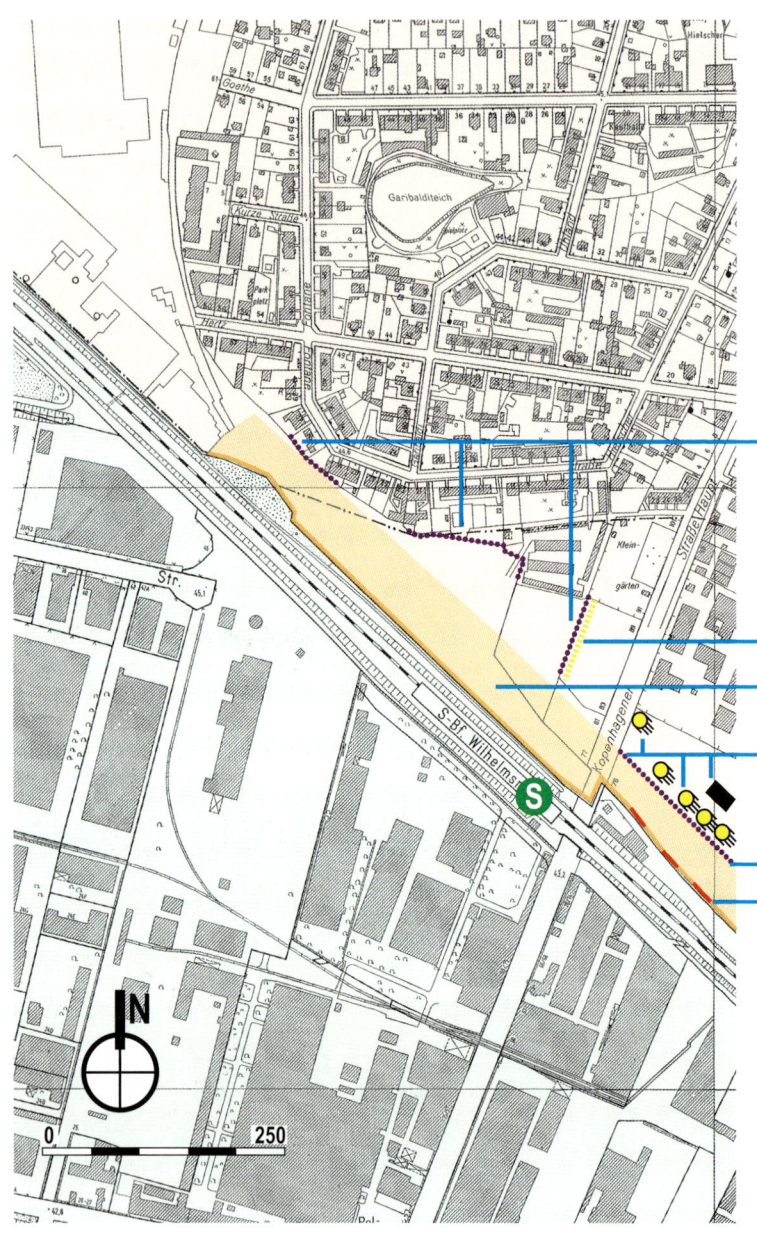

GM1 Unterbau der Grenzmauer

LT1-2 Lampen der Lichttrasse
LT3 Lampen im Grenzstreifen

E1-2 Elektroschaltkasten

KW1-2 Kolonnenweg
KW3 Kolonnenweg - Trasse ohne Belag

HM1 Hinterlandsicherungsmauer: Fundament
HM2 Hinterlandsicherungsmauer: Ansätze

VZ1

VW1 Vorfeldsicherung, Plattenwand
VZ1 Vorfeldsicherung, Zaun
VH1 Vorfeldsicherung, Vergitterungen
VL1 Vorfeldsicherung, Lampen
VB1 Vorfeldsicherung, Blumenschalensperren

VH1

S2

M1-4 Pfosten der Grenzgebietsmarkierung
M5 Gestänge der Grenzgebietsmarkierung

R1

R1 Werkhof der Grenztruppen mit Fahrzeugunterstand, Leuchten und Trennwand zum Grenzstreifen

S1 Leere der abgeräumten Gräberfelder im Friedhof

R1

S2 Leere des Grenzstreifens

GM1

S3 Verkleidete Brandmauer

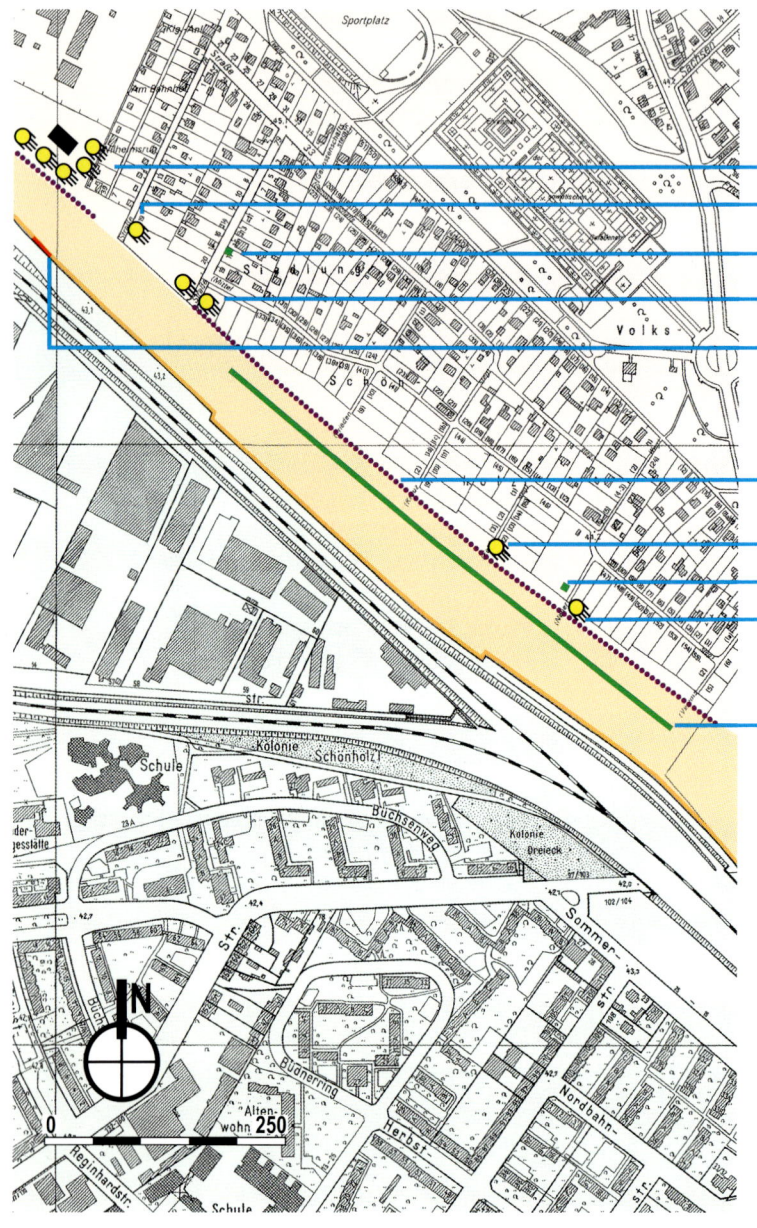

GM1 Unterbau der Grenzmauer

LT1-2 Lampen der Lichttrasse
LT3 Lampen im Grenzstreifen

R1
VL1 E1-2 Elektroschaltkasten

M1 KW1-2 Kolonnenweg
VL1 KW3 Kolonnenweg - Trasse ohne Belag

GM1 HM1 Hinterlandsicherungsmauer: Fundament
HM2 Hinterlandsicherungsmauer: Ansätze

VW1 Vorfeldsicherung, Plattenwand
VZ1 VZ1 Vorfeldsicherung, Zaun
VH1 Vorfeldsicherung, Vergitterungen
VL1 VL1 Vorfeldsicherung, Lampen
M2 VB1 Vorfeldsicherung, Blumenschalensperren
VL1

M1-4 Pfosten der Grenzgebietsmarkierung
M5 Gestänge der Grenzgebietsmarkierung

KW3 R1 Werkhof der Grenztruppen mit Fahrzeugunterstand,
Leuchten und Trennwand zum Grenzstreifen

S1 Leere der abgeräumten Gräberfelder im Friedhof
S2 Leere des Grenzstreifens
S3 Verkleidete Brandmauer

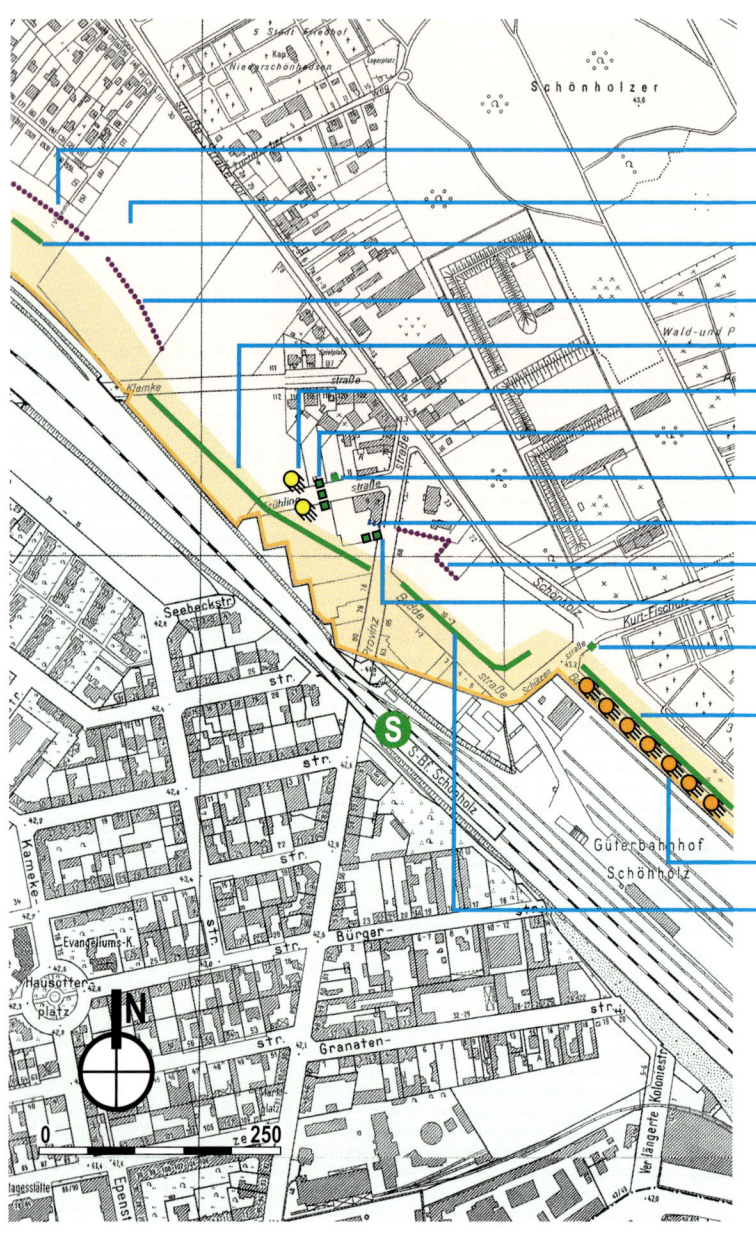

GM1	Unterbau der Grenzmauer
LT1-2	Lampen der Lichttrasse
LT3	Lampen im Grenzstreifen
E1-2	Elektroschaltkasten
KW1-2	Kolonnenweg
KW3	Kolonnenweg - Trasse ohne Belag
HM1	Hinterlandsicherungsmauer: Fundament
HM2	Hinterlandsicherungsmauer: Ansätze
VW1	Vorfeldsicherung, Plattenwand
VZ1	Vorfeldsicherung, Zaun
VH1	Vorfeldsicherung, Vergitterungen
VL1	Vorfeldsicherung, Lampen
VB1	Vorfeldsicherung, Blumenschalensperren
M1-4	Pfosten der Grenzgebietsmarkierung
M5	Gestänge der Grenzgebietsmarkierung
R1	Werkhof der Grenztruppen mit Fahrzeugunterstand, Leuchten und Trennwand zum Grenzstreifen
S1	Leere der abgeräumten Gräberfelder im Friedhof
S2	Leere des Grenzstreifens
S3	Verkleidete Brandmauer

VZ1
S2
KW2
VZ1
KW1
VL1
VB1
M3
S3
VZ1
VB1
M5
KW1
LT1
KW1

69

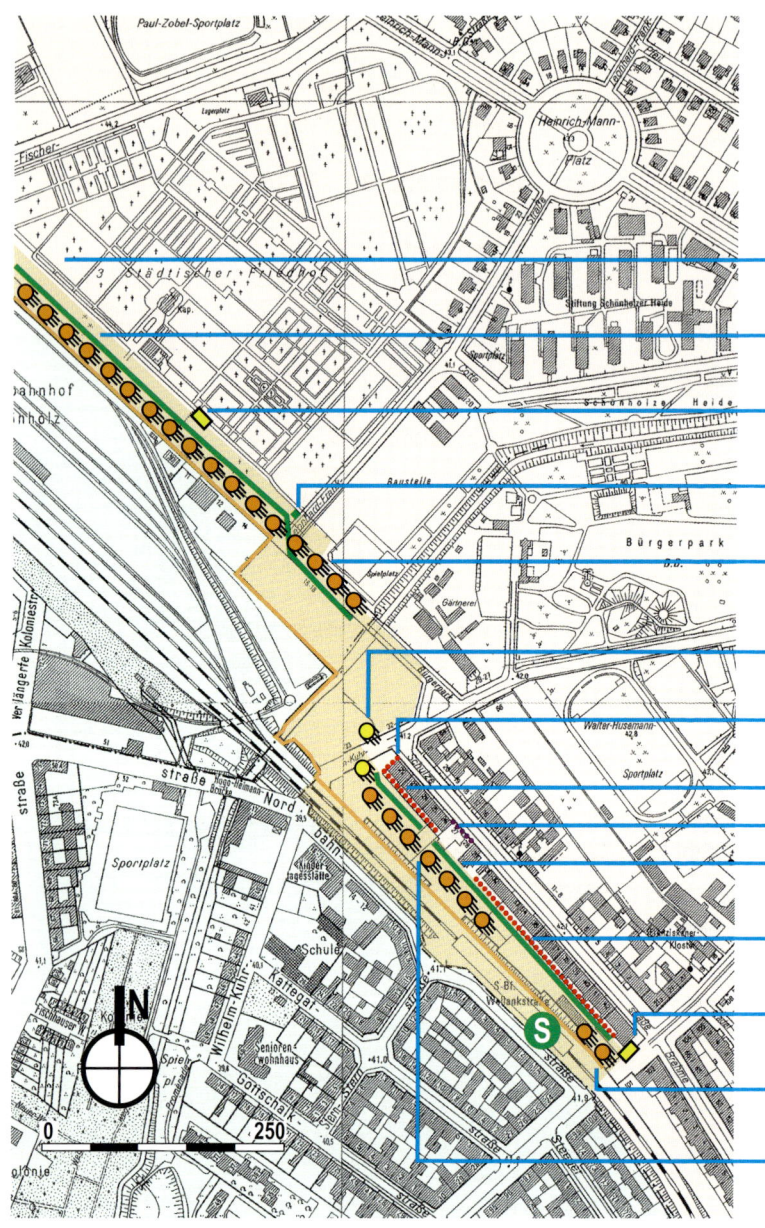

GM1   Unterbau der Grenzmauer

LT1-2   Lampen der Lichttrasse
LT3   Lampen im Grenzstreifen

E1-2   Elektroschaltkasten

S1

KW1-2   Kolonnenweg
KW3   Kolonnenweg - Trasse ohne Belag

KW1

HM1   Hinterlandsicherungsmauer: Fundament
HM2   Hinterlandsicherungsmauer: Ansätze

E1

VW1   Vorfeldsicherung, Plattenwand
M4   VZ1   Vorfeldsicherung, Zaun
VH1   Vorfeldsicherung, Vergitterungen
VL1   Vorfeldsicherung, Lampen
LT1   VB1   Vorfeldsicherung, Blumenschalensperren

M1-4   Pfosten der Grenzgebietsmarkierung
LT2   M5   Gestänge der Grenzgebietsmarkierung

HM2

R1   Werkhof der Grenztruppen mit Fahrzeugunterstand,
          Leuchten und Trennwand zum Grenzstreifen
HM1

VW1   S1   Leere der abgeräumten Gräberfelder im Friedhof
KW2   S2   Leere des Grenzstreifens
          S3   Verkleidete Brandmauer

HM1

E2

LT2

LT1

Da dieser Abschnitt entlang der S-Bahntrasse läuft, bietet es sich an, die S-Bahn zu benutzen. Die Bahnhöfe Schönholz und Wollankstraße sind mit den Linien S1und S25 erreichbar. Der Bahnhof Wilhelmsruh nur mit der Linie S1.

Von der Wollankstraße bis zur Bornholmer Straße

Leere des Grenzstreifens hinter den Häusern der Brehmestraße (S2); Blick nach Norden

Dieser Abschnitt, in dem sich zahlreiche Spuren der Berliner Mauer erhalten haben, erstreckt sich von der Wollankstraße bis an die ehemalige Grenzübergangsstelle (GÜSt) Bornholmer Straße. Er ist im nördlichen Bereich einschließlich des 'Nassen Dreiecks' durch die städtebaulichen Brachflächen geprägt. Zwischen Nassem Dreieck und Bösebrücke hingegen hat es in einem schmalen Bereich Maßnahmen zur Gestaltung des ehemaligen Grenzstreifens gegeben. Die S-Bahnanlagen unterliegen im Zuge der Wiedergewinnung des Verkehrsknotenpunktes Nordkreuz größeren Baumaßnahmen, wodurch auch bis heute erhalten gebliebene bauliche Reste der Grenzanlagen gefährdet sind.

Südlich der Wollankstraße verlief der Mauerstreifen zwischen Brehmestraße und S-Bahntrasse. Auch hier sind, ähnlich wie im Bereich der Schulzestraße etwas weiter nördlich der Wollankstraße, die rückwärtigen Gebäude der Bebauung in der Brehmestraße für den Verlauf der Grenzanlagen abgerissen worden. Die Breite des Mauerstreifens ist zwischen Wollankstraße und dem 'Nassen Dreieck'

Hinter der Brehmestraße 24, Leere des einstigen Grenzsicherungsstreifens (S2)

Ansatz der HiSM und charakteristische Gebäudeverkleidung (HM3 und S1)

noch deutlich erkennbar. Die durch Abbruchmaßnahmen freigelegten Brandwände der Rückgebäude reihen sich entlang des Mauerstreifens auf. Im nördlichen Bereich des 'Nassen Dreiecks' sind zahlreiche, dem Mauerstreifen zugewandte Häuser mit einer weißen oder rot-weißen Brandwandverkleidung versehen, wie sie oft an den grenznahen Abbruchflächen angebracht wurde (S1). In diesem nördlichen Bereich verläuft zunächst ungebrochen eine lange Fundamentreihe der Hinter-

Grenztruppenfoto 1988/89 hinter den Häusern an der Brehmestraße

landsicherungsmauer (HM2) bis auf die Höhe des Hauses Brehmestraße 11. Dieses Fundament ragt an einigen Stellen bis zu zwanzig Zentimeter aus dem Boden. Weitere immer wieder unterbrochene Reste dieses Fundaments befinden sich auch im etwas weiter südlich gelegenen Abschnitt der Brehmestraße. An der westlichen Brandwand des Hauses Brehmestraße 24, das an die Freifläche des 'Nassen Dreiecks' anschließt, ist der Ansatz der Hinterlandmauer vorhanden (HM3). Ebenso findet sich auf der östlichen Seite des Hauses Brehmestraße 20 ein Rest des Ansatzes der Hinterlandsicherungsmauer (HM3 und S1).

Etwa auf der Höhe der Häuser Brehmestraße 13-15 finden sich auf der westlichen Seite des Grenzstreifens am Fuße des Bahndamms mehrere in regelmäßigem Abstand zueinander stehende Pfostenreste der Grenzmauer der 3. Generation (GM1).

Südlich der Brehmestraße befindet sich die Kleingartenanlage 'Famos', die bereits im Sperrgebiet lag und die deshalb umfassend gesichert war. Auf ihrer Südseite hat sich über die gesamte Länge der Anlage ein zweistöckiger Metallzaun der Vorfeldsicherung (VZ2) erhalten, der die Kleingartenanlage zum Grenzstreifen hin sicherte. Dieser Zaun läuft durch bis zum S-Bahndamm am

Fundament der HiSM (HM2) auf der Rückseite der Brehmestraße unmittelbar nördlich des 'Nassen Dreiecks'

Pfosten zur Markierung des Grenzgebietes (M1) in der Kleingartenanlage 'Famos'

Hinterlandsicherungsmauer (HM1) im Bereich der Garagenanlage am nördlichen Ende der Dolomitenstraße

östlichen Ende des Nassen Dreiecks, wo er abknickt und sich bis zur Kreuzung Maximilianstraße / Brehmestraße fortsetzt. Auf dem Haupterschliessungsweg der Anlage 'Famos' zwischen den Parzellen 35 und 52 weisen drei hohe Auslegerlampen der Vorfeldsicherung (VL1) sowie zwei rot-weiße Betonpfosten der Sperrgebietsmarkierung (M1) auf die ehemalige Grenzsituation hin. Ein mit zehn Betonpfosten stark gesichertes Tor schließt den Erschließungsweg der Kleingartenanlage zur Brehmestraße hin ab (VZ3) und muss auf Grund seiner massiven Bauart als Bestandteil der Vorfeldsicherung interpretiert werden. Von der Hinterlandsicherungsmauer ist auf der Ostseite der S-Bahn-

trasse, die die Verbindung nach Pankow darstellt, über die gesamte Länge der dortigen Garagenanlage an der Ecke Maximilianstraße / Dolomitenstraße ein längeres Stück Plattenwand (HM1) erhalten. Die Mauer, die aus jeweils sechs übereinander geschichteten und miteinander verbundenen Betonplattenelementen besteht, steht unmittelbar am Bahndamm. Auf dem Gebiet der Garagenanlage stehen zudem zwei rot-weiße Betonpfosten der Grenzgebietsmarkierung (M2), einer steht links am Ende der Plattenwand nahe dem Nachbargrundstück, der zweite weiter zur Mitte der Garagenanlage auf der Höhe zwischen dem ersten und zweiten Garagenblock. Ein dritter Pfosten steht schließlich unmittelbar südlich außerhalb der Anlage auf dem Gebiet des Gartens des Hauses Dolomitenstraße 45. Hier setzt sich die Plattenwand noch rund 25 Meter fort, doch ist in diesem Bereich zumeist nur ihr unterstes Betonplattenelement erhalten geblieben.

An der Einmündung Dolomitenstraße / Esplanade gab es für die Grenztruppen ein Einfahrtstor in die Grenzanlagen. Als Durchfahrtssperre für Fahrzeuge am Ende der Straße Esplanade sind drei versetzt stehende massive sogenannte Blumenschalensperren (VB1) aus Beton vorhanden, die mittlerweile von ihrer Bepflanzung fast vollständig überwachsen sind. Etwas weiter im Grenzstreifen steht ein mittlerweile stark beschädigter Elektroschaltkasten (E1), der im Zusammenhang der Elektroversorgung der Grenzanlagen nötig war. Bedingt durch die Bauarbeiten an den Gleisanlagen unterliegt der gesamte nähere Bereich dieses Gebietes ständiger Veränderung.

Südlich des 'Nassen Dreiecks' haben sich an der östlichen Seite des einstigen Mauerstreifens in der Kirschbaumallee Reste der einstigen Hinterlandsicherung erhalten. Auf der dem Grenzsicherungsstreifen zugewandten Seite der Kleingartenanlagen findet man eine beinahe vollständig durchlaufende Zauneinfassung, die mitunter mit zusätzlich aufgesetztem Stacheldraht komplettiert wird (VZ2). Auf mittlerer Höhe der Kleingartenanlage handelt es sich gar um eine doppelte Zaunreihe, in deren Mitte ein Fußgängerweg der Erschließung der Kleingärten dient. Zwar waren diese Zäune nicht direkt Bestandteil der Sperranlagen, doch war die zusätzliche Einfassung der Kleingartenanlagen aufgrund des Mauerbaus erst nötig geworden. Auch hier ist an den Kronen der Beton- bzw. Eisenpfähle noch Stacheldraht als zu-

Blumenschalensperren (VB1) und (links) Elektroschaltkasten (E1)

Kolonnenweg (KW1) unmittelbar nördlich der Bösebrücke

Elektroschaltkasten am südlichen Ende der Dolomitenstraße (E1)

Blick von Norden zur Bösebrücke, Vergleichsfoto, April 2003

sätzliche Sicherung angebracht. Die Zäune selbst sind teilweise verzinkte Streckmetallzäune, teilweise sind sie mit Drahtfeldern ausgefüllt.

Im Bereich der Kirschbaumallee findet sich ein Denkmal, das an die Wiedervereinigung erinnert. Die mit Japanischen Kirschen bepflanzte Allee rahmt den früheren Kolonnenweg (KW1), der in diesem Bereich vom südlichen Ende

der Dolomitenstraße bis zur Bösebrücke ungebrochen durchläuft. In der dort nahen Kleingartenanlage Bornholm I steht sowohl im Falterweg / Ecke Traubenweg als auch im Traubenweg / Ecke Kastaniengasse noch jeweils ein rot-weißer Pfosten der Grenzmarkierung (M3-4) als Hinweis auf den Beginn des Sperrgebiets.

Blick von Norden zur Bösebrücke; Aufnahme der Grenztruppen, Winter 1988

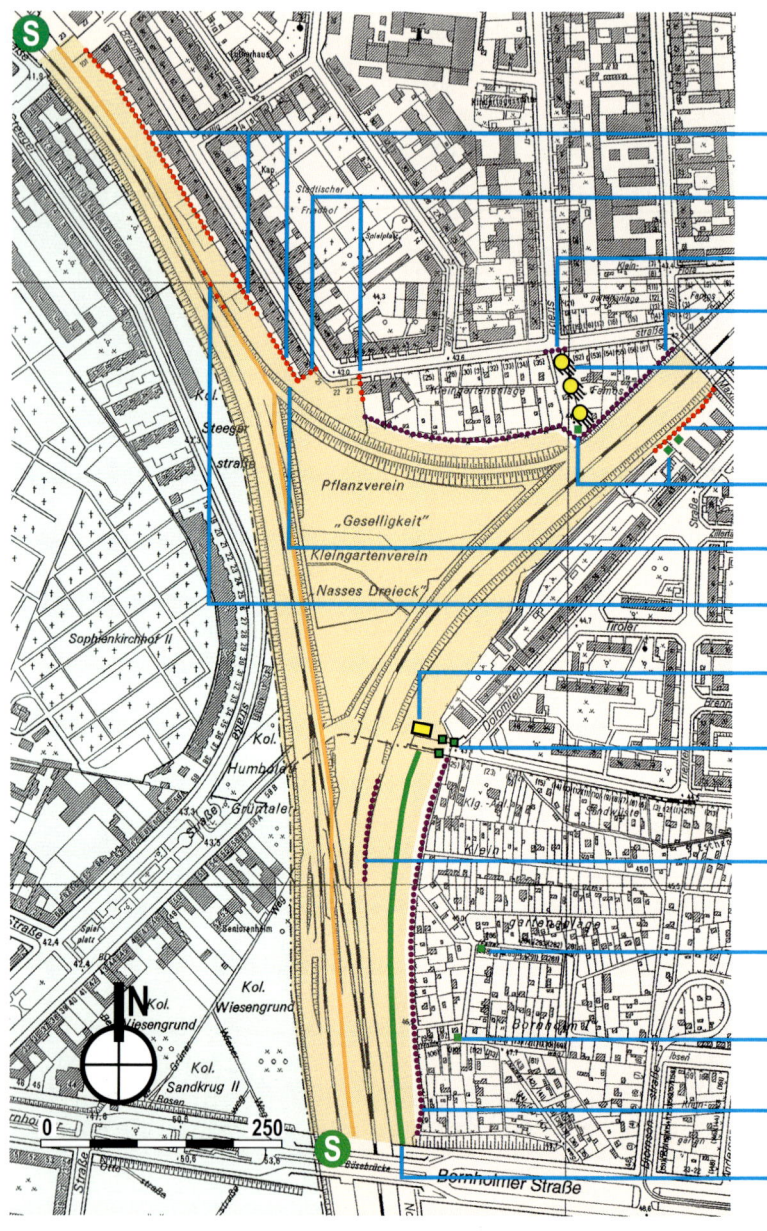

GM1   Grenzmauer der 3. Generation: Pfostenreste

HM1   Hinterlandsicherungsmauer: Plattenwand
HM2   Hinterlandsicherungsmauer: Fundament
HM3   Hinterlandsicherungsmauer: Ansätze an Häusern

KW1   Kolonnenweg

VZ1   Sicherungszaun am Bahndamm
VZ2   Vorfeldsicherung: Zaun
VZ3   Vorfeldsicherung: Toreinfahrt
VZ4   Begrenzungszaun auf der 'freundwärtigen' Seite
       der Hinterlandsicherungsmauer

VB1   Vorfeldsicherung: Blumenschalensperre
VL1   Vorfeldsicherung: Lampen

E1   Elektroschaltkasten

M1-4   Pfosten der Grenzgebietsmarkierung

S1   Verkleidung von Brandmauer und Hauswand
S2   Städtebauliche Leere des Grenzstreifens

HM2
HM3,S1
VZ3
VZ2
VL1
HM1
M1-2
S2
GM1
E1
VB1
VZ1
M3
M
VZ4
KW1

Dieser Abschnitt ist sehr gut mit den S- Bahnlinien S1 und S25 von
der Station Wollankstraße zu erreichen. Im Süden liegt der Bahnhof
Bornholmer Straße, an dem zusätzlich die Linien S2 und S8 halten.

Von der einstigen Grenzübergangsstelle Bornholmer Straße bis zur Bernauer Straße

Hinterlandsicherungsmauer als nördliche Einfassungsmauer der GÜSt (HM1)

Dieser Abschnitt umfasst die einstige Grenzübergangsstelle (GÜSt) Bornholmer Straße und das Gebiet südlich davon bis zum Ende des Mauerparks an der Bernauer Straße. Während die Grenzübergangsstelle und das nördlich liegende Gelände dieses Abschnitts (bis zum Gleimtunnel) noch deutliche Spuren des Grenzverlaufs aufweisen, sind durch die weiträumigen landschaftsgestaltenden Maßnahmen im Bereich des Mauerparks bis auf die lange Strecke der Hinterlandsicherungsmauer auf der Höhe des Jahnstadions nur wenige authentische Reste der innerstädtischen Berliner Grenzanlagen erhalten geblieben.

Die Grenzübergangsstelle (GÜSt) Bornholmer Straße war eine von acht Grenzübergängen zwischen Ost- und West-Berlin; sie war nur für Bürger der Bundesrepublik Deutschland bestimmt.

Die Grenzübergangsstelle Bornholmer Straße reichte weit auf Ost-Berliner Gebiet und war auf allen Seiten durchgängig von Hinterlandmauer eingefasst. Da es sich bei Grenzübergangsstellen um Sondereinrichtun-

80

gen an der Grenze handelte, waren sie auch gesondert gesichert. Sie gehörten nicht in das Zuständigkeitsfeld der Grenztruppen, sondern in den der Passkontrolleinheiten (PKE). Diese trugen zwar Grenztruppenuniformen, doch gehörten zumindest die hier fest diensttuenden Offiziere dem Ministerium für Staatssicherheit (MfS) an. Die Grenztruppenangehörigen umfuhren den Bereich der GÜSt bei ihren Patrouillen; dazu wurden spezielle Gassentore an den Übergängen zum eigentlichen Grenzstreifen benötigt.

An und in der unmittelbaren Umgebung der Bösebrücke befinden sich gleich mehrere Gedenktafeln, die an die frühere Grenzübergangsstelle erinnern. Auf der Ost- und der Westseite der Brücke sind - in die Sockel der steinernen Handläufe integriert - Gedenktafeln mit Texten zur Grenzöffnung angebracht (S1). Eine weitere Gedenktafel steht am südlichen Fußgängerweg der Bornholmer Straße an der einstigen Einfahrt zur GÜSt, dort, wo man heute zum Gebrauchtwagenhändler von der Bornholmer Straße abbiegen kann(S2). Beide Denkmalsetzungen gedenken der Öffnung der Grenzen an der Bornholmer Straße, denn diese GÜSt war der erste Grenzübergang, der am 9. November 1989 um 22:30 Uhr für alle Bür-

gerinnen und Bürger aus dem Ostteil der Stadt geöffnet wurde. Die Inschrift der Tafel des Gedenksteins am Fußweg lautet: 'An der Brücke Bornholmer Straße öffnete sich in der Nacht vom 9. zum 10. November 1989 erstmals seit dem 13. August 1961 die Mauer. Die Berliner kamen wieder zusammen. Willy Brandt: Berlin wird leben und die Mauer wird fallen.'

Von der einstigen GÜSt Bornholmer Straße haben sich vergleichsweise viele authentische bauliche Reste erhalten. Besonders prägend sind die Lampenmasten mit mehrstrahligen Auslegern, die das Gelände taghell ausleuchteten (LT4). Auf der Südseite der Bornholmer Straße

Gedenktafel am südlichen Fußgängerweg der Bornholmer Straße(S2)

Grenztruppenfoto der GÜSt vom Winter 1988; deutlich erkennbar sind die zahlreichen Einbauten und Sperren, die einen Grenzdurchbruch mit Fahrzeugen unmöglich machen sollten

stehen zwei mehrstrahlige und südlich der Bornholmer Straße im Bereich des Autohandels zwei weitere, mehrstrahlige und sehr hohe Lampenmasten.

Das Innere der GÜSt war durch umfangreiche Einbauten, Sperren und bauliche Verkehrsleitsysteme gekennzeichnet, die einen geradlinigen Grenzdurchbruch mit Fahrzeugen verhindern sollten. Zahlreiche Fahrbahnmarkierungen (M2) sind im Bereich des heutigen Gebrauchtwagenmarktes wie in der nordwestlich davon gelegenen Zufahrt erhalten geblieben und erzählen von dem zähen, häufig in Schlangenlinien zu absolvierenden Weg durch die Grenzkontrollanlagen. Selbst einige Zahlen, die der genaueren Bezeichnung der Fahr-

Fahrbahnmarkierungen der GÜSt auf dem Gebiet des heutigen Gebrauchtwagenmarktes (M2)

Hinterlandsicherungsmauer als nördliche Einfassungsmauer der GÜSt (HM1)

spuren dienten und an denen sich die Grenzgänger mit ihren Fahrzeugen zu orientieren und sich einzureihen hatten, sind noch auf dem Asphalt vorhanden.

Nördlich der Bornholmer Straße wurde die GÜSt von einer Hinterlandsicherungsmauer (HM1) eingefasst, die über eine Länge von rund 200 Metern bis fast zur Björnsenstraße erhalten ist. Dieser Abschnitt der Hinterlandmauer ist zwar nur ein sehr grobes Bauwerk aus Betonplatten zwischen Betonpfeilern, aber der augenfälligste Rest der einstigen Grenzanlagen in diesem Bereich. Die Hinterlandmauer verläuft im rechten Winkel zur Grenzlinie und parallel zur Bornholmer Straße.

Weitere Reste der seitlichen Einfassungen der GÜSt finden sich am östlichen Ende der früheren Grenzübergangsstelle in Form eines circa fünfzig Zentimeter hohen Sockels aus Betonsteinen (R3), der sich fast über die gesamte Breite zwischen Bornholmer- und Finnländischer Straße erstreckt, auch direkt am Gehweg der Bornholmer Straße über einen vergleichbaren Sockel verfügt und heute einen der Parkplätze des Autohandels seitlich einfasst. Eine Reihe von Pfostenlöchern, die sich in regelmäßigem Abstand zueinander befinden und aus denen auf Bodenniveau abgeschnittene Eisenträger (R5) hervorragen, begleitet die von der Bösebrücke in die GÜSt führende, geschwungene Zufahrt.

Für die westliche Einfassung der GÜSt wurde eine ältere, bereits existierende Natursteinmauer in die ansonsten aus Betonplatten gesetzten Begrenzungswände integriert. Die unmittelbar südlich

Begrenzungsmauern der GÜSt nach Osten (R3)

Begrenzungsmauern der GÜSt unmittelbar südlich der Bösebrücke; in ältere Struktur eingefügter Zaun (R4)

an die Bösebrücke anschließende alte Mauer, die über frei stehende, ebenfalls aus Naturstein gemauerte Schmuckpfosten verfügt, wurde mit hohem Zaun, der die freien Flächen zwischen den Pfosten ausfüllte, ergänzt. Diese Füllungen sind bis heute erhalten geblieben (R4).

Zwei zur Grenzübergangsstelle gehörende Elektroschaltkästen (E2) stehen auf dem Zwickel am südöstlichen Ende der Bösebrücke. Ein Transformatorenhäuschen (E1), das mit der Elektroversorgung der GÜSt in Verbindung steht, befindet sich nördlich der Finnländischen Straße auf der ungenutzten Grünfläche. Da diese heute verwahrloste Fläche ebenfalls zur Grenzübergangsstelle gehörte, ist zu vermuten, dass mit Hilfe dieser Anlage die Stromversorgung der GÜSt wie des näheren Umfelds geregelt wurde.

Das Areal entlang der Norwegerstraße und der Abschnitt der Schwedter Straße bis zum Abknicken der S-Bahntrassen ist durch

den Verlauf der Gleisanlagen bis heute wesentlich geprägt. Da in gerade diesem Bereich auch die Grenzanlagen verliefen, war die 'Sicherung der Staatsgrenze' ein besonders vielschichtiges Problem und mit zahlreichen weiträumigen Sperranlagen verbunden. Die Bahnanlagen gehörten hier mit Ausnahme des Bahnhofs Gesundbrunnen zu Ost-Berlin, aber die S-Bahn West und Fernzüge des französischen Militärverkehrs durchfuhren hier auf ihrem Weg in West-Berlin ein kurzes Stück Ost-Berliner Gebiet.

Seit 1952 bis zum Mauerbau gab es eine Verbindung zwischen Gesundbrunnen (West), Bornholmer Straße und Pankow (Ost), die nach dem 13. August 1961 geschlossen

Leuchten der GÜSt entlang der einstigen Zufahrt von der Bösebrücke (LT4)

Blick auf die Bösebrücke von Süden

Blick auf die Bösebrücke von Süden; auf der rechten Seite ist deutlich die Einbeziehung der schon zuvor existierenden Mauer in die Hinterlandsicherungsmauer erkennbar; Grenztruppenfoto vom Winter 1988

wurde. Daraufhin wurde im Ostteil der Stadt die nach Norden führende 'Ulbrichtkurve' gebaut, die von nun an ausschließlich die im Osten gelegenen Bahnhöfe Schönhauser Allee und Pankow miteinander verband. Der S-Bahnhof Bornholmer Straße blieb auf Westgebiet bis zum 21.12.1990, in Ost-Berlin bis zum 05.08.1991 geschlossen.

Die 'Ulbrichtkurve' verlief in unmittelbarer Nähe bzw. mitten durch das Grenzgebiet und war deshalb besonders gesichert. Davon zeugt bis heute die ungewöhnlich lange, durchgängig erhaltene Plattenwand der Vorfeldsicherung (VW1), die sich an der den S-Bahngleisen zugewandten Seite des Industriegeländes südlich der Behmstraße befindet (heute Wertstoffhof der BSR), und welche bis zum südlichen Ende der Malmöerstraße beinahe ungebrochen und vollständig durchläuft.

Aus dieser Situation werden auch die zahlreich erhalten gebliebenen Elemente der Vorfeldsicherung in diesem Bereich des einstigen Grenzgebiets erklärlich. Dazu gehört beispielhaft das einstmals überaus stark gesicherte grenznahe Gelände

Vorfeldsicherung: Plattenwand an der Behmstraße (VW1)

Hofmauern, teils mit Zaunaufsätzen, als Teil der Vorfeldsicherungen (VW3)

Vorfeldsicherung: Zaun mit Übersteigschutz (VZ1)

unmittelbar südlich der 'Ulbrichtkurve' am westlichen Ende der Kopenhagener Straße mit seinem Hoftor mit langen, dornenartigen Übersteigsicherungen, Zäunen und Sperrelementen (VZ1), seiner Doppellampe (VL1) und den weiß verkleideten bzw. gestrichenen Brandmauern in der Sockelzone (VW3) auf der Rückseite der Kopenhagener Straße. Auf zwei der weiß gestrichenen Mauern, die die Höfe zwischen den beschnittenen Hinterhofgebäuden einschließen, sind zusätzlich aufgestellte eiserne Zäune als weitere Übersteigsicherung erhalten.

Doch auch zwischen Bösebrücke und Behmstraße finden sich aussagekräftige Reste der Grenzanlagen. Zunächst unterquert ein Rest des Kolonnenwegs (KW1) die Bösebrücke und ragt in den nördlichsten Bereich dieses Abschnitts hinein. Zwischen Bösebrücke und Finnländischer Straße stehen noch

fünf Lampen der einstigen Lichttrasse (LT1). In diesem Bereich befindet sich auch eine Doppelreihe von Pfostenlöchern mit sichtbaren Resten der abgeschnittenen Stahlbetonpfosten im Asphalt. Dabei handelt es sich um die Spuren der früheren Hinterlandsicherungsmauer (HM5), die hier in der Straße verankert war. Vergleichbare Reste der

Pfostenlöcher der Hinterlandmauer (HM5) in der Norwegerstraße

Befestigungen der Hinterlandmauer - abgesägte Eisenpfosten mit Doppel-T-Profil im Pflaster - finden sich auf der Ostseite der Norwegerstraße zwischen Finnländischer und Ueckermünder Straße.

Auf der Westseite der Norwegerstraße steht von südlich der Finnländischen Straße bis unmittelbar nördlich der Behmstraße der Rest einer alten Mauer, die älter als die Grenzanlagen ist. Später integrierte man sie ins System der Grenzanlagen und nutzte sie auch als Hinterlandmauer. An einer ausgebrochenen Stelle auf der Höhe Isländische- / Behmstraße ist an dieser Mauer deutlich der Ansatz der Hinterlandmauer aus Beton zu erkennen, die einst die Lücke zwischen den alten Ziegelmauerelementen schloss.

Die dem Grenzstreifen zugewandten Seiten der Finnländischen-, Ueckermünder-, Isländischen- und Behmstraße waren mit Hinterlandsicherungsmauerelementen aus Beton zugemauert. Am Haus Ückermünder Straße 9 wie auch am Haus Isländische Straße 10 zeichnen sich davon die weißen Betonreste der abgerissenen Elemente ab (HM3). Am Eckhaus Isländische Straße 10 sind über dem Ansatz der Hinterlandsicherungsmauer die Reste einer elektronischen Übersteigsicherung (HM7) zusammen mit den Ansätzen einiger Signaldrähte erhalten.

Ansatzspur der Hinterlandmauer (HM3) an der Norwegerstraße

Elektrosignalsicherung oberhalb der Hinterlandmauer (HM7)

Zwischen Ueckermünder und Isländischer Straße finden sich im Verlauf der Norwegerstraße auf deren Ostseite zahlreiche Löcher im Asphalt, in denen Reste von Eisenbewehrungen verankert sind. Dabei handelt es sich um 'Fußabdrücke' der Hinterlandsicherungsmauer.

An der Ecke Norwegerstraße / Behmstraße hat sich ein längeres Stück Kolonnenweg (KW2) erhalten. Unmittelbar nördlich der Behmstraße stehen am Bahndamm achtzehn Elemente der Grenzmauer 75 (R2), die hier offenbar in Zweitverwendung stehen, da die Verbindungen der einzelnen Elemente nicht ohne Lücken sind. Sie wurden aber wohl als Element der Grenzsicherung eingesetzt. Eben dort verläuft von der Behmstraße in die Norwegerstraße auf dem abschüssigen Gelände ein rund fünfzig Meter langes Stück Kolonnenweg (KW2). Ein Lampenmast der Lichttrasse hat sich in diesem Bereich etwa auf der Hälfte des abschüssigen Geländes am Kolonnenweg erhalten, jedoch ohne Lampenstrahler (LT1).

Die dem Grenzstreifen zugewandte Brandwand des Hauses Behmstraße 65 weist im Erdgeschossbereich noch die weiße Farbe der inneren Seite des Grenzstreifens (VW2) auf. Die Innenseiten der Hinterlandsicherungsmauern waren weiß gestrichen, damit sich da-

Schwedter Straße: Kolonnenweg (KW3) und Lampen der Lichttrasse (LT2)

vor bewegende Personen im Dunkeln besser abzeichneten.

Die Bauarbeiten zur Schließung des Nordrings dominieren im Bereich der Gleisanlagen das städtebauliche Bild. Eine neu geschaffene Fußgängerbrücke verbindet nun über die Gleisanlagen die Behmstraße mit der Schwedter Straße. Ebenso verbindet die Behmstraßenbrücke wieder Ost und West.

Auf der Schwedter Straße ist zwischen dem Areal unmittelbar nördlich der Kopenhagener Straße und der Gleimstraße der dicht an der Häuserbebauung vorbeiführende Kolonnenweg (KW3) fast durchgängig erhalten. Hier stehen zwischen Korsörer und Gleimstraße

Vergleichsaufnahme 2003; Blick nach Süden auf die Hausrückseiten der Kopenhagener Straße, deren Hofmauern in die Grenzsicherung einbezogen waren

sieben Lampenmasten der Lichttrasse (LT2), die den Kolonnenweg säumt; die Auslegerlampen selbst entstammen jedoch der Zeit nach der Wende.

Nördlich und südlich der Kopenhagener Straße finden sich im Straßenbelag der Schwedter Straße zahlreiche, in regelmäßigem Abstand stehende Pfostenspuren der Hinterlandsicherungsmauer (HM6).

Am westlichen Ende der Kopenhagener Straße sind auf beiden Straßenseiten an den letzten Häusern

Aufnahme der Grenztruppen, 1988/89

Aufnahme der Grenztruppen, 1988/89

vor dem früheren Grenzstreifen in einer Höhe von rund 2,60 Metern noch Halterungen für Elektrosicherungsdrähte an den Hausmauern erhalten (HM8). Diese Drähte lösten im Falle der Berührung Alarm aus. Zudem stehen hier am Ende der Kopenhagener Straße, ebenso wie in der parallel laufenden Korsörer Straße, mehrere, etwa hüfthohe Eisenpfosten (M1) im Gehweg- und Parkzonenbereich, die einst als Grenzgebietsmarkierung wie als zusätzliche Durchbruchsicherung für Fahrzeuge dienten. In der Kopenhagener Straße sind es zwölf, in der Korsörer Straße acht Pfosten. Die Pfosten in den jeweiligen Straßen sind soweit beräumt, dass Fahrzeuge die Straßen passieren können.

An der Hausecke Korsörerstraße 12 schimmert blass der frühere Ansatz der Hinterlandsicherungsmauer unter dem neuen Putz des Hauses hindurch.

Markierungspfosten des Grenzgebietes (M1)

Max-Schmeling-Halle

Die Max-Schmeling-Halle wurde 1993-97 von dem Frankfurter Architektenbüro Joppien - Dietz gebaut. Sie entstand im Zuge der Berliner Olympiabewerbung 2000. Die Mehrzweckhalle verfügt über 10.000 Sitzplätze.

Hinterlandmauer am Mauerpark (HM2); Vergleichsaufnahme 2003

Ein etwa 300 Meter langer Abschnitt der Hinterlandsicherungsmauer (HM2) verläuft entlang des Friedrich-Jahn-Stadions, Spielstätte des früher von der Stasi unterstützten Fußballklubs 'Dynamo Berlin'. Da das Stadion häufig große Menschenmengen anzog, war diese Hinterlandmauer nicht nur ungewöhnlich hoch, glatt und massiv, sondern stand auch in größerem Abstand zum Todesstreifen, der unterhalb der auf einem Hügel stehenden Sportstätte verlief. Der Hinterlandmauerabschnitt wird heute vornehmlich als Sprühfläche für Graffiti benutzt.

Oderberger Straße

Für eine Pause bietet sich ein Abstecher am Ende dieses Abschnitts in die Oderberger Straße an. Dort gibt es eine gute Auswahl an Cafés und Restaurants verschiedener Preisklassen.

Hinterlandmauer am Mauerpark (HM2)

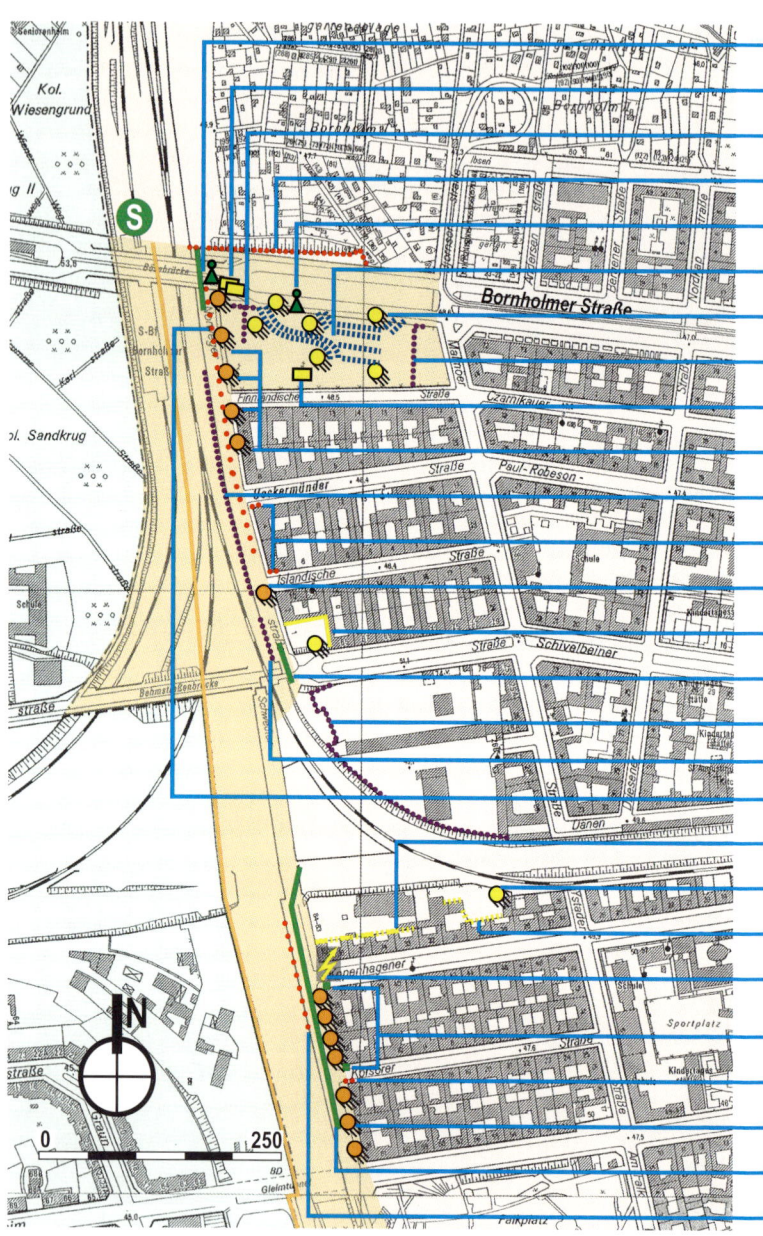

KW1,S2	
E2	
R4	
HM1	
S2	
M2, R5	
LT4	
R3	
E1	
LT1	
R1	
HM3, 7	
LT1	
VW2,LT3	
KW2	
VW1	
R2	
HM5	
VW3	
VL1,VZ1	
VW3	
HM8	
M1	
HM4	
LT2	
KW3	
HM6	

HM1-2   Hinterlandsicherungsmauer
HM3-4   Hinterlandsicherungsmauer: Ansätze an Häusern
HM5-6   Hinterlandsicherungsmauer: Pfostenspuren im Straßenbelag
HM7-8   Elektrosicherung über HiSM

LT1   Lampen der Lichttrasse, Norwegerstraße
LT2   Lampen der Lichttrasse, Schwedter Straße
LT3   zusätzliche Lampen im Grenzstreifen
LT4   Lampen der GÜSt

KW1-3   Kolonnenweg

R1   Sicherungsmauer am Bahndamm; ältere Baustruktur
R2   Sicherungsmauer am Bahnd.; Elemente von 'Grenzmauer 75'
R3   Einfassungsmauern der GÜSt
R4   Einfassung der GÜSt unter Einbeziehung älterer Baustrukturen
R5   Pfostenlöcher für Begrenzungszaun

VW1   Vorfeldsicherung: Plattenwand
VW2-3   Verkleidung von Brandmauer und Hauswand; weiße Sockelz.

VZ1   Vorfeldsicherung: Zaun, Eisenstacheln

VL1   Vorfeldsicherung: Lampe

M1   Pfosten der Grenzgebietsmarkierung
M2   Farbmarkierungen

E1   Trafohäuschen der GÜSt
E2   Elektroschaltkasten

S1-2   Gedenktafeln bei der Bösebrücke

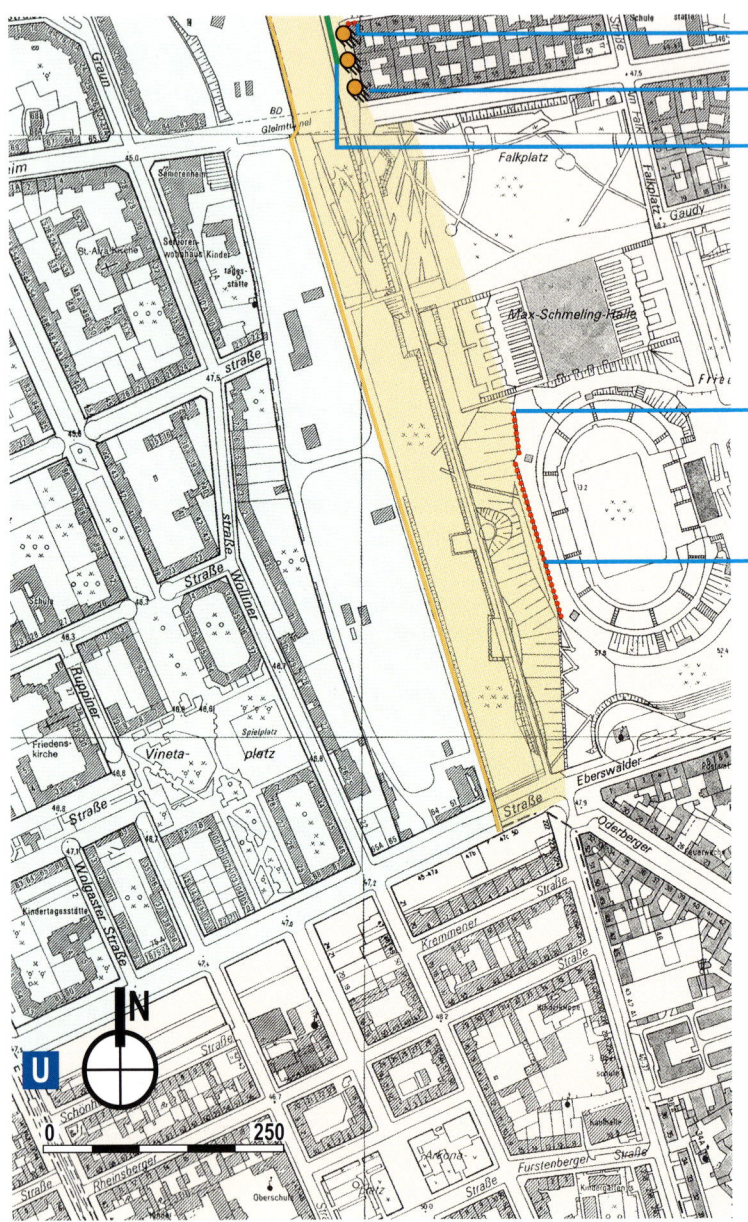

HM4

LT2

KW3

HM1-2	Hinterlandsicherungsmauer
HM3-4	Hinterlandsicherungsmauer: Ansätze an Häusern
HM5-6	Hinterlandsicherungsmauer: Pfostenspuren im Straßenbelag
HM7-8	Elektrosicherung über HiSM
LT1	Lampen der Lichttrasse, Norwegerstraße
LT2	Lampen der Lichttrasse, Schwedter Straße
LT3	zusätzliche Lampen im Grenzstreifen
LT4	Lampen der GÜSt
KW1	Kolonnenweg

HM2

R1	Sicherungsmauer am Bahndamm; ältere Baustruktur
R2	Sicherungsmauer am Bahnd.; Elemente von 'Grenzmauer 75'
R3	Einfassungsmauern der GÜSt
R4	Einfassung der GÜSt unter Einbeziehung älterer Baustrukturen
R5	Pfostenlöcher für Begrenzungszaun

HM2

VW1	Vorfeldsicherung: Plattenwand
VW2	Verkleidung von Brandmauer und Hauswand; weiße Sockelzone
VZ1	Vorfeldsicherung: Zaun, Eisenstacheln
VL1	Vorfeldsicherung: Lampe
M1	Pfosten der Grenzgebietsmarkierung
M2	Farbmarkierungen
E1	Trafohäuschen der GÜSt
E2	Elektroschaltkasten
S1-2	Gedenktafeln bei der Bösebrücke

Der nördliche Teil dieses Abschnitts ist sehr gut mit den S- Bahnlinien S1, S25, S2 und S8 von der Bornholmerstraße zu erreichen.

Der südliche Teil kann mit der U- Bahnlinie U8 von der Station Bernauer Straße oder mit der Linie U2 von der Eberswalder Straße erreicht werden.

Von der Oderberger Straße entlang der Bernauer Straße zur Strelitzer Straße

Kolonnenweg zwischen Strelitzer- und Brunnenstraße (KW1); Blick in Richtung Osten

Dieser östliche Abschnitt der Bernauer Straße wird noch heute von der Leere des ehemaligen Todesstreifens geprägt, aber auch von einer großen Anzahl von erhaltenen Resten der einstigen Grenzanlagen, wie Hinterlandsicherungsmauer und Kolonnenweg. Der Todesstreifen entstand durch den Abbruch der gesamten, dichten Bebauung auf der zum Bezirk Mitte gehörenden Südseite der Bernauer Straße in den Monaten nach dem 13. August 1961. Die Erdgeschosszonen der Fassaden zur Bernauer Straße blieben sogar bis weit in die siebziger Jahre stehen; sie wurden erst mit der Errichtung der 'Grenzmauer 75' abgeräumt. An mehreren Stellen sind die Grundmauern der Hausfassaden bzw. die Eingänge und Türschwellen sichtbar geblieben. Im Boden sind die Grundmauern (GM1) und Keller der abgebrochenen gründerzeitlichen Mietshäuser durchgängig gleichsam als archäologische Reste erhalten. Ebenso die Fluchttunnel, die an mehreren Stellen unter der Bernauer Straße gegraben wurden, deren Zugänge aber heute nicht mehr erkennbar sind.

Zu den deutlichsten Hinweisen auf die Grenze gehört, neben der Leere des ehemaligen Todesstreifens, insbesondere der weitgehend vollständig erhaltene Kolonnenweg (KW1). Die Grenzlinie selbst wird markiert durch eine Heister-, Busch- und Baumreihe (GM2), die auf beinahe der gesamten Länge der Bernauer Straße entlang des südlichen Gehwegs gepflanzt ist oder sich zwischen der Grenzlinie und der knapp dahinter errichteten Grenzmauer spontan gebildet hat. Parallel dazu ist eine leichte Erhöhung der Bodenmodellierung auszumachen, die wohl auf das im Boden erhaltene Betonbett der letzten Mauergeneration zurückzuführen ist.

Die Teilung hat auch in einem anderen Sinne ihre Spuren hinterlassen. Es ist die in ihrer Erscheinungsform gänzlich unterschiedliche Bebauung auf beiden Seiten des ehemaligen Todesstreifens, die den aufmerksamen Besuchern ins Auge springt: Im Norden die zum West-Berliner Stadtteil Wedding gehörende Neubauarchitektur der siebziger und achtziger Jahre, im Süden die gründerzeitliche Blockrandbebauung im Bezirk Mitte. Zum Zeitpunkt der Grenzbefestigung im Jahr 1961 handelte es sich insgesamt um eine homogene Bebauung mit gründerzeitlichen Mietskasernen. Im Bezirk Mitte blieb diese Bebauung weitgehend unverändert; im Bezirk Wedding fiel die Bebauung jedoch einer durchgreifenden Kahlschlagsanierung zum Opfer und wurde durch Neubauten abgelöst. Der Umstand, dass die Bebauung zu beiden Seiten der Bernauer Straße eine so grundsätzlich andere Entwicklung genommen hat, ist also durchaus als städtebauliche Spur der innerstädtischen Grenze zu lesen. Zu den indirekten Zeugen der Teilung gehört auch die Wendeschleife für Busse am östlichen Ende der Bernauer Straße, da sie damals nicht wie heute weiter in die Eberswalder Straße fahren konnten (S4).

Eine Inschriftplatte im Gehweg vor dem ehemaligen Haus Bernauer

Busch- und Heisterreihe an der Bernauer Straße auf der einstigen Grenzlinie (GM2)

97

Der Gedenkstein für die Opfer der Mauer im Bereich der Swinemünderstraße im Bezirk Wedding (S3)

Straße 48 (S2) erinnert an Ida Siekmann, die am 22. August 1961 ums Leben kam, als sie aus dem Fenster sprang, um in den Westen zu gelangen. Ein Gedenkstein für die Opfer der Mauer steht auf dem nördlichen Gehweg im Bereich der Einmündung der Swinemünder Straße in

die Bernauer Straße, also im West-Berliner Bezirk Wedding (S3).

Wendeschleife (S4) in der Bernauer Straße

Reste der abgebrochenen Hinterlandmauer an der Wolliner Straße (HM1)

Zwischen Schwedter- und Wolliner Straße ist der abwechselnd mit Betongusselementen und Asphalt gedeckte Kolonnenweg vollständig erhalten (KW1). Auch der Verlauf der Hinterlandmauer lässt sich über längere Strecken an den erhaltenen Resten verfolgen: Parallel zum Kolonnenweg befindet sich unmittelbar hinter den Häusern eine durchgängige Kante im Boden; ablesbar sind auch die angeschnittenen Pfosten mit H-förmigem Querschnitt. Dieser Streifen ist durchgängig bis zur Kremmener Straße 7 erhalten (HM1). Weitere Hinweise auf den Verlauf der Hinterlandmauer sind der glattgeputzte und geweißte Erdgeschossbereich der zum Mauerstreifen gewandten Brandmauer am Haus Wolliner Straße 20 und die an den ehemaligen Mauerstreifen angrenzende Nordwand des Hauses Wolliner Straße 48 mit ihrer markanten blauen Verkleidung (S1). Am Haus Swinemünder Straße 20, dem letzten Haus vor dem ehemaligen Grenzstreifens, findet sich eine Lampe zur Ausleuchtung des grenznahen Bereichs (VL1).

Ringförmige Spuren von abgeschnittenen Stützen im Asphalt der Swinemünder Straße unmittelbar vor dem Verlauf der ehemaligen Hinterlandmauer weisen auf den Verlauf der rot-weiß gestrichenen Grenzgebietsmarkierung hin, die weiter westlich noch über eine längere Strecke bis zur Ruppiner Straße erhalten geblieben ist

Lampe und Ansatz der Hinterlandmauer, Swinemünder Str. 20, (VL1, HM4)

Kniehohe, rot-weiße Barriere zwischen Ruppiner- und Swinemünder Straße (M1)

(M1). Diese kniehohe, rot-weiß gestrichene Markierung verläuft dort auf U-förmigen eisernen Stützen. Auf halber Strecke macht sie einen auffälligen Bogen um eine Kanalisationsöffnung. Sie zieht sich entlang des nördlichen Gehwegs der Schönholzer Straße weiter. In diesem Bereich hat sich auch der Kolonnenweg vollständig erhalten (KW1).

Die Ostseite des Hauses Schönholzer Straße 18 ist mit einer blauen Giebelverkleidung eingefasst, die wie bei zahlreichen grenznahen Häusern darauf hindeutet dass das Nachbarhaus oder Rückgebäude im Zuge der Errichtung von Grenzsicherheitsanlagen abgerissen wurde (S1). An der rechten Seite der Fassade setzte die Hinterlandmauer an,

ein Ansatzstück mit ursprünglicher Farbfassung ist stehen geblieben (HM4). Unweit davon beginnt ein längerer Abschnitt mit 31 durchgängig gefüllten Elementen Hinterlandmauer. Dabei handelt es sich um Betonteile zwischen Doppel-T-Pfosten, die sich jeweils 20 bis 50 cm über Bodenniveau befinden und sich bis zur Brunnenstraße durchziehen. (HM2). Fünf Lampen der Vorfeldsicherung sind zwischen Brunnenstraße und Ruppiner Straße auf der Rückseite der Häuser entlang der Schönholzer Straße angebracht; drei davon sind noch mit Leuchten bestückt. Gleichartige Lampen mit identischer Funktion finden sich in der Brunnenstraße an den sich gegenüberliegenden Häusern Nr. 141

Ansatz der HiSM und rot-weiße Markierung, Schönholzer Str. 18 (HM4, M1)

Stahlpfosten der Hinterlandmauer (HM3), nördlich der Strelitzer Straße

Grenzverlauf nördlich der Strelitzer Straße, 1966

und Nr. 47; eine weitere im Hof des Hauses Brunnenstraße 141 (VL2). An diese Hofbebauung schließt ein weiteres längeres Stück Hinterlandmauer an. Sie besteht aus Doppel-T-Pfosten, deren Zwischenräume jetzt teilweise mit Maschendraht gefüllt sind; an einigen Stellen sind aber zwischen den Trägern die Betonplatten zumindest im unteren Bereich erhalten (HM3).

Hinterlandmauer östlich der Brunnenstr. 141 (HM2)

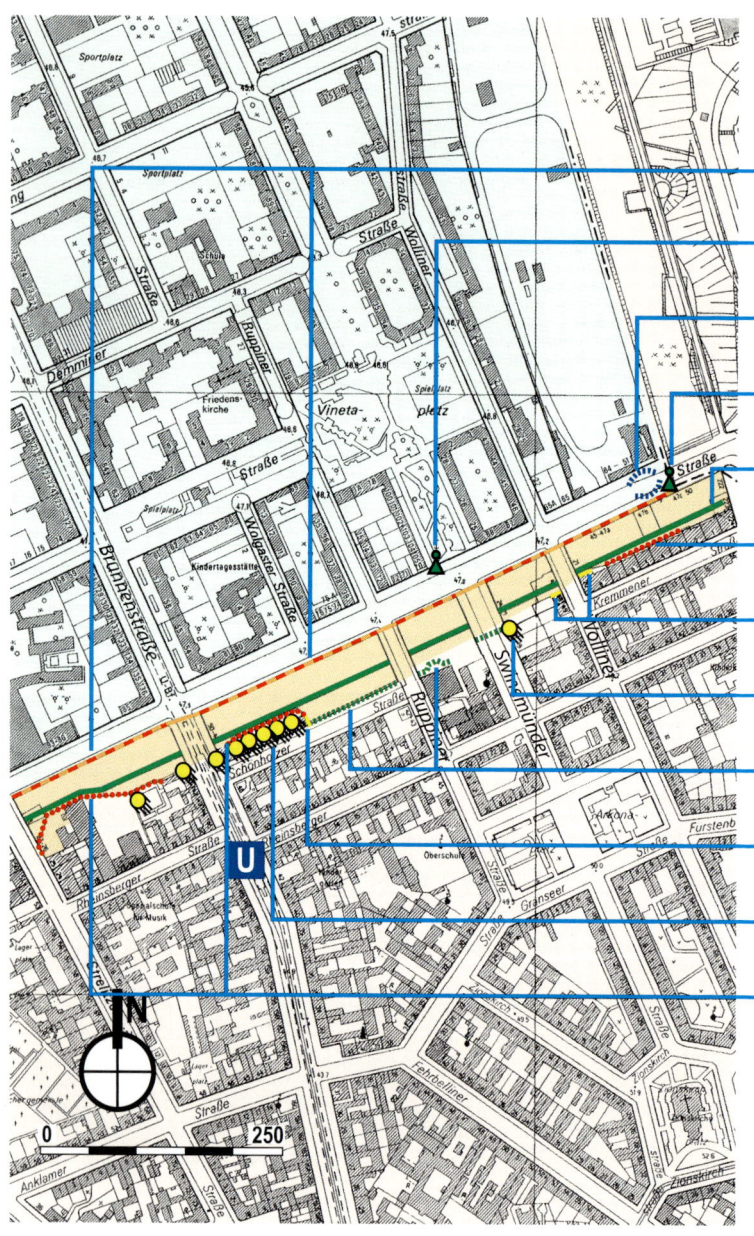

GM1   Reste der Häuserfronten als Markierung der Grenzlinie
GM2   Bäume / Spontanbewuchs als Markierung des Verlaufs
der Grenzmauer

HM1-3   Hinterlandmauer, Reste im Boden
HM4   Hinterlandmauer, Ansatz und weiße Wandfläche

KW1   Kolonnenweg

VL1-2   Lampen der Vorfeldsicherung

M1   Sperrgebietsmarkierung

S1   Verkleidung der durch Abbruch exponierten
Brandmauern
S2   Gedenkstein für Ida Siekmann
S3   Denkmal für Opfer an der Mauer
S4   Wendeschleife in der Bernauer Straße

GM1-2

S3

S4

S2

KW1

HM1

S1

VL1

M1

HM4,S1

VL2

HM2-3

Dieses Gebiet ist sehr gut mit der U- Bahnlinie U8 von der Station
Bernauer Straße zu erreichen.

Bernauer Straße zwischen Strelitzer Straße und Nordbahnhof

Situation am Mauerdenkmal 2003

Die Bernauer Straße war seit der Sperrung der Sektorengrenze am 13. August 1961 ein Ort, an dem sich besonders dramatische Fluchten abspielten und an dem sich die Errichtung der Grenzanlagen besonders einschneidend auswirkte. Ausschlaggebend dafür war der Umstand, dass die gründerzeitliche Blockrandbebauung der südlichen Straßenseite zum Stadtbezirk Mitte und damit zum sowjetischen Sektor gehörte; der Gehweg und die Straße zählten aber schon zum französischen Sektor und damit zum Westen. Die Sperrung der Sektorengrenze machte durch die Häuser an der Bernauer Straße außergewöhnliche Schwierigkeiten, da die rund 2000 Bewohner des dicht bebauten Wohnviertels nicht mit einfachen Mitteln am Verlassen ihrer Häuser gehindert werden konnten.

Vor den Kameraobjektiven der westlichen Presse spielten sich im Verlauf der folgenden Tage zahlreiche dramatische Fluchten an der Bernauer Straße ab. Volkspolizisten und andere zur Schließung der Grenze eingesetzte Einheiten besetzten

Foto der Grenztruppen 1988/89

zwar bald die Erdgeschosse der Häuser, aber aus den Obergeschossen seilten sich noch immer Flüchtende in den Westen ab oder ließen sich in die Sprungtücher der West-Berliner Feuerwehr fallen. Einige kamen bei diesen Fluchtversuchen auch zu Tode. Uniformierte Angehörige der NVA flohen vor laufender Kamera, unter anderem der Unteroffizier Conrad Schumann.

Durch diese Ereignisse erhielt die Straße eine besondere Symbolik. Dies wurde noch unterstrichen und verstärkt durch die weiteren Ereignisse. Die Häuser an der Bernauer Straße wurden zwangsgeräumt und die Bewohner umgesiedelt. Daraufhin wurden die Tür- und Fensteröffnungen der fünfgeschossigen Mietshäuser zugemauert. In den folgenden Monaten wurde die komplette Wohnbebauung auf der südlichen Straßenseite abgebrochen - immerhin eine praktisch geschlossene Häuserreihe von rund 1,2 Kilometer Länge. Erhalten blieben allerdings, bis weit in die siebziger Jahre, die Erdgeschossfassaden der Häuser: Sie bildeten eine Ruinenfront, deren unwirklicher, ja gespenstischer Charakter zur weiteren emotionalen Aufladung des Ortes beitrug.

Vom Abbruch der Wohnhäuser sprechen bis heute die nackten Mauern, die übrig blieben, insbesondere die Reste der Hofbebauung an den Rückseiten der Häuser der südlichen Parallelstraßen der Bernauer Straße.

Weitere dramatische und äußerst medienwirksame Ereignisse an der Bernauer Straße waren die Massenfluchten durch Tunnel, die unter den Grenzanlagen hindurch gegraben worden waren, und schließlich die Sprengung der Versöhnungskirche, die zunächst im Todesstreifen stehen gelassen wurde und erst im Jahr 1985, also vierundzwanzig Jahre nach der Errichtung der Mauer und gerade vier Jahre vor ihrem Fall, vernichtet wurde. Diese Häufung von emotional hoch wirksamen Ereignissen hat bewirkt, dass der Name 'Bernauer Straße' sehr schnell, aber auch sehr nachhaltig, einen ganz besonders dramatischen Klang im Kontext der Berliner Mauer erhielt.

Dieser symbolhafte Charakter des Ortes führte auch dazu, dass der Ausbau der Sperranlagen hier mit überdurchschnittlicher Sorgfalt und Vorsicht betrieben wurde. Früh schon wurden die Straßen, die vom Ostsektor her auf die Mauer führten, gegen Durchbruchsversuche mit Fahrzeugen speziell gesichert, indem massive Betonelemente aufgeschichtet wurden. Diese Betonelemente bildeten dann auch eine durchgehende Linie hinter den Fassadenruinen an der Grenze. Auffällig ist auch der Aufwand, der mit zusätzlichen Vorfeldsicherungen in Gestalt von Plattenwänden und Zäunen betrieben wurde, die im wesentlichen noch erhalten sind (VW1-2).

Die besondere Bedeutung der Bernauer Straße wirkte sich auch auf den Umgang mit den Grenzanlagen nach dem Fall der Mauer aus. Dem Einsatz des Pfarrers der Versöhnungsgemeinde, Manfred Fischer, ist es zu verdanken, dass im westlichen Abschnitt der Straße außergewöhnlich viel Substanz der Grenzsperren erhalten blieb. Mehrere neue Anlagen von zentraler Bedeutung kamen hinzu: Das Mauerdenkmal, das Dokumentationszentrum Berliner Mauer und der Nachfolgebau der gesprengten Kirche, die Kapelle der Versöhnung.

Im westlichen Abschnitt der Bernauer Straße ist, wenn auch mit einzelnen Lücken, der größte Bestand an Grenzmauer erhalten (GM1); die beiden einzigen anderen Grenzmauerabschnitte, an der

Grenzmauer 75 an der Bernauer Straße von Mauerspechten bearbeitet (GM1)

Niederkirchner Straße ('Topographie des Terrors') und an der Liesenstraße, sind bedeutend kürzer. Überdies ist nur in der Bernauer Straße der Aufbau der Grenzsperren in ihrer Tiefenstaffelung wenigstens annähernd komplett nachzuvollziehen. Vom Friedhof im einstigen Ostsektor her gesehen traf man zunächst auf die Plattenwände der Vorfeldsicherung bzw. auf den Zaun als Annäherungssperre, dann auf die Hinterlandmauer, dahinter auf den Todesstreifen mit Kolonnenweg, Lichttrasse, elektrischen Anlagen und Kontrollstreifen und letztlich auf die Grenzmauer mit ihrem abschließenden Betonrohr. Im Kontext des offiziellen Mauerdenkmals

Plattenwand der Vorfeldsicherung am Friedhofsgelände Bergstraße (VW2)

wurden diese Elemente weitgehend saniert und kompakt zusammengefasst; im westlich angrenzenden Bereich sind sie teilweise stärker fragmentiert, dafür aber auch authentischer belassen.

Bei einer genaueren Betrachtung der erhaltenen Reste und Spuren in dem Abschnitt ist im Kontext der Grenzmauer auch zu erwähnen, dass sich östlich der Ackerstraße immer wieder die im Boden erhaltenen Fassadenmauern der 1961 abgebrochenen Miethäuser abzeichnen (GM2). Es kann allerdings als sicher gelten, dass nicht nur die Fassaden, sondern - wie sich bei einer Grabung im östlichen Teil der Bernauer Straße gezeigt hat - die kompletten Kellermauern im Boden erhalten sind. Als archäologische Spur ist auch das im Boden erhaltene Untergeschoss der 1985 gesprengten Versöhnungskirche zu werten. Durch eine Öffnung im Boden der Versöhnungskapelle blickt man auf eine 1961 zugemauerte Türöffnung der Kirche.

Die westlich der Ackerstraße erhaltene 'Grenzmauer 75' ist ungewöhnlicherweise so gebaut, dass der 'Fuß' der vorgefertigten, L-förmigen Elemente jeweils zum Westsektor hin zeigt. Eine eindeutige Erklärung hierfür kann nicht geboten werden; wahrscheinlich ist aber, dass diese Abweichung von der Norm auf Probleme mit dem Baugrund des ehemaligen Friedhofsgeländes zurückgeht.

Die Grenzmauerelemente zeigen auf der 'feindwärtigen' Seite ernsthafte Schäden aufgrund der Aktivitäten von Mauerspechten; die Armierungen liegen frei und sind oft stark verbogen. Aufgrund eines ungenehmigten Eingriffes im Jahr 1997 weist die Mauerfront Lücken auf. Die damals herausgenommenen Mauerelemente sind auf dem Friedhofsgelände aufgereiht.

Der Verlauf des Kolonnenweges (KW1) bietet Hinweise auf die Geschichte des Ortes vor und während der Existenz der Mauer. Östlich der Ackerstraße lässt sich verfolgen, dass der Kolonnenweg ursprünglich um den Chor der Versöhnungskirche herum geführt wurde; nach deren Sprengung allerdings wurde er in gerader Linie über die Abbruchstelle hinweg neu angelegt.

In aller Regel verläuft der Kolonnenweg auf der 'freundwärtigen' Seite der Lichttrasse, deren Lampen ja nicht den Weg ausleuchten sollten, sondern den davor, an der Seite der Grenzmauer, angelegten Kontrollstreifen. Dieser war gleichsam das Schussfeld der Grenzsoldaten, das freizuhalten war. Wer sich hier aufhielt, galt automatisch als Grenzverletzer. Diese Teilung des Grenzstreifens in einen 'Arbeitsbereich' der Grenztruppen und einen selbst

Kolonnenweg mit Verschwenkung durch die Lichttrasse (KW1, LT1); parallel zur Bernauer Straße

für die Grenzer faktisch unzugänglichen Todesstreifen wurde durch die rot-weiß-grün-weißen Farbmarkierungen 'Vordere Postenbegrenzung' deutlich gemacht, die in der Regel an den Masten der Lichttrasse angebracht waren.

Auf dem Friedhofsgelände an der Bernauer Straße schwenkt der Kolonnenweg allerdings zwischen den in einer gerade Linie aufgestellten Masten der Lichttrasse hindurch und verläuft auf der 'feindwärtigen' Seite. Denkbar ist, dass der durch Gräber problematisch gewordene Untergrund hierfür verantwortlich war. Von der Lichttrasse (LT1) ist eine Reihe von sieben funktionsfähigen Leuchten stehen geblie-

ben, die ebenfalls teilweise in das Mauerdenkmal einbezogen wurden. Die drei westlichen Lampen stehen auf der 'feindwärtigen' Seite des Kolonnenweges und tragen daher die genannten Farbmarkierungen 'Vordere Postenbegrenzung' (weiter östlich war die Farbmarkierung an eigens aufgestellten Pfosten angebracht). Zur Lichttrasse gehört der Elektroschaltkasten (E1) innerhalb der Begrenzung des Mauerdenkmals.

Der Verlauf der Hinterland-Sicherungsmauer (HM1-3) lässt sich über weite Strecken sehr gut nachvollziehen. An der Strelitzer Straße lässt sich ihr Ansatz erkennen; im weiteren Verlauf finden sich Fun-

Lampenmast der Lichttrasse mit Markierung 'Vordere Postenbegrenzung' (LT1)

Ansatz der Hinterlandmauer (HM3) an der Strelitzer Straße

Foto der Grenztruppen 1988/89

damentreste und Spuren im Boden. Für das Mauerdenkmal wurde die Hinterlandmauer teilweise zerlegt, aber nicht in derselben Anordnung wieder zusammengesetzt. Dadurch wurde die ursprüngliche, typische Farbfassung mit großen weißen Rechteckfeldern in grauer Rahmung unlesbar und auch die bewusst eingefügten Lücken bzw. Sehschlitze zwischen den Platten entsprechen nicht dem ursprüngli-chen Zustand. Westlich des Mauerdenkmals sind Pfosten und teilweise auch Platten der Hinterlandmauer auf einer längeren Strecke in situ erhalten; weitere Elemente und Fragmente der Hinterlandmauer liegen aufgestapelt daneben.

Auf der 'freundwärtigen' Seite der Hinterlandmauer gab es entlang der Bernauer Straße ein umfangreiches Arsenal an Vorfeldsicherungen und Annäherungshindernissen.

Pfostenreihe der Hinterlandmauer und die daraus entfernten Betonplatten (HM2)

Plattenwand der Vorfeldsicherung am Friedhofsgelände (VW2); Bergstraße

Das unübersichtliche Gelände zwischen Gartenstraße und Friedhof sowie der Bereich der ehemaligen Bergstraße sind durch Plattenwände und Zäune (VW2, VZ1) abgeschottet, die an einigen Stellen sogar mehrfache Sperren vor den Grenzanlagen bilden. Zwar war bereits der Zutritt zum Friedhof strengstens reglementiert, so dass nur Besucher mit speziellen 'Grabkarten' zu den Gräbern ihrer Angehörigen vorgelassen wurden; zusätzlich wurde aber zwischen Friedhofsgelände und Grenzanlagen jeweils noch ein Zaun bzw. - beim Elisabethfriedhof - eine Plattenwand (VW1) gezogen, die auch noch erhalten sind.

Zwei rot-weiß gestrichene Markierungspfosten (M1) vor dieser Plattenwand zeigen den Beginn des Grenzgebietes an; dieselbe Funktion hat die aufgemalte rot-weiße Farbmarkierung (M2), die auf der Ziegelmauer des Sophienfriedhofes an der Ackerstraße zu sehen ist.

Am östlichen Ende, im Anschluss an das Gelände des Nordbahnhofes, war das Gelände über der Gartenstraße mehrere Meter hoch aufgefüllt, so dass der Kolonnenweg auf gleich bleibendem Niveau durchgezogen werden konnte. Zwischen den Häusern an der Gartenstraße und den höher gelegenen Grenzanlagen wurde auf beiden Seiten eine Plattenwand gezogen (VW2), die bereits die Annäherung erschwerte.

Grenzgebietsmarkierung auf der Friedhofsmauer an der Ackerstraße (M2)

Dokumentationszentrum

Ein Besuch im Dokumentationszentrum Berliner Mauer gehört zum Pflichtprogramm an der Bernauer Straße. Hier erhalten Sie umfängliche Informationen über die Geschichte der Grenzanlagen, über Fluchttunnel, Mauerschützen und Einzelschicksale in der geteilten Stadt.

Das Dokumentationszentrum befindet sich in der Bernauer Straße Nr. 111 und ist Mittwochs bis Sonntags in der Zeit von 10 - 17 Uhr geöffnet.

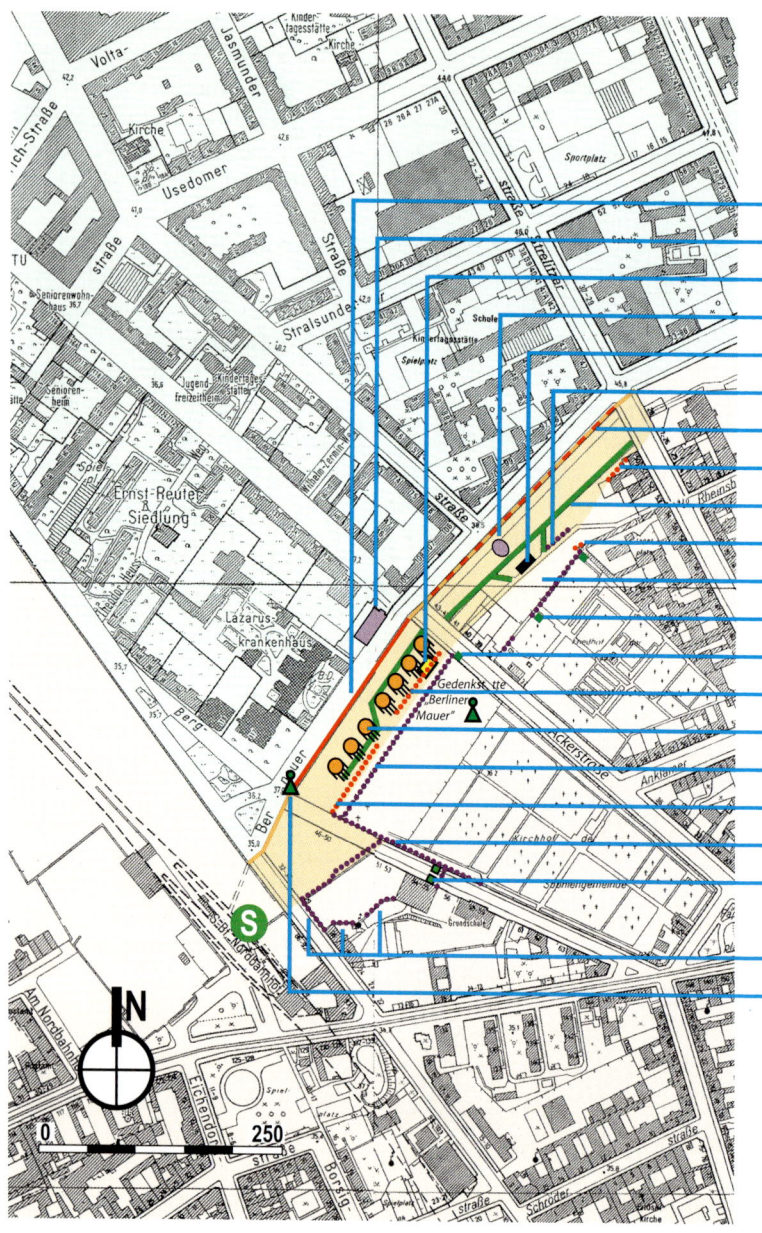

GM1   Grenzmauer 75
GM2   Reste abgebrochener Bauten

HM1   Hinterlandsicherungsmauer (restauriert) am
       Mauerdenkmal
HM2   Hinterlandsicherungsmauer, Pfosten in situ
HM3   Ansätze und Fundamente der Hinterland-
       sicherungsmauer

R1   Vermauerung einer Öffnung in der Versöhnungs-
       kirche, 1961

LT1   Lichttrasse

E1   Elektroschaltkasten

KW1   Kolonnenweg

Z1   Unterbau des Grenzsignalzauns

VW1-2 Vorfeldsicherung, Plattenwand
VZ1   Vorfeldsicherung, Zaun
VB1   Vorfeldsicherung, Blumenschalensperren

M1   Pfosten der Grenzgebietsmarkierung
M2   aufgemalte Grenzgebietsmarkierung

S1   Leere der geräumten Gräberfelder
S2   Leere des Grenzstreifens
S3   Gedenkstein für Maueropfer
S4   Dokumentationszentrum Berliner Mauer
S5   Neubau der Versöhnungskapelle

GM1
S4
E1
S5
R1
Z1
GM2
HM3
KW1,S2
HM3,M1
VW1,S1
M1
M2
HM1
LT1
VZ1,S2
HM2
VW2
VB1

VW2
S3

Dieses Gebiet ist sowohl mit der Linie U8 von der Station Bernauer
Straße als auch mit den S- Bahnlinien S1, S2, S25 vom Nordbahnhof
schnell zu erreichen.

Das Gelände des Nordbahnhofs

Hinterlandmauer (HM1) mit Graffiti, Blick von Osten aus dem Todesstreifen

Zwischen Veteranenstraße im Süden und Liesenstraße im Norden erstreckt sich das Gelände des einstigen Nordbahnhofs. Die von der Chaussee- und Liesenstraße her kommende Grenzlinie knickt bei den S-Bahn-Brücken, am nördlichen Ende des zum Nordbahnhof gehörenden Geländes, nach Süden ab und folgt dem Verlauf der Gartenstraße. Aufgrund dieses gewundenen Verlaufs der Grenze liegt West-Berlin hier also auf der Ostseite der Grenzlinie. Auf dem ausgedehnten und nur eingeschränkt zugänglichen Bahngelände haben sich eine Vielzahl von Resten und Spuren der Grenzanlagen aus verschiedenen Bauperioden erhalten. Hierzu gehören zunächst die Überreste und Spuren von drei Generationen der Befestigungen direkt an der Grenzlinie, überdies einige ungewöhnlich lange und vollständige Abschnitte der Hinterlandmauer, der Kolonnenweg und Lampenmaste der Lichttrasse sowie eine Vielzahl von weiteren Details und Sicherungselementen wie elektrische Anlagen und Stacheldraht- und Streckmetallzäune.

Die östliche Begrenzung des Nord-bahnhofareals bildet eine aus der Zeit um 1900 stammende Ziegel-mauer, die ehemalige Bahnhofs-mauer, die sich auf der Westsei-te der Gartenstraße entlang zieht (GM1). Sie wurde 1961 als Unterbau in die neuen Grenzanlagen mit ein-bezogen und diente als Grenzmau-er. Die ursprünglichen Zugänge ins Bahnhofsgelände wurden vermau-ert, und auf die Mauerkrone wurde Stacheldraht an charakteristischen, Y-förmigen Trägern entlang gezo-gen. Die Betonsockel dieser Stachel-drahthalterungen finden sich auf der gesamten Länge der Mauer auf de-ren oberen Kante; vereinzelt sind so-gar die Y-förmigen Stacheldrahtträ-ger selbst erhalten (GM1).

In der zweiten Hälfte der sechzi-ger Jahre wurde die Grenze durch eine neue, zusätzliche Grenzmau-er der '3. Generation' gesichert, die aus Betonplatten zwischen Stahlbe-tonpfeilern bestand. Praktisch in ihrem gesamten Nord-Süd-Verlauf entlang der Gartenstraße ist diese Mauer im Boden erhalten (GM2): Ablesbar sind die auf Bodenniveau gekappten Stahlbetonpfeiler mit ihrem H-förmigen Querschnitt; an einigen Stellen ragen auch die ein-gefügten Platten über das Boden-niveau hinaus. Diese ältere Mauer wurde gekappt, nachdem sie - wohl 1984 – durch die modernere 'Grenz-mauer 75' ersetzt wurde. Materielle Reste der 'Grenzmauer 75' sind in diesem Bereich nicht erhalten: Be-

Alte Begrenzungsmauer des Bahnhofge-ländes, als Grenzmauer verwendet (GM1)

(GM2) Reste der Mauer der '3. Gene-ration'

(GM3) Die von der Mauer der '4. Generation' hinterlassene Leere

HiSM Pflugstraße (HM3) und Gestänge der Sperrbezirksmarkierung (M1)

merkenswert ist aber, dass sich ihr Verlauf auch heute noch deutlich als Schneise in der Spontanvegetation nachempfinden lässt (GM3).

Bis 1984 verlief die Hinterlandsicherungsmauer (HiSM) mehrere hundert Meter hinter der Grenzlinie; von der Pflugstraße aus nach Süden an der Westseite des ausgedehnten Bahngeländes. Im Jahr 1984 jedoch wurde das allzu ausgedehnte Areal des Todesstreifens durch eine neu eingefügte Hinterlandmauer reduziert. Sie verlief vom Bahnhofsgebäude an der Invalidenstraße gerade nach Norden, knickte dann nach Westen um und schloss an die bestehende Hinterlandmauer bei der Pflugstraße und Schwartzkopffstraße an. Aufgrund dieser Entstehung in zwei Phasen kam es zu der ungewöhnlichen Situation, dass - von der Schwartzkopffstraße aus gesehen - zwei Hinterlandmauern hintereinander angeordnet zu sein scheinen: Die ältere Hinter-

landmauer wurde offenbar belassen, um als zusätzliche Vorfeldsicherung weiter zu fungieren.

Zwischen den Häusern auf der Ostseite der Pflugstraße und den angrenzenden Bahnanlagen verläuft ein etwa einhundert Meter langer, geschlossener Abschnitt der Hinterlandmauer (HM3), der einschließlich der originalen Farbfassung mit weißen Rechteckfeldern in grauer Rahmung ungewöhnlich gut erhalten ist. Vorgelagert befindet sich in einzelnen Abschnitten die kniehohe und rot-weiß gestrichene Metallbarriere, die den Beginn des Grenzgebietes signalisierte (M1). An der Ecke Pflugstraße / Schwartzkopffstraße lassen sich am Ende der rot-weiß gestrichenen Metallbarriere die Reste eines elektrischen Schaltkastens (E1) identifizieren, der offenbar Bestandteil der Elektroversorgung der Grenzanlagen war.

Zusätzliche Sicherungen an der Pflugstraße: Elektro- und Stacheldraht (Z2)

Hinterlandmauer (HM1) mit Glasscherben auf der Mauerkrone

Die zum Grenzgelände weisenden Hofmauern der Wohn- und Industriegebäude, die auf der Nahtstelle zwischen östlicher Pflugstraße und dem Bahnhofsgelände stehen, sind in vielfältiger Weise gesichert worden. Stacheldrahtbewehrungen und Elektrozäune sind hier bemerkenswert vollständig erhalten (Z2). Diejenigen Fenster, die zum Nordbahnhofgelände und damit in den ehemaligen Grenzbereich weisen, sind vergittert. Vereinzelt erhaltene Peitschenlampen, die an diesen Gebäuden angebracht sind, dienten zur Ausleuchtung des Grenzstreifens sowie des grenznahen Bereichs (VL1).

Die 1984 auf dem Bahnhofsgelände zwischen Bahnhofsgebäude und Pflugstraße eingezogene Hinterlandmauer aus waagerecht übereinander geschichteten Betonplatten zwischen Stahlbetonpfeilern ist über eine lange Strecke stehen geblieben (HM1). Sie weist an ihrer nach Ost-Berlin weisenden Seite noch das ursprüngliche grau-weiße Farbschema auf. Im südlichen Abschnitt sind die als Sicherung gegen Übersteigen in

Hinterlandmauer (HM1) mit Graffiti,
Blick von Osten aus dem Todesstreifen

Kolonnenweg und Hinterlandmauer in
Richtung Süden (KW1, HM1)

die Mauerkrone eingemörtelten Glasscherben erwähnenswert.

Erhalten ist auch hier ein längerer Abschnitt der etwa kniehohen rot-weiß gestrichenen Grenzgebietsmarkierung (M1). Der parallel zur Hinterlandmauer verlaufende Kolonnenweg auf deren Ostseite ist fast in seiner gesamten Länge erhalten (KW1).

An der Eisenbahnbrücke, welche die nördliche Begrenzung des Bahnhofgeländes darstellt, finden sich einzelne Streckmetallfelder mit Armierungen, an denen einst Stacheldraht angebracht war (Z1). Diese vereinzelten Teile dienten als zusätzliche Barriere hinter der vor der Brücke stehenden 'Grenzmauer 75'. Das unmittelbar vor der Brücke liegende Gelände ist in den letzten Jahren wesentlich verändert worden. Der Verlauf des Kolonnenweges, der einst unter den Gleisen hinweg nach Westen in Richtung des Grenzgebietes auf dem Gelände des Friedhofs der Hedwigsgemeinde geführt wurde, lässt sich vor Ort nicht mehr ablesen.

In der südlichen Verlängerung des Kolonnenweges (KW1) zum Bahnhof hin stehen drei Lichtmasten mit Peitschenlampen (LT1). An dem nördlichsten der drei Masten ist die rot-weiß-grün-weiße Farbmarkierung 'vordere Postenbegrenzung' erhalten.

Brücke am nördlichen Ende des Geländes, gesichert mit Zäunen (Z1)

Lichtmast am südlichen Ende des Nordbahnhofgeländes (LT1)

Elektrokasten, Gartenstraße (E2)

Lichtmast zur Ausleuchtung des Vorfeldes an der Gartenstraße (VL2)

Kürzere Abschnitte von Betonplattenwänden der Vorfeldsicherung sind auf beiden Seiten der Gartenstraße zwischen Invalidenstraße und Bernauer Straße erhalten geblieben (VW1). Dieser Bereich gehörte nicht direkt zum Grenzgebiet; offenbar wurde er jedoch zumindest vorübergehend auch von den Grenztruppen - möglicherweise als Park- oder Lagerplatz - genutzt. Davon zeugen hinter der Betonplattenwand auf der südwestlichen Seite die Reste eines Schaltkastens sowie ein Lichtmast (VL2, E2).

Foto der Grenztruppen, Winter 1989/90; nördliches Ende des Nordbahnhofgeländes, Blick nach Norden

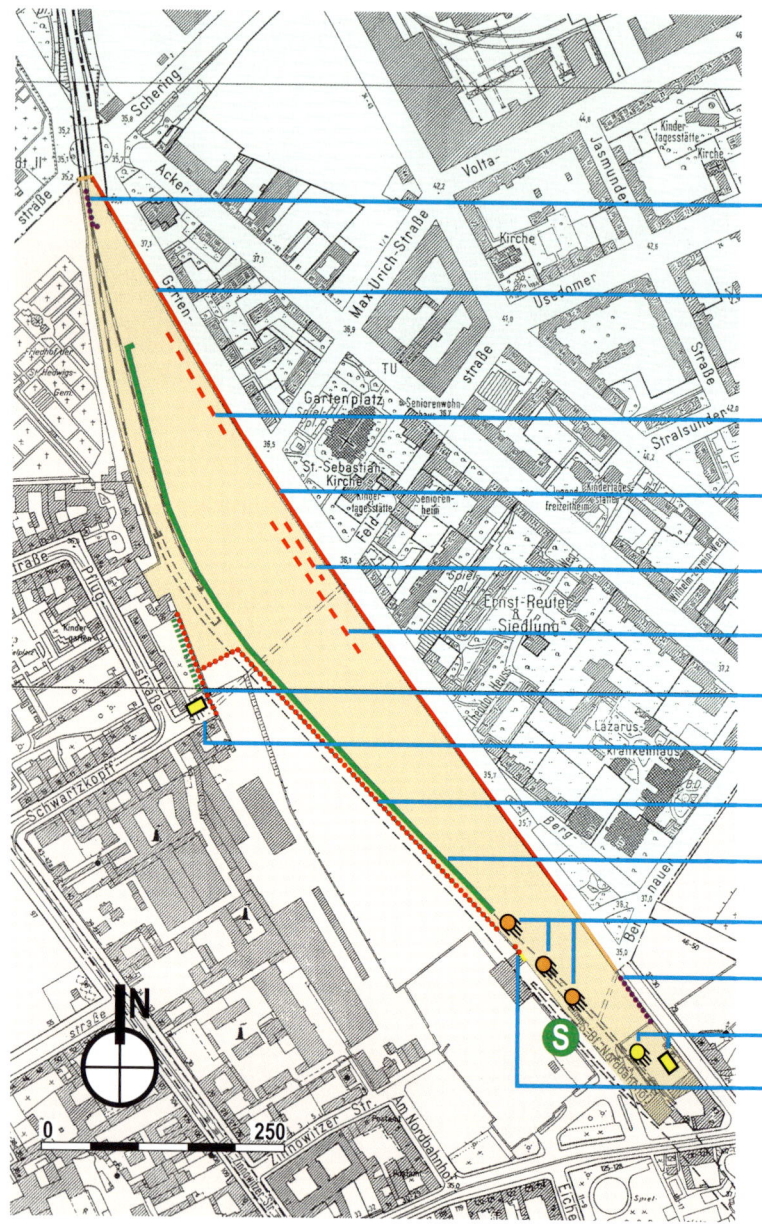

GM1   Alte Mauer - zur Grenzmauer umgenutzt
GM2   Reste der Mauer der '3. Generation'
GM3   Leere der Mauer der '4. Generation'

HM1   Hinterlandmauer
HM2   Ansatz der Hinterlandmauer und weiße Wandfläche
HM3   Hinterlandmauer an Schwartzkopff- / Pflugstraße

KW1   Kolonnenweg

LT1   Lampe der Lichttrasse mit Farbmarkierung

E1-2   Elektroschaltkasten

Z1   Streckmetallzaun
Z2   zusätzliche Stacheldraht- und Elektrosicherungen

VL1-2   zusätzliche Beleuchtungsanlagen

M1-2   Sperrgebietsmarkierung und Elektroinstallation

VW1   Vorfeldsicherung, Plattenwand

Z1

GM1

GM2

GM1

GM2

GM3

HM3,Z2

VL1,M1,E1

HM1,M2

KW1

LT1

VW1

VL2,E2

HM2

Dieser Abschnitt liegt direkt an der S-Bahnstation Nordbahnhof, an der die Linien S1, S2 und S25 verkehren.

Von der Liesenstraße zur Boyenstraße

Abschnitt der 'Grenzmauer 75' am nordöstlichen Ende der Liesenstraße (GM1)

Die verschiedenen Generationen von Grenzmauern haben eine Anzahl von Resten und Spuren entlang der Liesenstraße hinterlassen. Am Ostende der Liesenstraße ist ein Stück der 'Grenzmauer 75' erhalten. Bemerkenswert sind ferner die Reste der Grenzmauer der ersten Generation von 1961 in Gestalt von einigen der typischen Hohlblocksteinen, die sich östlich der Grenzübergangsstelle Chausseestraße befinden. Im übrigen wird der Bereich Liesenstraße aber vor allem – außer durch die sichtbare Leere des Grenzstreifens - durch verschiedene Abschnitte und Versionen der Hinterland-Sicherungsmauer geprägt. Weiter westlich nahm die Grenzübergangsstelle Chausseestraße die ganze Straßenbreite ein. Sie erstreckte sich etwa einhundert Meter in den Ostsektor. Zu den Anlagen der GÜSt gehörten einerseits diverse Sperreinrichtungen, andererseits Bauten wie Beobachtungstürme und Baracken für Diensträume. Auch Räume im Haus Chausseestraße 94 wurden genutzt; hier war die Passkontrollstelle untergebracht.

Grenztruppenfoto vom Grenzstreifen am Liesenfriedhof, Winter 1988/89

Am östlichsten Ende der Liesenstraße, neben den Eisenbrücken der S-Bahn, ist ein etwa 15 Meter langes Stück der 'Grenzmauer 75' in voller Höhe erhalten, einschließlich des bekrönenden Betonrohres (GM1).

Die Hinterland-Sicherungsmauer (HiSM) knickte ursprünglich an der nordöstlichen Ecke des Gräberfeldes um und verlief parallel zu den S-Bahngleisen von Norden nach Süden, hielt aber etwa 25 Meter Abstand zu diesen. Diese Hinterland-Sicherungsmauer wurde abgeräumt; erhalten blieb jedoch eine weitere, etwa 200 Meter lange Wand aus Betonplatten (R1), die als zusätzliche Sicherung zur S-Bahnlinie diente, die hier die Sektorengrenze überquerte. In einzelne Betonsegmente dieser Mauer sind Zeichnungen und Datierungen in den noch feuchten Zement

eingeritzt worden. Dabei handelt es sich um Daten aus den Monaten November und Dezember 1974 sowie Skizzen, die einen Wachtturm vom Typ BT11 darstellen: Ein solcher Wachtturm stand zu diesem Zeitpunkt in der Nordostecke des Friedhofs. Die Einritzungen entstanden offenbar, als der Beton noch nicht vollständig abgebunden hatte, was darauf schließen lässt, dass diese Betonsegmente vor Ort gegossen und verarbeitet wurden.

Plattenwand der Vorfeldsicherung zum Bahngelände (R1)

Abschnitt der Hinterlandmauer beim Friedhofseingang (HM1)

Der weitere Verlauf der Hinterlandmauer nach Westen wird nur durch ein kurzes, aus zwei Segmenten bestehendes Teilstück in der Nähe des Friedhofseinganges dokumentiert (HM1). Zusätzlich jedoch wird die Ausdehnung der Grenzanlagen in Richtung Ost-Berlin durch drei hölzerne Masten der ersten, noch aus den sechziger Jahren stammenden Lichttrasse erkennbar, welche am Nordrand des Gräberfeldes aufgereiht sind (LT1).

In ihrem ursprünglichen Verlauf umfasste die Hinterlandmauer den weiterhin genutzten Bereich des Friedhofs; hiervon haben sich die Stahlpfosten erhalten (HM2). Am Ende des Friedhofs gab es eine zusätzliche Plattenwand (HM3). Die Hinterlandmauer verlief weiter Richtung Süden und stieß im rechten Winkel auf die Hinterhäuser der Chausseestraße. Der Verlauf ist im Boden erkennbar (HM4), ebenso der Ansatz an die Brandwand (HM5). Die nach Norden weisende Brandwand des Hauses Chausseestraße 58 wurde in den Verlauf der Hinterlandmauer mit einbezogen; dementsprechend wurde

Pfosten der Vorfeldsicherung am Gräberfeld (HM2)

Spur der entfernten Hinterlandmauer (älterer Verlauf) und Plattenwand (HM3-4)

ein etwa zwei Meter hoher Sockel-bereich weiß gestrichen (HM6). Bis 1984 wurde dieser Verlauf der Hinterlandmauer modifiziert; sie knickte nunmehr weiter westlich um: Der entsprechende Ansatz der Hinterlandmauer, in Gestalt eines schräg angesetzten stählernen Trä-gers, ist an der Brandwand erhalten (HM6). Im Zuge dieser Verände-rungen wurde ein Zufahrtstor öst-lich des Gebäudes eingefügt (VH3), über welches man den Zwickel zwi-schen Friedhof und Hinterland-mauer erreichen konnte.

Der Verlauf der Hinterlandmau-er ist deutlich zwischen dem Haus Chausseestraße 58 und der süd-östlichen Ecke der GÜSt abzulesen (HM8). Hier zeigt sich zunächst eine rinnenartige Spur im Boden; anschließend folgt eine Reihe von teilweise abgeknickten Doppel-T-Pfeilern, die senkrecht stehend im Boden verankert sind und als Hal-terungen der Betonplatten der Hin-terlandmauer dienten. Deutlich er-

kennbar ist auch die Einfahrt zum Kolonnenweg im Todesstreifen (HM7). Erhalten ist der Stahlpfeiler des Einfahrtstores, und zwar mit ei-nem Rest der ausgebrochenen Be-tonplatte der Hinterlandmauer, die an das benachbarte Haus Chaussee-straße 58 anstieß (HM7). Die Ver-gitterungen an den Fenstern in den unteren Geschossen dieses Hauses (VH1) sind als Teil der Grenzsiche-rung zu verstehen. Hierzu gehörten ebenso zwei ehemalige Ausleuch-tungselemente an der Hauswand.

Bemerkenswert sind ferner einige Reste der Grenzmauer unmittel-bar neben der GÜSt Chausseestra-ße: Hier sind, etwa zwanzig Meter von der Chausseestraße entfernt, ei-nige Hohlblocksteine der 1. Grenz-mauer von 1961 erhalten geblieben (GM2). Gemeinsam mit Teilen ei-nes älteren Sandsteinsockels wur-den sie im Zuge späterer Modifi-kationen mit Beton vergossen und gefestigt, um schließlich als Unter-

Kolonnenweg (KW1); Einfahrt in den Mauerstreifen (HM7)

Rest der ersten Grenzmauer an der Lie-senstraße (GM2)

bau der 'Grenzmauer 75' zu fungieren. Das Betonbett der 'Grenzmauer 75' zeichnet sich an einigen Stellen in diesem westlichen Abschnitt im Unterholz ab.

Im Bereich der Grenzübergangsstelle lief die Grenzlinie entlang der Liesen- und der Chausseestraße. Die hier verlaufende Grenzmauer war auf Straßenbreite unterbrochen; auf den beiden Gehwegen dokumentierte ein immer wieder erneuerter weißer Strich von etwa zwanzig Zentimeter Breite (M2), der heute kaum noch zu erkennen ist, den präzisen Verlauf der Grenzlinie.

Fünf paarweise angeordnete, heute noch erhaltene Peitschenlampen (S4) erhellten die Anlage. Zum Repertoire gehörten überdies die beiden ebenfalls erhaltenen Fahnenmasten (S4) direkt an der Zufahrt aus Richtung West-Berlin.

Ein weiterer Überrest der Anlage ist die niedrige, gemauerte Fassung entlang des östlichen Gehweges (R2), die teils aus Sandstein, teils aus Kunststeinquadern gefertigt ist. Die Sandsteinabschnitte dieser niedrigen Mauer gehen möglicherweise auf eine frühere Bebauung zurück und wurden im August 1961 als Sockel der aus Hohlblocksteinen errichteten ersten Mauer genutzt und so in die Grenzanlagen einbezogen. Nach einer Neuorganisation der GÜSt wurde die Grenzmauer in diesem Bereich abgetragen; der Sandsteinsockel diente nun-

Mit weißer Farbe markierte Grenzlinie (M2) am nordöstlichen Ende der GÜSt

Peitschenlampen (S4) der GÜSt; im Vordergrund Spur der HiSM im Boden.

Östliche Begrenzungsmauer der GÜSt Chausseestraße (R2)

Spuren der 'Grenzmauer 75' (GM3) auf der Westseite der Chausseestraße

mehr zum Abfangen des Niveauunterschiedes zum benachbarten Grundstück wie auch als dekorative Fassung des GÜSt-Geländes.

Etwa in der Mitte dieser begleitenden Mauer finden sich noch weitere Elemente der einstigen Grenzübergangsstelle: Die Überreste eines Elektrokastens (E1) und die

eines Schachtes (S2) mit unbekannter Funktion.

Direkt am westlichen Gehweg der Chausseestraße und im Anschluss an das dortige Gebäude (Hs.-Nr. 94) zeichnet sich als Betonbett der 'Fußabdruck' der 'Grenzmauer 75' ab, die hier stand (GM3). Ferner sind im Fahrbahnbelag der Chaus-

Grenzübergang Chausseestraße im Winter 1988/89

Ansicht der Hinterlandmauer (HM9) mit Einfahrtstor von der Chausseestraße über den Todesstreifen; Blick nach Westen

seestraße vereinzelte Abdrücke der Blumenschalensperrelemente (S3) erhalten, die hier versetzt aufgestellt waren. Auch andere Spuren verschiedener Sperrelemente lassen sich in den Bürgersteigen und in der Fahrbahn der Chausseestraße ablesen, beispielsweise die Schnittkanten zweier abgesägter Stahlstützen im Gehweg an der Nordwestecke der Anlage, die einmal als Pfosten eines Tores dienten.

Südöstlich der GÜSt stehen noch mehrere abgesägte Stahlträger: Es handelt sich um Reste der Hinterlandmauer. Deutlich erkennbar ist das Einfahrtstor, durch das die Grenztruppen-Patrouillen in den Grenzstreifen gelangten (S1).

Die GÜSt gehörte nicht in den Zuständigkeitsbereich der Grenztruppen, sondern in den der Pass-

kontrolleinheiten. Die Grenztruppenangehörigen umfuhren den Bereich der GÜSt bei ihren Patrouillen; die hierzu genutzten Gassentore (HM9) sind noch erhalten; ebenfalls die dazugehörige circa dreizig Meter lange Hinterlandmauer (HM9) an der rückwärtigen Grenze des unbebauten Grundstücks an der Chausseestraße unmittelbar nordwestlich der GÜSt. Ein längerer Abschnitt des Kolonnenweges (KW2), der an seinem südlichen Ende nach Westen abknickt und sich hinter dem Zufahrtstor der dort befindlichen Hinterlandmauer fortsetzt, ist in diesem Areal erhalten. Auf der Westseite der Hinterlandmauer steht in unmittelbarer Nähe des Zufahrtstores noch eine etwa kniehohe Barriere aus Eisen (M1) - die Markierung des Sperrgebietes. Wie der Vergleich mit Luftbildern aus den Jahren 1984 und

Blick von der Boyenstraße nach Süden, Vergleichsaufnahme vom November 2001

1989 zeigt, wurde das dortige, heute zumeist ungenutzte Gelände als Versorgungsplatz der Grenztruppen genutzt. Gleichzeitig diente es als Zufahrt zu Industrieanlagen, die sich im westlichen Bereich dieses Areals befanden. Am Gebäude, das sich nördlich an den Abschnitt der Hinterlandmauer anschließt, finden sich an mehreren Fenstern Vergitterungen (VH2), die auf die Sicherungen des ehemaligen Grenzgebietes verweisen. Da diese Wände unmittelbar an die Sperrstreifen angrenzten, mussten die Fenster besonders gesichert werden.

Ansicht des Geländes im Winter 1988 / 1989; Blick nach Süden   Foto der Grenztruppen vom

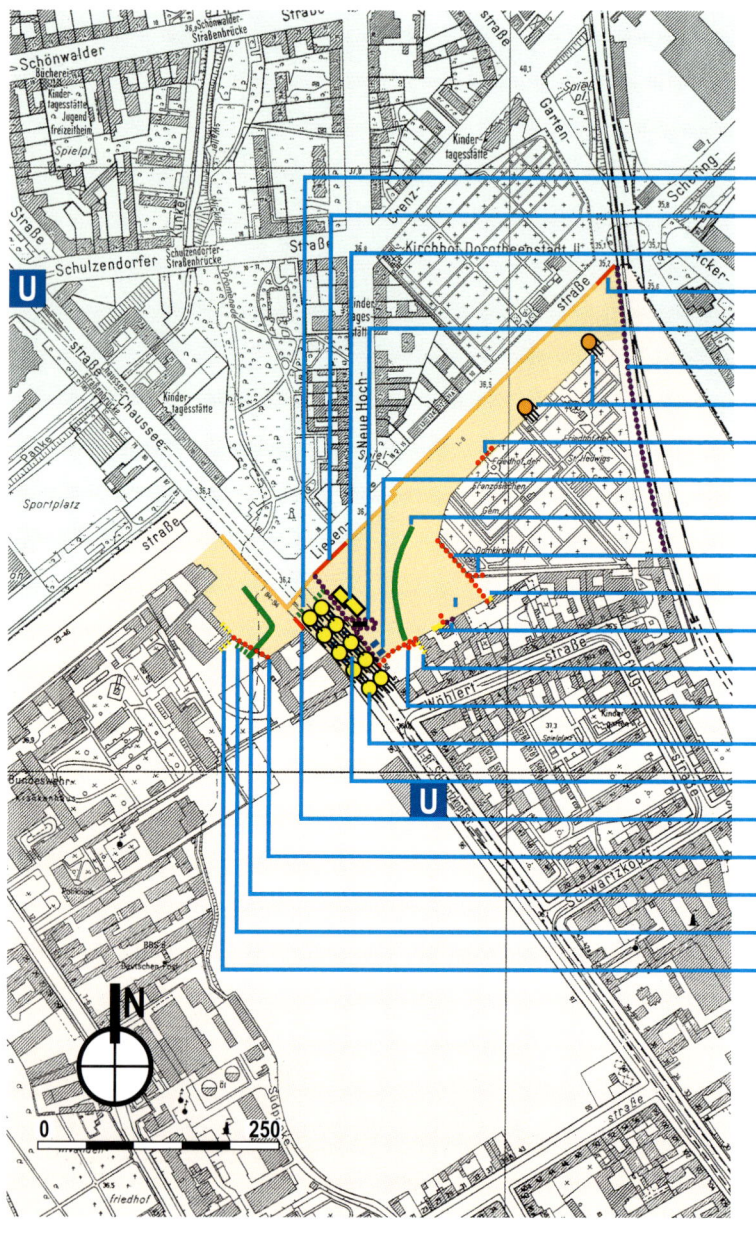

GM1   'Grenzmauer 75'
GM2   Unterbau und Reste der Grenzmauer
GM3   Fundamentrest der 'Grenzmauer 75'

HM1   kurzer Abschnitt der HiSM beim Friedhofseingang
HM2   Stahlpfostenreihe der HiSM am Friedhof
HM3   HiSM am Gräberfeld
HM4   Standspur der HiSM im Boden
HM5   Ansatz der HiSM an der Wand (älterer Verlauf)
HM6   weiße Wandfläche und Ansatz der HiSM an Brandmauer
        (jüngerer Verlauf)
HM7   Tor und Pfosten der HiSM
HM8   Hinterlandmauer, Spur im Boden
HM9   Hinterlandmauer der GÜSt mit Einfahrtstor

R1   Sicherungsmauer entlang der Bahnlinie
R2   Einfassungsmauer der GÜSt, Ostseite

KW1-2   Kolonnenweg

LT1   Holzmasten der ersten Lichttrasse

VH1-2   Vorfeldsicherung, Vergitterung
VH3   Vorfeldsicherung, Gassentor zum hinteren Bereich

M1   Sperrgebietsmarkierung
M2   weiße Grenzmarkierung

E1   Elektrokasten

S1   abgesägte Stahlträger und Halterungen
S2   Schacht
S3   diverse Spuren der GÜSt in der Fahrbahndecke
S4   Lampen und Fahnenmasten

Die Randspalte (von oben nach unten):
M2
GM2
E1
GM1
R2,S2
R1
LT1
HM1
S1
KW1
HM2-3
HM4-5
HM6,VH3
VH1
HM7-8
S4
S3
GM3
HM9
KW2
M1
VH2

Dieser Abschnitt liegt unmittelbar an der U-Bahnlinie U6, die nächste
Station ist Schwartzkopffstraße.

Von der Boyenstraße bis zur Invalidenstraße

Nördlicher Abschnitt der Hinterlandmauer, von Nordwesten (HM1)

Der Abschnitt zwischen Chaussee- straße und Invalidenstraße zeichnet sich durch einige authentische und ungewöhnliche bauliche Reste der innerstädtischen Berliner Grenzsi- cherheitsanlagen aus, wie etwa die Führungsstelle am Kieler Eck und die Abschnitte der Hinterlandsiche- rungsmauer auf dem Areal des In- validenfriedhofes; er ist aber auch im Bereich der früheren Kieler Stra- ße und in der Umgebung des Bun- deswirtschaftsministeriums völlig umgestaltet worden. Auf dem In- validenfriedhof sind die verschie- denen Ereignisse, die diesen ge- schichtsträchtigen Boden geformt haben, durch die gartendenkmal- pflegerischen Arbeiten der letzten Jahre nachvollziehbar geworden.

Zwar ist der Bereich entlang der Boyenstraße nach der Wende durch- greifend neu gestaltet worden, doch illustriert die Krankenhausmauer (HM2) die parallel zur Boyenstra- ße verläuft, wie ältere Bausubstanz in das System der Grenzanlagen integriert wurde. Die Kranken- hausmauer bestand bereits, als die

Östliches Ende der Begrenzungsmauer des Krankenhausgeländes, die als Hinterlandmauer fungierte (HM2)

Kolonnenweg (KW1) parallel zur Begrenzungsmauer des Krankenhausgeländes; Blick nach Osten

Grenzanlagen errichtet wurden; sie diente dann jedoch als Hinterlandsicherungsmauer (HM2). Sie ist fast vollständig erhalten, allerdings ohne die früheren Stacheldrahtvorrichtungen. Parallel zu ihr verläuft der Kolonnenweg (KW1), der über eine lange Strecke vollständig erhalten geblieben ist und durch ein mit Spontanvegetation überzogenes Gelände führt. Auf dem Krankenhausgelände ist noch ein originaler Lampenmast mit Auslegerlampe erhalten (VL1), der zur Ausleuchtung des grenznahen Bereiches diente. Die Lampe ist damit Bestandteil der Vorfeldsicherung.

Die Boyenstraße ist nach der Beräumung der Grenzanlagen neu verlegt und mit Parkhäfen und begleitendem Bürgersteig völlig neu gestaltet worden. Hier sind keine Fundamentreste der unterschiedlichen Generationen der Grenzmauer abzulesen.

Während das nördlichste Gebiet am Nordhafenbecken zwischen Scharnhorststraße und früherer Kieler Straße noch immer ungestaltet brach liegt (S1), wurde der südlich daran angrenzende Bereich entlang der ehemaligen Kieler Straße in den neunziger Jahren großflächig umgestaltet, weshalb sich hier keine Reste oder Spuren der Mauer erhalten haben.

Der Berlin-Spandauer Schifffahrtskanal bildet die westliche Begrenzung dieses Abschnitts; er führt zur

Panoramaaufnahme der Grenztruppen, Winter 1988/1989; Blick nach Norden mit Führungsstelle Kieler Straße

Sandkrugbrücke im Süden. Der Kanal gehörte zum Hoheitsgebiet der DDR und wurde mit Booten bewacht. Am sogenannten 'Kieler Eck' ist einer der beiden in Berlin erhaltenen Führungsstellen (WT1) zu finden. Der Wachtturm ist in Funktion und Bauweise mit der Führungsstelle in der Puschkinallee am Schlesischen Busch in Treptow identisch. Von Führungsstellen wurden Gruppen von Wachttürmen kontrolliert. Wachttürme bildeten von Beginn an eine wichtige Komponente der Grenzsicherungsanlagen. Ihre Anzahl nahm ständig zu: Innerhalb des ersten Jahres wurden 130 von ihnen erbaut, 1989 existierten schließlich 302 Türme.

Die erste Generation der Wachttürme war aus Holz gebaut und ähnelte den von Konzentrations- und Gefangenenlagern des Zweiten Weltkrieges bekannten Modellen.

Daneben wurden dann bald auch gemauerte und verputzte Wachttürme errichtet. Ab etwa 1970 wurden alle diese Türme durch solche aus Betonfertigteilen ersetzt. Das Modell BT 11 bestand aus einem schlanken runden Schaft, in dem eine eiserne

Wachtturm Kieler Straße (WT1) von Südosten

Leiter emporführte, und einer achteckigen Beobachtungskanzel. Aufgrund funktionaler Probleme (mit ihrem engen Schaft hatten die Türme nur eine geringe Standsicherheit und die Grenzsoldaten konnten sie bei Alarm nur sehr langsam verlassen) wurden sie schließlich in den achtziger Jahren durch das Modell BT 9 abgelöst. Von den Standard-Wachttürmen des Typs BT9 ist kein einziger in situ erhalten geblieben; auf dem Gelände des Alliiertenmuseums in Dahlem ist ein Exemplar wieder aufgerichtet worden.

Die Führungsstellen bestanden aus vorgefertigten Betonelementen von quadratischem Grundriss, waren geräumiger als die geläufigen Beobachtungstürme des Typs BT 9 und enthielten vier Ebenen: Das Sockelgeschoss mit elektronischen Geräten, eine Haftzelle im Erdgeschoss, einen Gemeinschaftsraum mit Feldbetten im ersten Obergeschoss und das Befehlszentrum im zweiten Obergeschoss, dessen große Fenster Rundumsicht gestatteten. Die meisten der jeweils diensttuenden Grenzsoldaten einer Schicht hielten sich in den Wachttürmen auf und beobachteten von hier aus den Abschnitt, für den sie zuständig waren. Die Türme waren möglichst mit Sichtkontakt zu den beiden Nachbartürmen aufgestellt. Jeweils eine Gruppe von Wachttürmen wurde durch eine Führungsstelle kontrolliert: Hier wurden die Signale der elektrischen Sperren registriert und von hier aus wurden Befehle an einzelne Posten erteilt, die entsprechenden Stellen zu überprüfen.

Der Turm am Kieler Eck steht unter Denkmalschutz und ist baulich in sehr gutem Zustand, auch wenn er seines beweglichen Mobiliars beraubt ist. Mit der umgebenden Neubebauung ist dennoch ein paradoxes Ensemble entstanden.

Aufgrund der umgebenden neuen Wohnanlage, die den Turm auch in der Höhe deutlich überragt, ist der optische Zusammenhang zwischen dem Turm und den Resten der Hinterlandmauer (HM1) auf dem Gebiet des Invalidenfriedhofes nicht mehr gegeben.

Auf der Südseite der Gebäude entlang der Kieler Straße dient ein aus zwei

Wachtturm Kieler Straße (WT1) von Norden im Kontext der Neubebauung

Segmenten bestehender Abschnitt einer zur Vorfeldsicherung gehörenden Betonplattenwand (VW1) als Trennwand zwischen zwei Hausgärten im Hof der neuen Wohnanlage.

Ferner hat sich im Straßenpflaster der Kieler Straße im Bereich des früheren Zufahrtstores in den Grenzstreifen, das sich etwa in der Straßenmitte befand, ein auf Pflasterniveau abgeschnittener Stumpf eines T-Trägers der Hinterlandmauer bzw. der Toraufhängung erhalten (HM3).

Südlich des Neubaus an der Kieler Straße liegt der Invalidenfriedhof, der trotz seiner herausragenden Denkmalbedeutung durch den Bau der Grenzsicherungsanlagen stark in Mitleidenschaft gezogen wurde. Auf dem Friedhofsgelände wurden zur Anlegung des Todesstreifens sämtliche Grabstätten auf den Feldern E, F und G geschleift, um Platz für den Todesstreifen zu schaffen.

Die an den Berlin-Spandauer-Schifffahrtskanal angrenzende alte Friedhofsmauer, der die Funktion der 'vorderen Grenzmauer' zukam, ist 1998 restauriert worden. An der Mauer sind keine Spuren der ehemaligen Grenzanlagen ablesbar. Dafür aber ist ein größerer Teil der Hinterlandmauer (HM1), bestehend aus waagerecht übereinander geschichteten Betonplatten zwischen aufrecht gestellten Stahlträgern, auf dem Areal des Friedhofs erhalten geblieben. Vier längere Strecken der Hinterlandmauer (HM1) mit insgesamt 64 Mauersegmenten, zwischen denen Lücken klaffen, durchschneiden den historischen Friedhof. Die für die Ostseite der Hinterlandmauer typische Farbfassung, lang gestreckte weiße Rechtecke in grauem, betonfarbenem Rahmen, ist heute noch sichtbar bzw. teilweise restauriert worden.

Die beiden südlichen Abschnitte der HiSM von Südwesten (HM1)

Nördlicher Abschnitt der Hinterlandmauer, von Osten (HM1)

Eine längere Strecke des Kolonnenweges (KW2), der das Areal vom südlichen Ende des Friedhofs bis in die Höhe des Neubaus am Kieler Eck parallel zum Kanal und zum längeren Stück der Hinterlandmauer durchzieht, ist ebenfalls erhalten. Die Breite des ehemaligen Todesstreifens wird durch diese besondere räumliche Situation erfahrbar, nicht zuletzt auch, weil nur wenige neue Bäume gepflanzt wurden.

Der südlichste Teil des Geländes im unteren Friedhofsbereich ist gegenüber der Situation, wie sie sich 1989 zeigte, völlig umgestaltet worden. Vom südlichen Ende des Friedhofs bis zur Sandkrugbrücke sind keine baulichen Reste der Grenzanlagen erhalten.

Vergleichsaufnahme, November 2001

Museen

Zwei bedeutende Museen befinden sich am Ende dieses Abschnittes in der Invalidenstraße: Im östlichen Teil liegt das Naturkundemuseum in einem Ensemble, welches 1874-89 von August Tiede gebaut wurde.

Im westlichen Teil, direkt hinter der Sandkrugbrücke, ist der Hamburger Bahnhof, der heute zeitgenössische Kunst beherbergt.

Grenzanlagen im Bereich Invalidenfriedhof; Panoramaaufnahme der Grenztruppen im Winter 1988/1989; Blick nach Norden

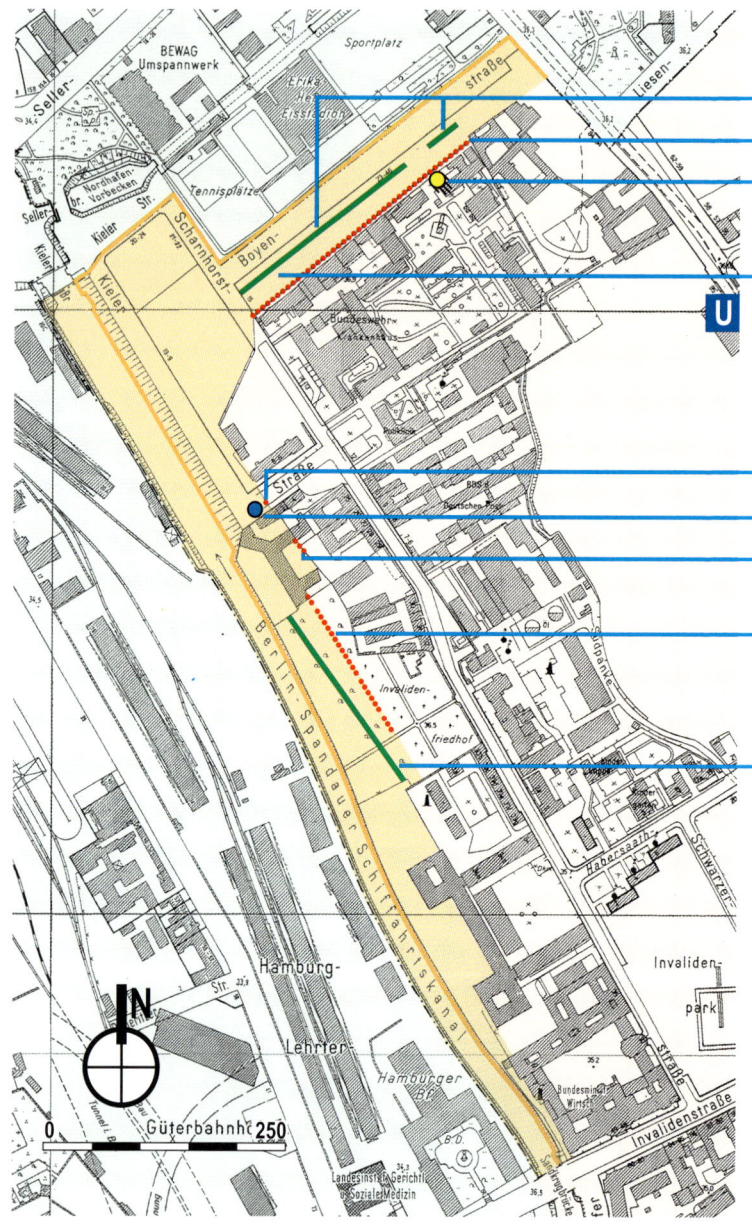

KW1

HM2

VL1

S1

WT1   Führungsstelle

HM1   Hinterlandsicherungsmauer
HM2   Ältere Hofmauer, als Hinterlandmauer verwendet
HM3   HiSM, abgeschnittener Stahlpfosten im Boden

KW1   Kolonnenweg parallel zur Boyenstraße
KW2   Kolonnenweg im Bereich Invalidenfriedhof

VW1   Vorfeldsicherung, Plattenwand

VL1   Vorfeldsicherung, Lampe

S1   Leere des Grenzstreifens

HM3

WT1

VW1

HM1

KW2

Dieser Abschnitt ist am besten mit der U- Bahnlinie U6 von der Station
Schwartzkopffstraße oder mit dem Bus 147 zu erreichen.

Von der GÜSt Invalidenstraße zur Marschallbrücke

'Parlament der Bäume' von Ben Wargin: Kunstinstallation unter Einbeziehung von
teilweise in situ befindlichen Resten der Grenzanlagen (S1); Hinterlandmauer

Dieser Abschnitt erstreckt sich von der ehemaligen Grenzübergangsstelle Invalidenstraße über den Humboldthafen, folgt dann der Spree bis zur Kronprinzenbrücke. Das Gebiet wird heute von den großen Baumaßnahmen im Regierungsviertel geprägt. Hierzu zählen die restaurierte Bahntrasse der S- und Fernbahn, die neue Ufergestaltung am südlichen Ende und die Bauten für das 'Band des Bundes' im Bereich des Kapellenufers und des Schiffbauerdamms. Infolgedessen finden sich nur noch wenige Reste der früheren Grenzsicherungsanlagen. Als besonders gelungene Kunstinstallation, die als Reflex der einstigen Grenzsituation zu werten ist, muss das 'Parlament der Bäume' von Ben Wargin am nördlichen Spreeufer Erwähnung finden.

Am Ende dieses Abschnitts ist ein Abstecher zum ehemaligen Grenzübergang Bahnhof Friedrichstraße zu empfehlen, von dem der 'Tränenpalast' als baulicher Rest des Grenzsystems erhalten ist.

Entlang der Südseite der Invalidenstraße finden sich vor den Häusern
83-86 zahlreiche, auf Bodenniveau
abgesägte Eisenpfosten, die ehemals zur Befestigung von seitlichen
Absperrelementen auf dem Areal
der Grenzübergangsstelle (GÜSt)
dienten. In regelmäßiger Reihung
auftretende Asphalt-'Flecken' im
Straßenbelag in der Fahrbahn der
Invalidenstraße im Bereich des Hauses Invalidenstraße 48 – 49 (vor dem
Bundesministerium für Wirtschaft)
sind ebenfalls Spuren der GÜSt: Sie
markieren die ehemalige Position
von Absperrelementen innerhalb
des Übergangs, die den Fahrzeugen
nur eine 'Slalomfahrt' erlaubten.

Das Haus Invalidenstraße 87-88
weist an der Straßenfront zahlreiche
Vergitterungen (VH1) von Öffnungen auf. Vor dem Haus Invalidenstraße 82-83 steht ein mittlerweile
stark beschädigter Elektroschaltkasten, der zur einstigen GÜSt gehörte (E1).
Unmittelbar südlich der Invalidenstraße und der Sandkrugbrücke
sind, parallel zum Alexanderufer,
zwei Auslegerlampen der Lichttrasse (LT1) erhalten geblieben, die
noch eine Nummerierung aufweisen (140 und 141); ihre Leuchten
sind jedoch abhanden gekommen.
Vor ihnen zeichnet sich ein kurzes
Stück Kolonnenweg ab (KW1).

Lampenmast der Lichttrasse am Alexanderufer (LT1)

Am Alexanderufer stehen im Bereich des Campus der Charité vor
einem Schulgebäude mehrere versetzte Mauerelemente der 'Grenzmauer 75', die an die einstige grenznahe Situation erinnern.
Parallel zum Alexanderufer ist auch
ein Zaun der Vorfeldsicherung erhalten geblieben, der das Charité-

Elektrokasten der Stromversorgung der
ehemaligen GÜST an der Invalidenstraße (E1)

gelände einst zum Grenzstreifen hin einfasste (VZ1). Der Zaun beginnt südlich der sogenannten 'Baracke', in der das medizinhistorische Museum untergebracht ist und stößt im Norden an das große Gebäude an, das sich bis zur Invalidenstraße erstreckt. Der Zaun stand unmittelbar auf der 'freundwärtigen' Seite der Hinterlandmauer. Im Bereich des Grenzsicherungsstreifens fallen hier zudem im Zickzack verlaufende und mit Asphalt verfüllte Pfostenlöcher (GM2) auf: Sie verweisen darauf, dass hier einmal ein Stacheldrahtverhau zwischen Betonpfosten existierte. Ferner hat sich südlich der 'Baracke' und nur wenig nördlich der Bahntrasse ein rund zwanzig Meter langes Stück Streckmetallzaun der Vorfeldsicherung erhalten, der jedoch aufgrund der dortigen Baumaßnahmen bereits stark beeinträchtigt ist.

Nördlich der Bahntrasse finden sich am östlichen Ufer des Humboldthafens über eine längere Strecke Pfostenlöcher von Zäunen älterer Grenzsicherungsanlagen, aber auch ein Rest eines Grenzsignalzauns (Z1, VZ1).

An der Ecke Alexanderufer / Kapellenufer existiert ein seltener Rest der ersten Mauergeneration: Mehrere gemauerte Reihen aus nicht verputzten Hohlblocksteinen auf einem Brückenpfeiler (GM1) als zusätzliche Erhöhung der ohnehin schon vorhandenen Befestigung. Etwas südöstlich von dieser Situation sind oberhalb des Kapellenufers mehrere kürzere Strecken des einstigen Kolonnenwegs (KW3) erhalten geblieben, die allerdings größtenteils mit Sand und Baumaterialien überdeckt sind.

Der unmittelbar am bzw. im Grenzgebiet verlaufende Bahndamm stellte ein nur schwer zu kontrollierendes Gebiet dar. Vom Bahnhof Friedrichstraße, der auch Grenz-

Pfostenlöcher älterer Grenzsperren im Straßenbelag des Alexanderufers, südlich der Invalidenstraße (GM2)

Reste der Grenzmauer der ersten Mauergeneration (GM1) auf dem Widerlager einer Brücke am Kapellenufer

Foto der Grenztruppen, Herbst 1988

übergangsstelle war, bis zur 'Staatsgrenze' am Humboldthafen waren die Stadtbahngleise mit hohen Zäunen und Sichtblenden schlauchartig eingefasst, so dass ein freier Ausblick aus dem Zug in die Stadt nur sehr bedingt und an wenigen Stellen möglich war. An den Bögen der Bahntrasse gab es zahlreiche Übersteigsicherungen und Sperren, die ein Besteigen des Bahndamms unmöglich machen sollten. Zudem sicherten Wachposten die Strecke gegen jeden Fluchtversuch. Von diesen baulichen Sicherungselementen haben sich im Gleisbereich aufgrund der umfassenden Sanierung der Stadtbahngleise jedoch keine Reste erhalten.

Doch auch der Unterbau der Bahntrasse mit seinen zahlreichen Bögen wurde beidseitig umfangreich gesichert. Alle Bögen sind auf der 'freundwärtigen' Ostseite im Erdgeschoss vergittert und es finden sich dort auch noch vier rotweiße Grenzgebietsmarkierungen (VH1, M1), die pfostenförmig auf die Ziegelmauern aufgemalt sind. Da die Westseite der Bahntrasse direkt im Grenzgebiet verlief und gewissermaßen als Hinterlandmauer diente, wurde auch sie besonders gesichert. Auch auf dieser Seite finden sich noch zahlreiche Vergitterungen in den Öffnungen der Bögen, doch ebenso sind Reste der weißen Farbe, die auf die Ziegel aufgetragen war, damit sich bewegende Personen bei Dunkelheit besser abzeichneten, erhalten geblieben (VH2). Unter der Bahnbrücke, die das Grenzgebiet durchquert, findet sich ein Rest des einstigen Kolonnenwegs (KW2).

Das 'Parlament der Bäume gegen Krieg und Gewalt' (S1) ist eine In-

Rot-weiße Grenzgebietsmarkierungen an den S-Bahn-Bögen (M1)

Vergitterungen in den Fensteröffnungen unter der S-Bahn-Trasse (VH1)

stallation des Künstlers Ben Wargin: Grenzmauerelemente, darunter einige vom ungewöhnlichen QT-Typus in Form eines umgedrehten T anstatt eines L, sind in eine Anlage mit Bäumen und Gedenksteinen eingebunden, die sowohl an tote Flüchtlinge erinnert als auch an ostdeutsche Grenzer, die an der Mauer starben. Ferner erinnert das Denkmal an den Tod zahlreicher sowjetischer Soldaten, die im Kampf um die Befreiung des Reichstages am 30. April 1945 fielen.

Die Mauerelemente stehen zwar im bzw. am Rand des ehemaligen Grenzstreifens, jedoch überwiegend nicht in situ. Vielmehr wurden translozierte Elemente der Grenzmauer etwa auf der Linie des Grenzsicherungszaunes, also der rückwärtigen Sicherung des Todesstreifens, aufgestellt. Die Installation ist durch die Bauarbeiten der direk-

ten Umgebung momentan schwer zugänglich, dies wird sich demnächst aber wieder ändern. Zudem ist sie nicht mehr in ihrer ganzen, ursprünglichen Größe erlebbar. Da das Kunstwerk nicht ausdrücklich geschützt war, wurde es durch das Marie-Elisabeth-Lüders-Haus, in dem u.a. die Bibliothek und das Archiv des Bundestages untergebracht sind, teilweise überplant. In Abstimmung mit dem Künstler werden aber Teile des Monuments in diese Bibliothek integriert.

Ein rund sechzig Meter langes Stück Kolonnenweg (KW4) ist im Bereich der Kunstinstallation erhalten. Im weiteren Verlauf des Abschnitts sind bis zur Kronprinzenbrücke keine Reste mehr vorhanden.

Östlich der Brücke befand sich eine Grenzübergangsstelle für Schiffe. An der norddöstlichen Ecke der Kronprinzenbrücke waren in der Spree

Grenztruppenfoto vom Kapellenufer Richtung Süden, Herbst 1988

Sperranlagen eingebaut, die in den Kaimauern verankert waren und jedwede Durchfahrt verhindern sollten (R2). Von der Beseitigung dieser Verankerungen haben sich auf beiden Seiten der Brücke Abrissspuren in Form von ausgebrochenen Ziegeln, abgeschnittenen Stahlarmierungen sowie Rost- und Farbspuren früherer Eisensicherungen erhalten.

Des weiteren steht an der Spree noch das ehemalige Abfertigungs-

Band des Bundes

Der städtebauliche Entwurf der Regierungsbauten stammt von Charlotte Frank und Axel Schultes.

Sowohl der Entwurf des Paul-Löbe-Hauses westlich der Spree als auch des Marie-Elisabeth Lüders Hauses östlich der Spree stammen von Stephan Braunfels. Beide Gebäude 'Sprung über die Spree' haben insgesamt 150.000 qm Nutzfläche und kosteten ca. 450 Mio. Euro.

Versetzte Elemente der Hinterlandmauer (HM1), in das 'Parlament der Bäume' (S1) einbezogen

Blick zum Reichstag entlang der Spree, Juni 2003

gebäude der GÜSt für Schiffe (R1), das heute vom Deutschen Bundestag weitergenutzt wird. Auf dem Gelände befindet sich noch ein Lampenmast, der zur Ausleuchtung dieser Situation diente (VL1).

Geht man am südlichen Spreeufer weiter gelangt man zur einstigen GÜSt Bahnhof Friedrichstraße. Der Bahnhof nahm insofern eine Sonderstellung unter den Grenzübergangsstellen ein, als er sowohl für Deutsche als auch für Ausländer passierbar war und außerdem nicht direkt an der Sektorengrenze lag. Der ohnehin kompliziert angelegte Bahnhof war durch zahlreiche Einbauten für die Grenzabfertigung völlig verschachtelt. Der Bahnsteig für den S-Bahn-Verkehr innerhalb Ost-Berlins wurde von dem Bahnsteig, auf dem die Verbindung nach West-Berlin abgewickelt wurde, hermetisch abgeriegelt. Hierzu wurde zunächst eine Drahtglasabsperrung, später eine Stahlwand eingezogen.

Wer über den Bahnhof in die DDR einreisen wollte, wurde durch ein Labyrinth von Gängen in eine große Abfertigungshalle geleitet, den heute noch erhaltenen 'Tränenpalast'. Hier befanden sich die Schalter für die Passkontrollen; anschließend musste der 'Mindestumtausch' von zuletzt 25 DM getätigt werden. Während sich die Bürger der Bundesrepublik in die Schlangen der Bewohner 'kapitalistischer Staaten' einzureihen hatten, gab es für die Bürger der 'besonderen politischen Einheit Westberlin' eigene Schalter. Ferner gab es einen Diplomatenschalter.

Der Bahnhof Friedrichstraße ist seit Mitte der 1990er Jahre völlig umgebaut worden; der nördlich der Bahnlinie gelegene 'Tränenpalast' (R3) wird heute als Konzerthalle genutzt. Der Name bezieht sich auf die tränenreichen Abschiede, die hier stattfanden, zumal auch viele legal aus der DDR Ausreisende den Weg über

Abfertigungsgebäude der GÜSt Marschallbrücke (R1)

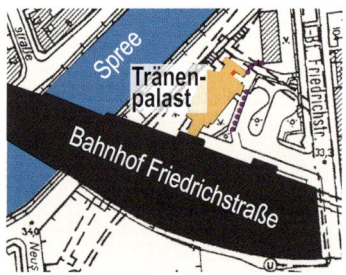

Lage des 'Tränenpalastes' mit Spuren und versetztem Grenzmauerelement (R 3-5)

Abfertigungshalle zur Grenzkontrolle am Bahnhof Friedrichstraße aus den 60er Jahren, der sogenannte Tränenpalast (R3)

diesen Ort nahmen. Der Tränenpalast war durch eine Straßenunterführung mit dem Bahnhof verbunden. In seiner äußeren Erscheinung ist er weitgehend unverändert geblieben. Auf seiner Nordseite steht ein kleiner Vorbau, der als Eingang in die Abfertigungshalle diente. Auf der nordöstlichen Seite finden sich ferner Spuren von abgeschnittenen stählernen Doppel-T-Trägern im Straßenpflaster (R4). Hier waren Begrenzungszäune, die ein unbefugtes Betreten des Geländes verhindern sollten. Daneben sind zwei von Thierry Noir bemalte Elemente der 'Grenzmauer 75' aufgestellt (R5), die in Leuchtschrift den Namen Tränenpalast tragen und an die Geschichtsträchtigkeit des Ortes erinnern. Etwas nordöstlich des Tränenpalastes und parallel zur Friedrichstraße gelegen steht eine heute leere Baracke mit vergitterten Fenstern, die auch von den Passkontrolleinheiten (PKE) genutzt wurde.

'Tränenpalast' mit Kunstinstallation mit 'GM 75'-Elementen von Thierry Noir (R5)

Vorhalle des Gebäudes zur Grenzabfertigung (R3)

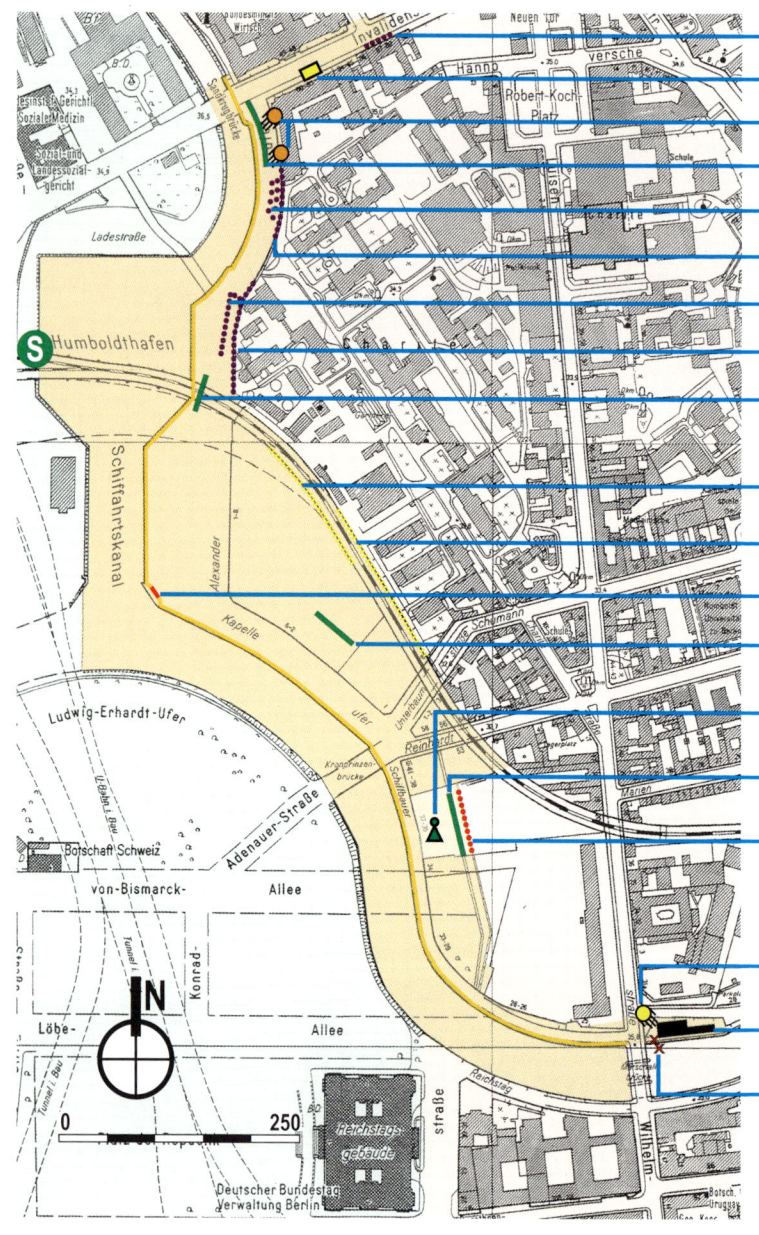

VH1

E1

LT1

KW1

GM2

VZ1

Z1

VZ2

KW3

VH2

VH1,M1

GM1

KW2

S1

KW4

HM1

VL1

R1

R2

GM1	Grenzmauer der 1. Generation
GM2	Pfostenlöcher älterer Grenzsperren
Z1	Grenzsicherungszaun
HM1	Hinterlandsicherungsmauer (HiSM)
KW1-4	Kolonnenweg
LT1	Lampenmasten der Lichttrasse
E1	Elektrokasten
VH1-2	Vorfeldsicherung: Vergitterungen
VZ1-2	Vorfeldsicherung: Zaun
M1	Sperrgebietsmarkierungen
S1	'Parlament der Bäume'; Kunstinstallation unter Einbeziehung von Mauerresten
VL1	Lampenmast an der GÜSt Marschallbrücke
R1	Abfertigungsgebäude der GÜSt Marschallbrücke
R2	Spuren der Sperranlagen der GÜSt Marschallbrücke

Gut zu erreichen ist dieser Abschnitt vom S- Bahnhof Lehrter Bahnhof, an dem die Linien S5, S7, S75 und S9 halten. Alternativ kann man am Bahnhof Friedrichstraße beginnen. Dort halten zusätzlich zu den oben genannten die Linien S1, S2, und S25 sowie die U- Bahnlinie U6.

Von der Spree bis zum Potsdamer Platz

Vier versetzte Elemente der Hinterlandmauer am Potsdamer Platz

Dieser ebenso prominente wie zentrale Abschnitt der ehemaligen Grenzanlagen erstreckt sich von der Spree entlang des Reichstages vorbei am Brandenburger Tor und verläuft dann auf der Ebertstraße entlang des Tiergartens zum Potsdamer Platz. Das gesamte Areal ist fast vollständig neu gestaltet worden, denn mit dem Fall der Mauer wandelte sich das Brandenburger Tor vom Mahnmal der Teilung zum Symbol der Wiedervereinigung. Durch aufwendige Neugestaltungsmaßnahmen in historisierendem Gewand avancierten der Pariser Platz und dessen Umgebung schon bald zum beliebten Touristentreffpunkt in Berlins 'neuer alter Mitte'.

Zuvor hatte das 1791 erbaute Wahrzeichen der Stadt 28 Jahre lang hermetisch abgeriegelt und isoliert von der restlichen Stadt im Todesstreifen gestanden. Durch Neubauten im Bereich des Pariser Platzes, den Bau des 'Denkmals für die ermordeten Juden Europas', die neuen Ländervertretungen und die umfangreiche Neubebauung am Potsdamer und Leipziger Platz sind so gut wie alle Reste und Spuren der innerstädtischen Grenzanlagen beseitigt worden.

An der Spree zwischen Reichstag und Marschallbrücke, Juni 2003

Auf der Rückseite des Reichstags, Blick nach Süden

An der Ecke Scheidemannstraße/ Ebertstraße erinnert ein Denkmal mit zahlreichen Kreuzen an die Opfer der Mauer. Entlang der Ebertstraße findet man die doppelte Kopfsteinpflasterreihe, die den Grenzverlauf der einstigen 'Grenzmauer 75' markiert. Im Bereich des Baugrundes für die zukünftige amerikanische Botschaft am Brandenburger Tor geht diese Pflasterung quer über die Ebertstraße, die fast vollständig im Grenzstreifen lag, bis auf die westliche Straßenseite.

Rund um den Potsdamer Platz, v.a. aber auf dem Leipziger Platz, finden sich Hinweise auf die einstige Grenzsituation. An verschiedenen Stellen stehen versetzte Elemente der 'Grenzmauer 75', so etwa unmittelbar nordwestlich des Potsdamer Platzes in der Nähe des Sony-Centers. Weitere versetzte 'Grenzmauer 75'- Elemente stehen im Bereich

Grenztruppenfoto entlang der Spree zwischen Reichstag und Marschallbrücke, 1988/89

Auf der Rückseite des Reichstags, Blick nach Norden

Architekturdiskussion

Sowohl am Potsdamer Platz als auch am Pariser Platz lässt sich ein Richtungsstreit in der Architekturszene nachvollziehen. Im Kern der Debatte geht es darum, ob eine Architektursprache gewählt wird, die klar in der heutigen Zeit angesiedelt ist, oder ob man einen Stil vergangener Epochen wählt.

Am Pariser Platz bilden das Hotel Adlon (1997 von Jürgen Patzschke, nach einem gründerzeitlichen Vorbild) und die besonders innen sehr moderne DG-Bank (Frank O. Gehry, 2003 fertiggestellt) einen solchen Gegensatz; am Potsdamer Platz das Daimer-Chrysler Gebäude (1999 von Hans Kollhoff, das Vorbild sind Lochfassaden der 1930er Jahre) und das Sony Center (2000 von Helmut Jahn, mit modernem Innenhof und Zeltüberdachung) .

des sogenannten Lennédreiecks an der Ecke Friedrich-Ebert-Straße / Bellevuestraße und an der Nordostseite des Leipziger Platzes. Dieser Bereich war zuvor über Jahrzehnte eine riesige innerstädtische Brachfläche. Das Lennédreieck gehörte zwar zu Ost-Berlin, lag aber westlich vor der Grenzmauer und wurde erst kurz vor dem Mauerfall im Zuge eines Gebietstausches West-Berlin zugeschlagen.

Grenztruppenfoto am Reichstag von 1988/89

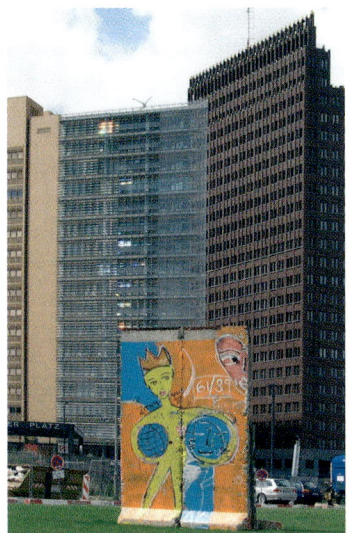

Zwei versetzte Elemente der Hinterlandmauer am Potsdamer Platz

Über den nun wieder deutlich zu
erkennenden achteckigen Grundriss des Leipziger Platzes, der auf
beiden Seiten der Leipziger Straße
in seinen Seitenbereichen neu gestaltet wurde, verläuft durch die Rasen-
flächen, die den Platz gliedern, die
doppelte Kopfsteinpflasterreihe als
Hinweis auf den Verlauf des einstigen Grenzstreifens. Interessanter-
weise wird an dieser Stelle auch die
Grenze nach Osten, und nicht wie
sonst üblich, immer nur die nach
Westen weisende markiert. Da entlang der Ebert- und dann weiter entlang der Stresemannstraße ebenso
auf diese Weise auf den Verlauf der
Westmauer aufmerksam gemacht

Die Markierung der ehemaligen Grenze am Potsdamer Platz

Luftbild des Potsdamer und Leipziger Platzes von 1979

wird, können die (wenigen) um diese besondere Situation wissenden Besucher die einstige Breite des Grenzstreifens nachvollziehen. Auf der Südseite des Leipziger Platzes stehen zwei Elemente der einstigen Hinterlandmauer in situ (HM1), die mit vier im nördlichen Bereich des Leipziger Platzes stehenden versetzten Elementen der 'Grenzmauer 75' durch die doppelte Kopfsteinpflasterreihe in einen Zusammenhang gebunden sind. Auf ein städtebauliches Phänomen, das im Zusammen-

Grenztruppenfoto vom Leipziger Platz Richtung Norden von 1988/89

hang mit der Existenz der Grenzsicherungsanlagen steht, sei hier noch hingewiesen: Die Wohnbebauung aus vergleichsweise aufwendig gestalteten Plattenbauten entlang der Wilhelmstraße (S1) ist eine Reaktion auf die Grenzsituation: Es ging darum, im grenznahen Bereich anspruchsvolle und moderne Architektur zu bauen, um das zivile Antlitz der DDR über den Grenzstreifen hinweg scheinen zu lassen.

Mindestens ebenso politisch motiviert war die bereits seit 1956 einsetzende Planung für das Kulturforum in West-Berlin. Diese Planungen waren wesentlich von Hans Scharoun bestimmt. Nach vielem Hin und Her erhielt das vielfältige Ensemble aus unterschiedlichsten Gebäuden ab 1964 seinen jetzigen Platz, denn es sollte einen räumlichen Bezug zu den Museen auf der Museumsinsel in Berlin-Mitte schaffen, die bis zum Fall der Mauer vom Westteil der Stadt abgetrennt waren. So

ist die Wahl der Oberflächen aus leuchtend gelben, eloxierten Aluminiumblechen vor allem der Philharmonie und der Staatsbibliothek sicherlich kein Zufall (die Philharmonie erhielt ihr heutiges Aussehen erst zwischen 1978-81). Die intendierte leuchtende Wirkung ist heute durch die riegelartige Neubebauung am Potsdamer Platz nur noch bedingt und von wenigen Standorten wahrnehmbar.

Pause 'Unter den Linden'

Für eine Pause empfiehlt sich ein Abstecher in Berlins ehemalige Prachtstraße 'Unter den Linden'. Neben zahlreichen Botschafts- und Regierungsgebäuden finden sich einige Cafes und Restaurants zum Entspannen. Wer es etwas günstiger mag, sollte am Ende des Abschnitts zum Potsdamer Platz gehen, da hier ein breiteres Angebot vorhanden ist.

Grenztruppenfoto vom Potsdamer Platz von 1988/89

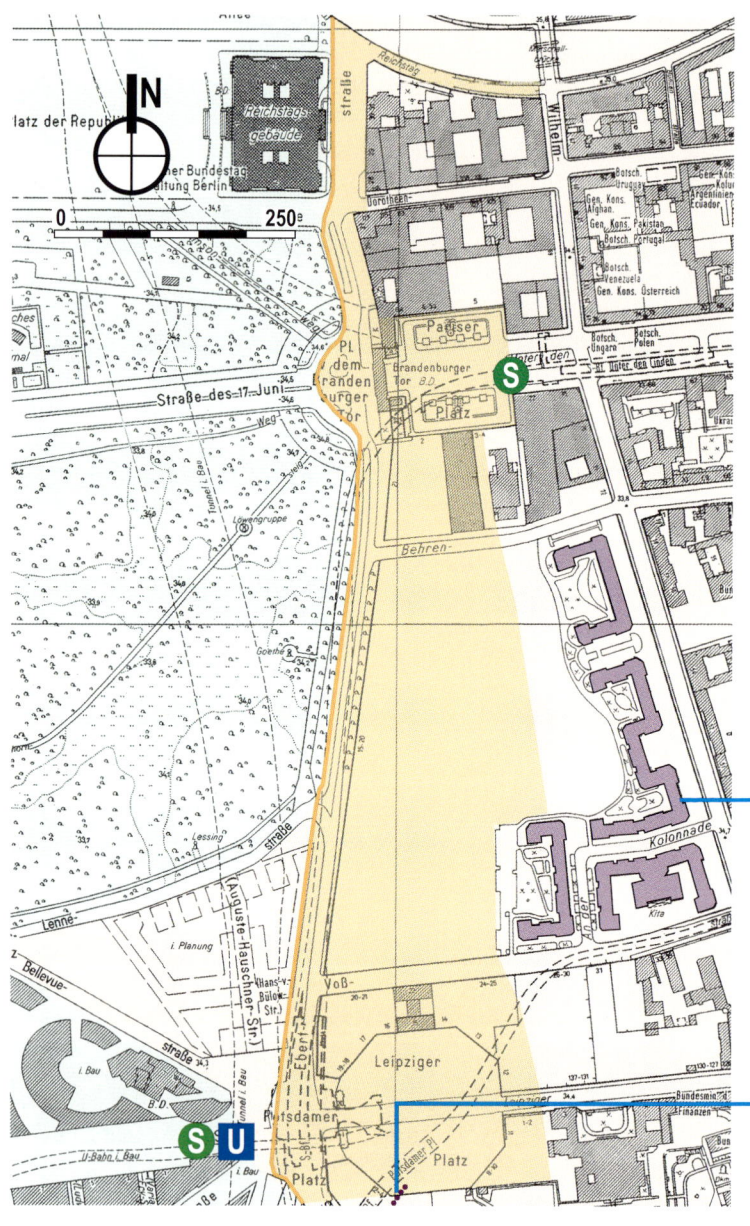

HM1   Hinterlandsicherungsmauer (HiSM)

S1   Wohnbebauung zur gestalterischen
Aufwertung des Grenzstreifens

— S1

— HM1

> Das Gebiet ist sehr gut mit den S- Bahn Linien S1, S2 und S25 sowie mit der U- Bahnlinie U2 vom Potsdamer Platz zu erreichen.
>
> Zum Brandenburger Tor gelangt man am günstigsten mit der S-Bahn ('Unter den Linden') oder mit den Buslinien 100 und 200.

Vom Potsdamer Platz zum Checkpoint Charlie

Hinterlandsicherungsmauer an der Stresemannstraße, als 'Grenzmauer 75' ausgeführt (HM1)

In dem vom Potsdamer Platz zum Checkpoint Charlie reichendem Abschnitt ist der einstige Grenzverlauf trotz längerer Strecken von Mauerelementen nur noch bedingt nachvollziehbar. Entlang der Zimmerstraße befinden sich einige Spuren der Grenzanlagen. Am Checkpoint Charlie ist die Rekonstruktion des amerikanischen Wachhauses bestimmend. Diese ist ein Teil der historisierenden, jedoch neuen Installationen am früheren Grenzkontrollpunkt. Es handelt sich um Kopien, die als Touristenattraktionen erschaffen wurden.

In unmittelbarer Nähe von Berlins 'neuer alter Mitte', dem Potsdamer Platz, steht an der südöstlichen Seite der Stresemannstraße eine Reihe Hinterlandmauer aus 'Grenzmauer 75'- Elementen (HM1). Die Elemente sind zwar restlos mit Graffiti überzogen, doch in sehr gutem Zustand. Es handelt sich hierbei um den einzigen Überrest der Grenzbefestigungen in diesem so prominenten Bereich. Von bis dato etwa dreißig Metern erhaltener Hinterlandmauer wurde noch im April 1999 etwa die Hälfte abgetragen.

Grenztruppenfoto von 1988/89 entlang der Stresemannstraße

Südlich des Leipziger Platzes steht ein mittlerweile um wenige Meter versetzter Wachtturm des Typs BT 11 (WT1), der zur Vorfeldsicherung eingesetzt wurde. Der Turm wurde nötig, um das verwinkelte Gelände zwischen dem ehemaligem 'Haus der Ministerien', der Stresemannstraße und dem heutigen Abgeordnetenhaus von Berlin besser kontrollieren und überschauen zu können. In der unmittelbaren Nähe des BT 11- Turms haben zudem trotz umfangreicher Neubautätigkeit noch drei hohe fünfstrah-

Beobachtungsturm vom Typ BT 11, um einige Meter versetzt (WT1)

Lampe der Vorfeldsicherung südöstlich des Leipziger Platzes (VL1)

Grenztruppenfoto von 1988/89 entlang der Niederkirchner Straße

lige Lampen der Vorfeldsicherung überdauert.

Im Hinterhofbereich des Hauses Stresemannstraße 128 befindet sich eine zum Grenzgebiet weisende Lampe an einer Hauswand (VL1), die der Vorfeldsicherung diente.

Die Grenzanlagen querten die Stresemannstraße, bogen in die Niederkirchnerstraße ein und standen so nah am Martin-Gropius-Bau, dass dessen Haupteingang nicht mehr benutzbar war und auf die andere Seite des Hauses verlegt werden musste. Nach umfangreichen Umbaumaßnahmen in der zweiten Hälfte der 1990er Jahre wird das Haus heute wieder durch seinen alten Eingang erschlossen.

An der Niederkirchner Straße steht auf dem Gelände der 'Topographie des Terrors' ein etwa 200 Meter langer, von 'Mauerspechten' stark angegriffener Abschnitt der 'Grenzmauer 75', der heute geschützt hinter einem

Zaun steht (GM1). Das Stück wurde bereits 1990 unter Denkmalschutz gestellt. Die 'Grenzmauer 75' steht direkt über den nach der Wende

Regierungsbauten

In der Niederkirchner Straße Nr. 5 befindet sich das ehemalige preussische Abgeordnetenhaus, welches heute das Berliner Abgeordnetenhaus aufnimmt. In der Leipziger Straße 3-4 schließt sich das preussische Herrenhaus an, in dem heute der Bundesrat tagt. Beide Gebäude wurden 1892-97 von Friedrich Schulze-Colditz erbaut und bildeten gemeinsam den Preußischen Landtag.

In unmittelbarer Nähe befindet sich das ehemalige Reichsluftfahrtministerium, das 1935-36 von Ernst Sagebiel erbaut wurde. Als 'Haus der Ministerien' diente es in der DDR. Heute befindet sich hier das Finanzministerium.

Grenzmauer der 4. Generation (GM 75) an der Niederkirchnerstraße mit deutlichen Spuren der 'Mauerspechte' (GM1)

ausgegrabenen Kellern der einstigen Kunstschule, die während des 'Dritten Reiches' Bestandteil des Reichssicherheitshauptamtes wurde.

Auf der großen Brachfläche nördlich der Ecke Zimmerstraße / Wilhelmstraße findet man auf dem Grundstück Zimmerstraße 95-100

auf Bodenniveau abgesägte Eisenpfosten von Panzersperren (spanische Reiter) (R1). Südlich daran anschließend sind Reste einer einstigen Zufahrt zum Kolonnenweg erhalten. Hier stehen auch mittlerweile überwachsene, etwa kniehohe, rot-weiß gestrichene, eiserne Sperrgebietsmarkierungen (M1),

Grenzmauer an der Niederkirchnerstraße (GM1)

Sperrgebietsmarkierung nördlich der Zimmerstraße (M1)

Geweißte Sockelzone, Lampe und Vergitterung der Vorfeldsicherung (VL2, VH1)

sowie drei Blumenschalensperren (VB1). Diese Bestandteile der Vorfeldsicherung stehen mit dem einstigen Einfahrtstor in den Grenzstreifen in Verbindung, das sich hier befand. Zu diesen Vorfeldsicherungen gehören auch die vergitterten Kellerfenster des Gebäudes Zimmerstraße 95. Im weiter zurückliegenden Gelände sind ferner einige sehr hoch angebrachte Lampen der Vorfeldsicherung erhalten geblieben (VL2). Sie leuchteten den grenznahen Bereich aus.

An der Westseite des Hauses Zimmerstraße 91-90 findet sich eine alte Peitschenlampe (VL2) der Vorfeldsicherung. Ferner ist im Bereich des Erdgeschosses dieses Hauses eine hell gestrichene Wandfläche zu identifizieren, vor der sich Personen auch im Dunkeln deutlich abzeichneten (HM2).

Am eingeschossigen, weiter nördlich von der Zimmerstraße zurückspringenden Gebäude des Grundstücks Zimmerstraße 92-93 sind die Fenster (nach Süden) zum einstigen Mauerstreifen hin vergittert (VH1). Auch diese Vergitterung muss als zusätzliche Vorfeldsicherung interpretiert werden.

Südlich der Zimmerstraße liegen, um zwanzig Meter von der Straße zurück gesetzt, einige Wohnbauten der Internationalen Bauausstellung (IBA) von 1987, die eine Reaktion auf die Grenzsituation darstellen (S1). Da die Grenzmauer auf der

Grenztruppenfoto entlang der Zimmerstraße von 1988/89

Südseite der Zimmerstraße unmittelbar an die Bürgersteige der alten Blockrandbebauung anstieß, hatte man sich entschieden, das Konzept des Blockrandes hier aufzugeben, um mehr Raum vor den Häusern zu gewinnen.

Der Checkpoint Charlie nahm im System der Grenzanlagen zwischen Ost- und West-Berlin eine Sonderstellung ein und ist noch heute der bekannteste ehemalige Grenzübergang. Er konnte nur von Ausländern und Alliierten passiert werden. Im Oktober 1961 eskalierte hier die Konfrontation zwischen den US-Truppen und der Sowjetarmee. Panzer standen sich gegenüber. Schon zehn Tage nach dem

Abriegeln der Berliner Grenze am 13. August 1961 durften ausländische Touristen, Diplomaten sowie das Militärpersonal der Westalliierten Ost-Berlin nur noch über den Grenzübergang Bahnhof Friedrichstraße betreten. Da es keinen besonderen Übergang in Berlin für diese Personen gab, richteten die westlichen Alliierten den Übergang in der Friedrichstraße, Ecke Kochstraße, als dritten innerdeutschen Kontrollpunkt ein. Nach dem Buchstabieralphabet der US-Army wurde der Übergang in Berlins Mitte 'Charlie' genannt. Hauptaufgabe des Übergangs Checkpoint Charlie war es, westliche Alliierte vor dem Betreten Ost-Berlins zu registrieren und

Luftbild des Checkpoint Charlie von 1989

Grenztruppenfoto entlang der Zimmerstraße mit Blick auf den Checkpoint Charlie von 1988/89

über den Aufenthalt in der Hauptstadt der DDR zu informieren. Ausländische Touristen erhielten auch Informationen, wurden aber auf West-Berliner Seite nicht kontrolliert. Checkpoint Charlie wurde am

Rekonstruktion der Kontrollbaracke am Checkpoint Charlie

22. Juni 1990 abgerissen. Das ehemalige Wachhaus der westlichen Alliierten befindet sich heute im Alliiertenmuseum, eine Rekonstruktion der Kontrollbaracke, die heute wieder nördlich des Museums am Checkpoint Charlie steht, wurde am 13. August 2000 eingeweiht, obwohl noch bis vor wenigen Jahren (Dezember 2000) hier die originale Substanz authentischer von der einstigen Situation erzählte. Auch das auf der Ostseite der Friedrichstraße in der Nähe des Museums aufgestellte viersprachige Schild „You are leaving the American Sector" ist eine Kopie. Das auf der Kreuzberger Seite der Friedrichstraße errichtete Museum 'Haus am Checkpoint Charlie' (S2) ist als Reaktion auf den Bau der Grenzanlagen zu sehen. Ebenso ist es aufgrund seiner nahezu unveränderten Ausstellung noch immer

ein beredter Zeuge des Kalten Krieges. Der letzte Wachtturm der DDR-Grenztruppen in diesem Areal wurde am 9. Dezember 2000 abgerissen. Auf dem Gelände ist ein neues Bürohaus errichtet worden.

Auf der Nordostseite der ehemaligen Grenzübergangsstelle Checkpoint Charlie findet sich südlich der Schützenstraße der letzte authentische Rest der früheren Grenzübergangsstelle (GÜSt): Ein längeres, T-förmiges Stück Mauer mit Toreinfahrt, das als rückwärtige Einfassung der 'GÜSt' diente (R3). Diese Mauer ist in Waschbeton als Schmuckwand ausgeführt und sollte 'freundwärts' die GÜSt verschönern.
Westlich der Friedrichstraße existiert im Zwickel zwischen Friedrich-, Mauer- und Zimmerstraße parallel zur Zimmerstraße noch eine inner-

städtische Brachfläche als Folge der abgeräumten Grenzanlagen. Diese Fläche war einerseits Bestandteil des Todesstreifens und Wendepunkt für die diensthabenden Grenztruppen, andererseits war an ihrem östlichen Ende die Begrenzung zum Checkpoint Charlie.

Cafés an der Strecke

An der Strecke liegen zahlreiche Cafés und Restaurants. Am Potsdamer Platz, wie auch am Checkpoint Charlie ist die Dichte besonders groß. Nahe dem bzw. am Checkpoint Charlie, in der Friedrichstraße, liegen das Café Adler und das Café Leckerbeck, welche schon vor der Wende existierten. Letzteres ist im unteren Preissegment angesiedelt, so dass hier mittags zahlreiche Angestellte Pause machen.

Grenztruppenfoto entlang der Friedrichstraße mit Blick vom Checkpoint Charlie nach Kreuzberg von 1988/89

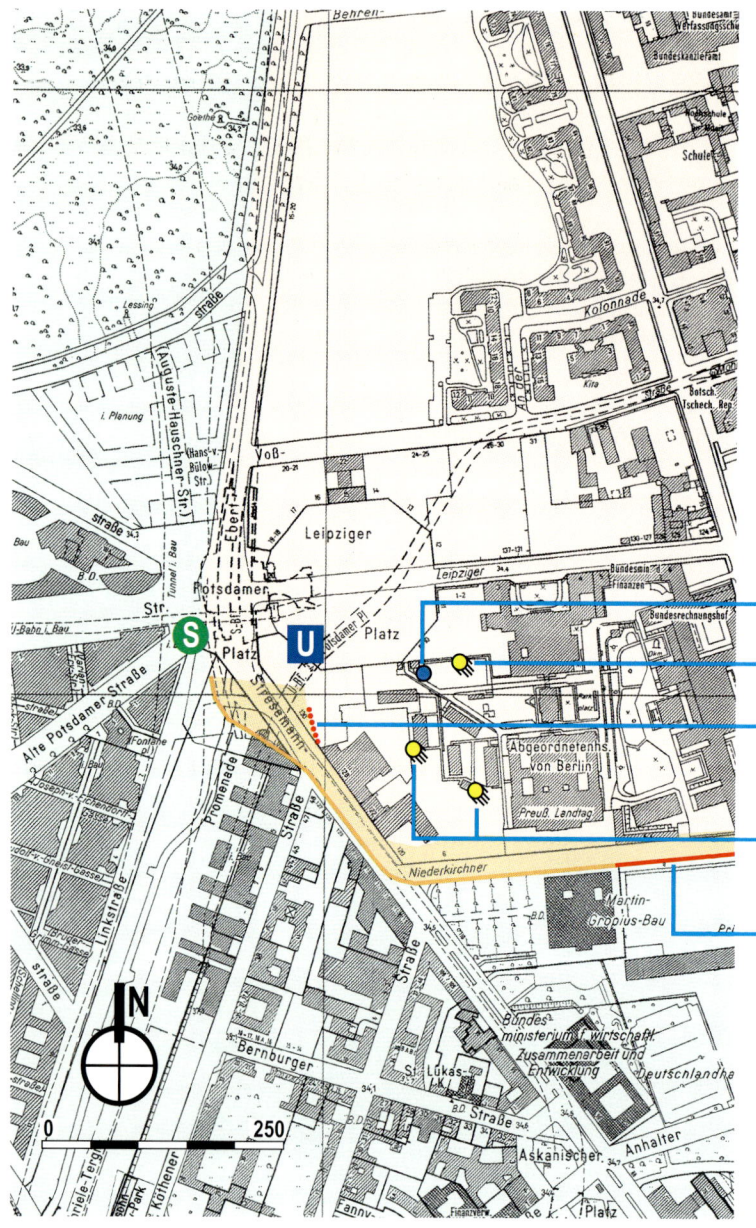

GM1   Grenzmauer GM 75

HM1   Hinterlandsicherungsmauer (als GM 75 ausgeführt)
mit Sperrgebietsmarkierung

HM2   Hinterlandmauer: geweißter Sockelbereich mit
Leuchte und Fenstergitter

R1   Panzersperren

R2   Zufahrt zum Grenzstreifen

R3   'freundwärtige' Begrenzungsmauer der GÜSt

WT1   Vorfeldsicherung, Wachtturm BT11

VH1   Vorfeldsicherung, Vergitterung

VL1-2   Vorfeldsicherung, Leuchten

VB1   Vorfeldsicherung, Blumenschalensperren

M1   Sperrgebietsmarkierung

WT1

S1   IBA-Bauten 1987 an der Zimmerstraße als

VL1   städtebauliche Antwort auf die Mauer

S2   Museum Haus am Checkpoint Charlie

HM1

VL1

GM1

167

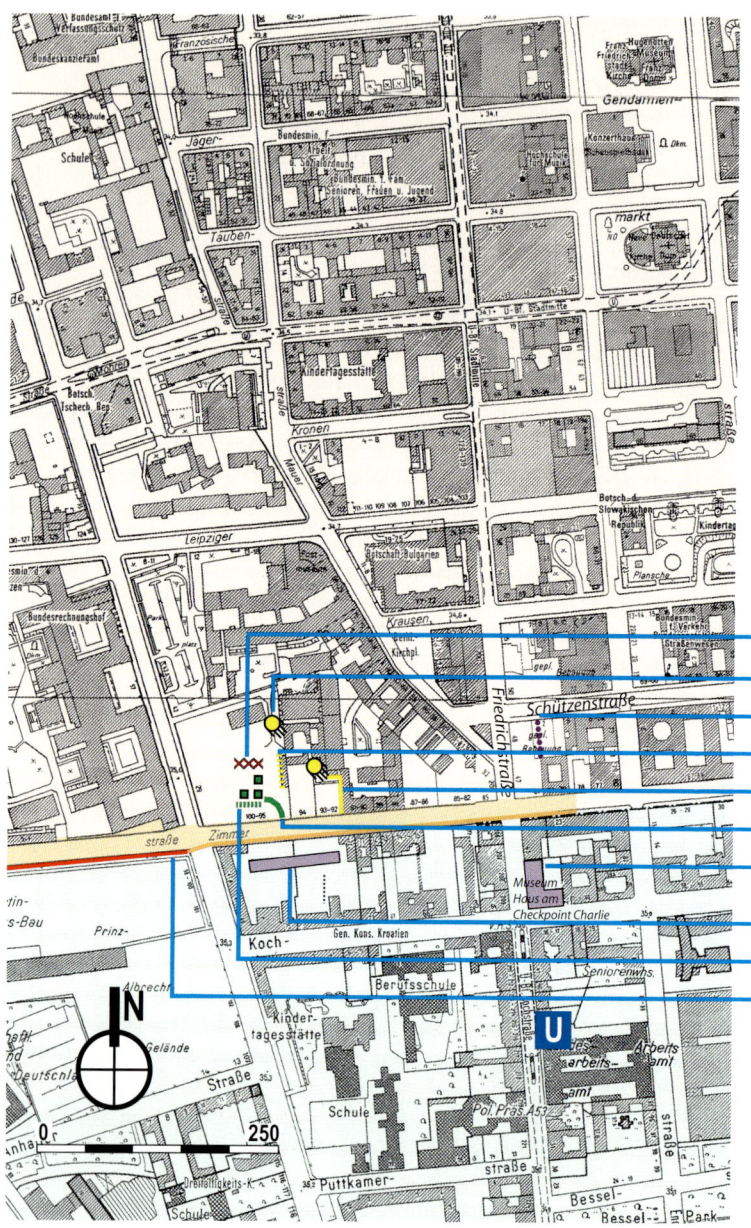

GM1   Grenzmauer GM 75

HM1   Hinterlandsicherungsmauer (als GM 75 ausgeführt)
        mit Sperrgebietsmarkierung
HM2   Hinterlandmauer: geweißter Sockelbereich mit
        Leuchte und Fenstergitter

R1   Panzersperren
R2   Zufahrt zum Grenzstreifen
R3   'freundwärtige' Begrenzungsmauer der GÜSt

WT1   Vorfeldsicherung, Wachtturm BT11

VH1   Vorfeldsicherung, Vergitterung
VL1-2 Vorfeldsicherung, Leuchten
VB1   Vorfeldsicherung, Blumenschalensperren

M1   Sperrgebietsmarkierung

S1   IBA-Bauten 1987 an der Zimmerstraße als
        städtebauliche Antwort auf die Mauer
S2   Museum Haus am Checkpoint Charlie

R1
VL2
R3
VH1
HM2
R2
S2

S1
VB1,M1
GM1

Das Gebiet ist sehr gut mit den S- Bahn Linien S1, S2 und S25, sowie mit der U- Bahnlinie U2 vom Potsdamer Platz zu erreichen.

Zum ehemaligen Checkpoint Charlie gelangt man mit der U- Bahnlinie U6 U-Bahnhof Kochstraße.

Vom Checkpoint Charlie bis zur Sebastianstraße

Blick Richtung Leipziger Straße, 2003

Es ist kaum überraschend, dass im zentralen innerstädtischen Bereich östlich des Checkpoint Charlie aufgrund der großflächigen Neubebauung kaum authentische Reste der Grenzanlagen erhalten sind. Erst etwa auf der Höhe des Axel-Springer-Verlages lassen sich wieder materielle Reste der Grenzanlagen finden. Erhalten geblieben sind insbesondere längere Teile des Kolonnenweges, Anschlussstellen der Hinterlandmauer und Restspuren von Sperrelementen. Größere Brachflächen, die überwiegend mit Spontanvegetation bewachsen sind, machen die Breite des ehemaligen Grenzverlaufs im Umfeld der Bundesdruckerei noch gut erfahrbar.

Die Grenzanlagen verliefen durch die Zimmerstraße, die heute fast durchgängig mit bunter Blockbebauung neu gestaltet ist (Architekt: Aldo Rossi). Infolgedessen findet man hier keine baulichen Reste der Berliner Mauer.

Beim Kernbau des Axel-Springer-Verlages (S4) handelt es sich um eine bewusst inszenierte Reaktion auf die Grenzanlagen: Der Verleger Axel Cäsar Springer war auch nach dem Mauerbau, als andere Groß-Unternehmen ihren Firmensitz bereits nach West-Deutschland verlegten, fest von der Wiedervereinigung der beiden deutschen Staaten überzeugt und setzte seine goldglänzende, neunzehngeschossige Konzernzentrale im Jahre 1966 direkt an die Mauer, um ein Symbol für die freie Presselandschaft des Westens in den Osten leuchten zu lassen. Ein politisches Zeichen glaubte er auch durch die Kunst der Interpunktion zu setzen: Seit 1967 wurde die Abkürzung DDR in seinen Zeitungen immer in Anführungszeichen gesetzt. Die politische Führung in Ost-Berlin reagierte auf den Springerbau mit der

großangelegten Wohnbebauung von vier Hochhauspaaren entlang der Leipziger Straße (S3), die ihrerseits ebenso eine Reaktion auf die Grenzanlagen darstellen. Die vielgeschossigen Wohngebäude wurden so ausgerichtet, dass ein Einblick in den Grenzstreifen aus den Wohnungen zumindest erschwert war, denn nur die fensterlosen Treppenhäuser befanden sich an der zur Mauer gewandten Front.

Ferner gibt es in diesem Abschnitt weitere Baulichkeiten, die unmittelbar mit der Teilung der Stadt in Verbindung stehen. So befindet sich beispielsweise vor dem Haus Zimmerstraße 26 das Mahnmal für Peter Fechter (S2), der im August 1962 mit einem Arbeitskollegen über die Sperranlagen in den Westen fliehen wollte. Beide hatten den ersten

Grenztruppenfoto in Richtung Leipziger Straße, 1988/89

Denkmal für Peter Fechter in der Zimmerstraße (S2)

Kolonnenweg (KW1) zwischen Schützen- und Zimmerstraße

Grenzzaun bereits überwunden, als sie entdeckt und beschossen wurden. Während Fechters Freund die Sperranlagen überwinden konnte, blieb Fechter schwerverletzt auf Ostberliner Seite liegen, wo er verblutete. West-Berliner Polizisten wagten ebenso wenig zu helfen wie anwesende Soldaten der West-Alliierten. Nach rund einer Stunde wurde Fechter tot weggetragen, der 'Zwischenfall' an der Mauer wurde schnell in aller Welt bekannt. Ein Text, der in das im Boden eingelassene Stahlrohr eingraviert ist, erinnert an dieses traurige Ereignis.

An der Jerusalemer-, Ecke Schützenstraße befinden sich die Reste des Grenztruppendenkmals, das in Zusammenhang mit dem erschos-

senen 20-jährigen Grenzsoldaten Reinhold Huhn steht (S1). Als Huhn am 18.6.1962 mehrere Personen kontrollierte, die durch einen Tunnel in den Westen fliehen wollten, wurde er von einem Fluchthelfer erschossen. Huhn wurde in der DDR zu einem 'sozialistischen Helden' aufgebaut, man benannte die Schützenstraße nach ihm und errichtete dort eine Gedenkstätte für ihn und andere an der Grenze zu Tode gekommene Angehörige der Grenztruppen. Das Denkmal wurde 1994 abgetragen, von ihm existieren heute lediglich Fundamentreste. Der Fluchthelfer wurde erst 1998 wegen Mordes zu einem Jahr Haft auf Bewährung verurteilt.

Auf der innerstädtischen Brachfläche an der Ecke Kochstraße / Axel-Springerstraße und südlich der Schützenstraße, also dort, wo die Mauer nach Nordosten hin abbog, hat sich ein längeres, quer durch das Grundstück verlaufendes Stück des asphaltierten Kolonnenweges (KW1) erhalten. Unmittelbar nördlich dieser Brache ist das Gebäude Krausenstraße 38-39, an dessen Rückseite zur Schützenstraße zahlreiche Vergitterungen der Vorfeldsicherung (VH1) im Erdgeschossbereich erhalten geblieben sind.

Am Eckhaus Kommandantenstraße 80 ist auf der dem einstigen Grenzstreifen zugewandten Seite deutlich die weiße Farbe der Hinterlandmauer im Erdgeschossbereich zu erkennen (HM4). Darüber befindet sich in rund 2,50 Meter Höhe eine Übersteigsicherung in Form eines Elektrosignalzauns (R1). Etwas weiter nach Osten sind noch Ansatzstellen der einstigen Hinterlandsicherungsmauer (HM3) auszumachen.

An dieser größeren innerstädtischen Brachfläche findet man an der dem einstigen Mauerstreifen zugewendeten Ecke des letzten Gebäudes in der Beuthstraße (Hausnr. 17) Lampen der Vorfeldsicherung (VL1), die einst den grenznahen Bereich ausleuchteten. Ebenso ist auf der großen Brachfläche nördlich der Kommandantenstraße und östlich der

Reste der Elektrosignalsicherung oberhalb der Hinterlandmauer (R1)

Beuthstraße eine längere Strecke quer durch das Grundstück verlaufender Kolonnenweg (KW2) erhalten.

Gut wahrnehmbar ist die von Spontanvegetation überzogene Leere des einstigen Todesstreifens auf der Nordostseite der Stallschreiberstraße (S5). In diesem Areal findet sich in dessen nördlich gelegenen Bereich ein durchgehendes Stück Kolonnenweg (KW3), das an der Alten Jakobstraße beginnt und parallel zur Stallschreiberstraße entlang der 'Grundschule in der Luisenstadt' verläuft. Es führt um die Grundschule herum und läuft bis zur Sebastianstraße durch (KW3). Das Areal der Grundschule ist durch einen hohen Zaun der früheren Vorfeldsiche-

Vergitterungen als Teil der Vorfeldsicherung (VH2) am Schulgebäude

Verlauf der Hinterlandmauer im Boden (HM1) nördlich der Stallschreiberstraße

rung eingefasst. Zwischen Kolonnenweg und Zaun findet sich über eine rund zweihundert Meter lange Strecke das zusammenhängende und nicht zerstörte Fundamentbett der Hinterlandsicherungsmauer (HM1), das circa zwanzig Zentimeter aus dem Boden hervorragt. Die Fenster des in den einstigen Mauerstreifen ragenden Schulgebäudes sind im ersten Stock als Bestandteil der Vorfeldsicherung vergittert (VH2). Ferner sind die lukenartigen Öffnungen an der Giebelseite, die zur Stallschreiberstraße weist, noch immer zugemauert (VH2).

Auch entlang der Sebastianstraße ist dieses Schulgelände, ebenso wie die nördlich der Sebastianstraße liegende Kindertagesstätte, aufgrund der grenznahen Situation mit hohem Vorfeldsicherungszaun eingefasst und gesichert.

Südlich der Kindertagesstätte und beinahe parallel zur Sebastianstrasse verlaufend zeichnet sich das Fundament der Hinterlandsicherungsmauer (HM2) im Boden ab; nur wenig daneben verläuft der Kolonnenweg in einer weichen, langgezogenen Kurve. Der Kolonnenweg ist

Grenztruppenfoto, 1988/89

Kolonnenweg - Umkehrschleife bei der GÜSt Heinrich-Heine-Straße (KW3)

Mehrfachstrahler der Grenzsicherung neben der GÜSt (VL2)

hier über eine kurze Strecke von circa drei Metern unterbrochen und läuft dann weiter in Richtung der einstigen Grenzübergangsstelle (GÜSt) Heinrich-Heine-Straße. An der westlichen Begrenzung der GÜSt endet der Kolonnenweg (KW3) in einer Wendeschleife und verweist somit auch auf die Sonderstellung der Grenzübergangsstellen im früheren Grenzsystem, denn die Grenztruppen waren für die Grenzübergangsstellen nicht zuständig.

Hier steht ein sehr hoher, mehrstrahliger Lichtmast (VL2) mit Auslegerlampen, der einst den Grenzstreifen wie auch das unmittelbare Hinterland der GÜSt Heinrich-Heine-Straße ausleuchtete. Nordwestlich des Kolonnenwegs KW3) stehen zwei rot-weiß gestrichene eiserne Sperrgebietsmarkierungen (M1), die mittlerweile allerdings stark beschädigt sind, sich jedoch noch in situ befinden. Ein Wachtturmfundament einer frühen Wachtturmgeneration lässt sich östlich des Kindergartenareals (WT1) identifizieren.

Metallpfosten der rot-weißen Grenzgebietsmarkierung (M1) an der GÜSt

Fundament eines Grenztruppengebäudes neben der GÜSt (WT1)

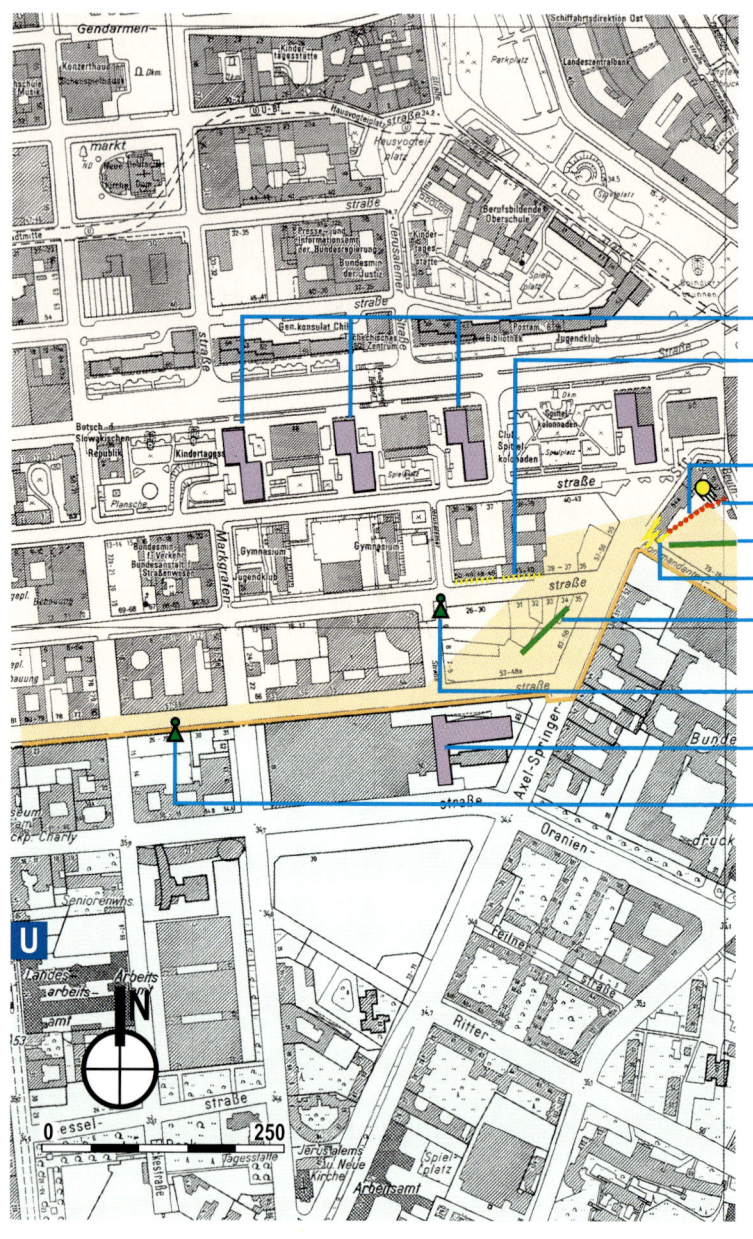

HM1-2	Fundamentreste der Hinterlandsicherungsmauer (HiSM)
HM3	Ansatz der Hinterlandsicherungsmauer (HiSM)
HM4	geweißtes EG als Teil der HiSM
KW1-3	Kolonnenweg
WT1	Turmfundament
E1	Elektroschaltkasten
R1	Elektrosicherung
VW1	Vorfeldsicherung, Vermauerungen
VH1-2	Vorfeldsicherung, Fenstervergitterungen
VL1-2	Vorfeldsicherung, Lampen
M1	Sperrgebietsmarkierungen
S1	Grenztruppendenkmal (Sockelspuren)
S2	Denkmal für Peter Fechter
S3	Bebauung der Leipziger Straße
S4	Gebäude des Axel-Springer-Verlages
S5	Leere des beräumtenTodesstreifens

S3

VH1

WW1,VL1

HM3

KW2

HM4,R1

KW1

S1

S4

S2

177

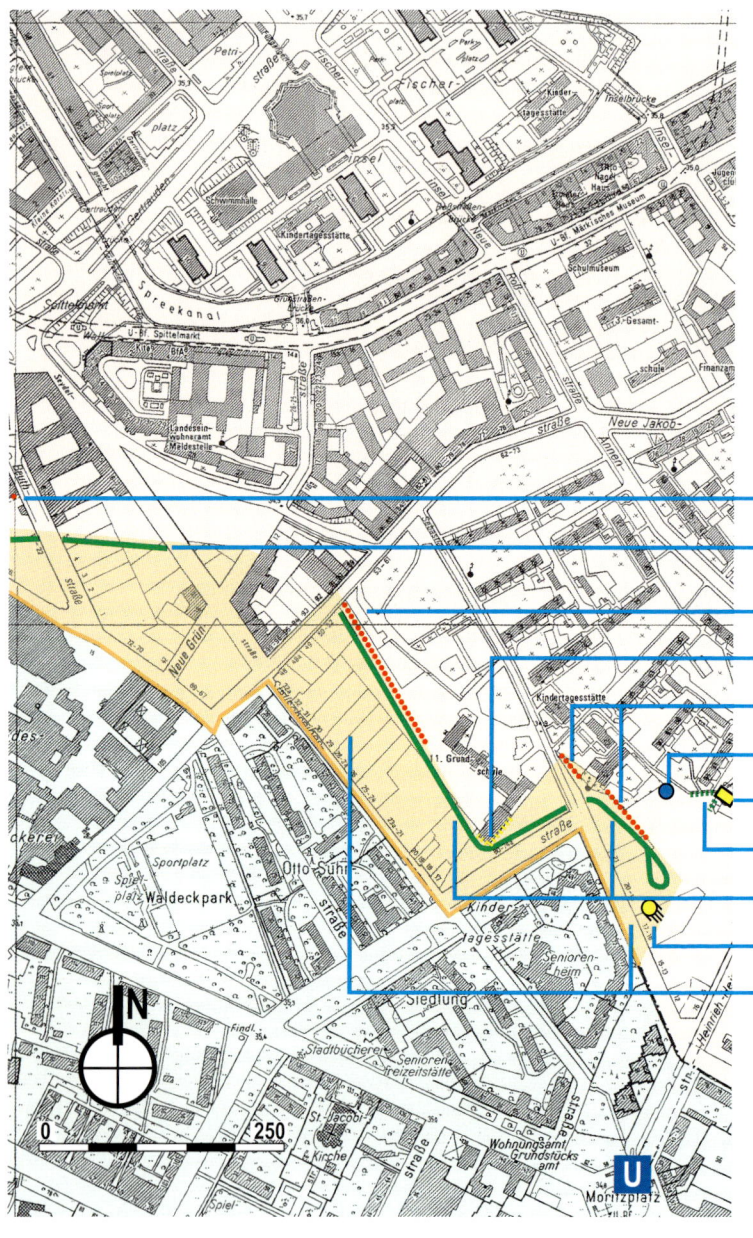

HM1-2   Fundamentreste der Hinterlandsicherungsmauer (HiSM)
HM3   Ansatz der Hinterlandsicherungsmauer (HiSM)
HM4   geweißtes EG als Teil der HiSM

KW1-3   Kolonnenweg

WT1   Turmfundament

E1   Elektroschaltkasten

R1   Elektrosicherung

VW   Vorfeldsicherung, Vermauerungen
VH1-2   Vorfeldsicherung, Fenstervergitterungen
VL1-2   Vorfeldsicherung, Lampen

M1   Sperrgebietsmarkierungen

S1   Grenztruppendenkmal (Sockelspuren)
S2   Denkmal für Peter Fechter
S3   Bebauung der Leipziger Straße
S4   Gebäude des Axel-Springer-Verlages
S5   Leere des beräumten Todesstreifens

— HM3
— KW2
— HM1
— VH2
— HM2
— WT1
— E1
— M1
— KW3
— VL2
— S5

Der Checkpoint Charlie ist gut mit der U- Bahnlinie U6 von der Station
Kochstraße zu erreichen, der Bereich an der Heinrich-Heine-Straße
mit der Linie U8 vom Moritzplatz aus.

Von der einstigen Grenzübergangsstelle Heinrich-Heine-Straße zum Industriegelände am Stralauer Platz

Hinterlandmauer nördlich der Schillingbrücke (HM1); im Hintergrund Querriegel der Hinterlandmauer zwischen älterem Gebäude und Spreeufer

Von der einstigen GÜSt sind einige Reste und Spuren erhalten geblieben, auch wenn der Großteil der Einbauten, Sperren und baulichen Vorkehrungen, die nur ein langsames Slalomfahren ermöglichten, sowohl aus dem Fahrbahnbereich der Heinrich-Heine-Straße als auch aus den angrenzenden Seitenbereichen verschwunden sind. Von den Bauten, die der Abwicklung der Grenzformalitäten dienten, sind kaum bauliche Reste zu finden, so dass die Lampen die auffälligsten Überbleibsel sind. Im weiteren Verlauf des Abschnitts, der sich durch das dicht bebaute Stadtzentrum bis zur Schillingbrücke erstreckt, sind trotz großflächiger Beräumung des Grenzsicherungsstreifens und Rekonstruktionsarbeiten im Bereich des Luisenstädtischen Kanals und des Engelbeckens zahlreiche bauliche Elemente der einstigen Grenzanlagen erhalten. Nahe der Spree finden sich zudem größere Teile der Hinterlandmauer.

180

Fünffachstrahler auf der Westseite der GÜSt Heinrich-Heine-Straße (VL3)

GÜSt Heinrich-Heine-Straße; abgesägte Pfosten einer Wegebegrenzung (R1)

Auf der Westseite der Heinrich-Heine-Straße befinden sich inmitten des heutigen Autohandels hohe grüne Laternenmasten mit jeweils fünf Auslegerlampen (VL3), die Bestandteil der ehemaligen Grenzübergangsstelle (GÜSt) waren und der weiträumigen Ausleuchtung dienten. In diesem Bereich sind auf der betonierten Fläche auch einige der weiß markierten Fahrspuren (M3) zu identifizieren, in denen sich die Grenzgänger in ihren Fahrzeugen zum Passieren der Grenze einzureihen hatten.

Fahrbahnmarkierungen der GÜSt Heinrich-Heine-Straße (M3)

Ebenfalls westlich der Fahrbahn finden sich in und zwischen den Gehwegplatten in regelmäßigem Abstand abgeschnittene, U-förmige Reste von Eisenträgern, zwischen denen einst ein den Gehweg begleitender Zaun eingespannt war (R1). Jeweils einer dieser Zäune stand auf jeder Seite des Fußweges und begrenzte damit den so eingefassten Fußgängerweg zum Fahrbahnbereich der Heinrich-Heine-Straße einerseits und zur betonierten Wartezone im westlichen Bereich der Grenzübergangsstelle andererseits.

Entlang der Heinrich-Heine-Straße sind auf beiden Seiten die Straßenlaternenmasten, die zur GÜSt gehörten, erhalten (VL1). Die Auslegerlampen selbst entstammen allerdings der Zeit nach der Wende. Die vergleichsweise dichte Aufstellung der Lampenmasten vermittelt ein eindrucksvolles Bild der einstigen Funktion und der besonde-

Doppelleuchten auf der Ostseite der GÜSt Heinrich-Heine- Straße (VL2)

Reste der Panzersperren entlang der Sebastianstraße (R2)

ren Situation an der GÜSt. Auf der Ostseite der Heinrich-Heine-Strasse stehen östlich des Fußweges im Bereich der ehemaligen GÜSt hinter einer Pappelreihe fünf T-förmige Laternenmasten mit jeweils zwei Auslegerlampen (VL2). Diese Lampen standen unmittelbar an der seitlichen Einfassungsmauer der Grenzübergangsstelle und leuchteten den seitlichen Bereich der GÜSt und das angrenzende Vorfeld mit der Wohnbebauung aus.

Auch im unmittelbaren Umfeld der GÜSt lassen sich sprechende Reste der Sperranlagen nachweisen. Am Heinrich-Heine-Platz, also westlich der GÜSt und parallel zur Sebastianstraße, auf den Flurstücken 12-18, finden sich über eine längere Strecke von rund fünfzig Metern in regelmäßigem Abstand eiserne Reste von Panzersperren (spanische Reiter) (R2). Dabei handelt es sich um über dem Boden abgeschnittene

Die GÜSt Heinrich-Heine-Straße, Grenztruppenfoto 1988/89

Vier Lampen der Lichttrasse an der Sebastianstraße (LT1)

Elektroschaltkasten der Grenzanlagen
an der Sebastianstraße (E1)

Metallpfosten, häufig mit Doppel-
T-Profil, die in dieser Dichte im übrigen innerstädtischen Grenzverlauf
kein zweites Mal zu finden sind.

An der Kreuzung Sebastian- / Prin-
zenstraße erinnert eine Tafel an den
ehemaligen Übergang Prinzenstras-
se (Heinrich-Heine-Straße) für
Bundesbürger. Und an den Flucht-
versuch mit einem LKW am 18.4.
1962, der mit zwei Schwerverletzten
und einem Toten endete. Nach diesem Zwischenfall wurde der Grenzübergang mit zahlreichen Einbauten, die Slalomfahrten erzwangen,
zusätzlich gesichert.

Auf der Nordseite der Sebastianstraße
stehen vier Lampenmasten der einstigen Lichttrasse (LT1) in situ. An

den Laternen ist deutlich die dem
Kolonnenweg zugewendete Farbmarkierung 'rot-weiß-grün-weiß'
erhalten. Zwischen den Lampen
der Lichttrasse und der Wohnbebauung auf der Nordseite der Sebastianstraße steht auf der Wiese
noch ein Stromschaltkasten (E1)
des Grenzstreifens, an dem einst
der Grenzsignalzaun unmittelbar
vorbeilief. Auch der Fundament-
streifen der Hinterlandsicherungsmauer (HM4) zeichnet sich im Boden als Negativ ab, denn es findet
sich in dem ansonsten überwiegend
kräftig und dicht bewachsenen Ra-
sen eine circa fünfzehn Meter lange
Strecke ohne jeden Bewuchs, die ex-
akt den Verlauf der früheren HiSM
beschreibt.

Nordöstlich der Sebastianstraße hat sich auf einer ansonsten als Brachfläche zu charakterisierenden Fläche ein längeres Stück Kolonnenweg erhalten. Ein weiteres Stück Kolonnenweg (KW1) befindet sich am südlichen Ende der Dresdner Straße im Bezirk Mitte, also nordwestlich der Waldemarstraße, dort, wo die Grenzanlagen besonders breit waren. Ein wenig weiter nach Norden steht zudem eine eiserne rot-weiße, kniehohe Sperrgebietsmarkierung auf einer von Spontanvegetation überzogenen innerstädtischen Brachfläche (M1).

Die Rekultivierung des Kanalparks ist am Engelbecken zwischen Leuschner- und Legiendamm am weitesten gediehen. Auf dem ehemaligen Grenzstreifen am Legiendamm entstanden zahlreiche Wohnhäuser, die den Straßenzug begleiten. Südöstlich des Engelbeckens sind im Straßenbelag des Leuschnerdamms deutlich die in regelmäßigem Abstand zu findenden 'Fußabdrücke' der Grenzmauer der 3. Generation (GM1) zu erkennen. Dabei handelt es sich um Asphaltflecken, die sich klar im Kopfsteinpflaster absetzen.

Das Gesamterscheinungsbild des Bereiches ist aufgrund der gartendenkmalpflegerischen Wiederherstellungsarbeiten der letzten Jahre im Bereich zwischen Leuschnerdamm und Adalbertstraße mit dem der Mauerzeit nicht mehr zu vergleichen. Der Mauerstreifen begrub den 1925 entstandenen Park unter sich,

Kolonnenweg westlich der Dresdener Straße (KW1)

Rot-weißes Gestänge der Grenzgebietsmarkierung bei der Dresdener Str. (M1)

Engelbecken, Grenztruppenfoto 1988/89

der nach der Zuschüttung des einstigen Luisenstädtischen Kanals angelegt worden war. Stück für Stück wird der einstige Grünzug zwischen Michael- und Thomaskirche zurückgewonnen. Die Verfüllungen sind weitestgehend beseitigt, das einstige Kanalbett wurde gärtnerisch in Anlehnung an die historische Bepflanzung neu gestaltet, wozu auch die rahmenden Lindenpflanzungen auf Straßenniveau zählen.

Auf dem Bethaniendamm haben sich westlich der Thomaskirche auf-

Pfostenlöcher der Mauer der '3. Generation' am Leuschnerdamm (GM1)

Pfostenlöcher der Grenzmauer der '3. Generation' am Bethaniendamm (GM2)

grund der unlängst erfolgten neuen Asphaltierung nur noch vereinzelt die 'Fußabdrücke' der Grenzmauer der 3. Generation in Form von einzelnen Asphaltflecken (GM2) erhalten. Eine viel regelmäßigere und deutlichere Spur der Grenzanlagen haben die Reste der Hinterlandsicherungsmauer auf dem Engeldamm hinterlassen (HM3), dort noch vollständig und durchgängig. Diese Flecken setzen sich in regelmäßigem Abstand ohne Unterbrechung zwischen Köpenicker- und Adalbertstraße vom Kopfsteinpflaster ab. Von der Adalbertstraße bis zum Leuschnerdamm sind die Löcher jedoch wegen der neuen Asphaltierung nur noch vereinzelt zu finden (HM3).

Ein besonderes bauliches Kuriosum der Geschichte der Teilung steht in der unmittelbaren Nähe der Thomaskirche. Zwischen Adalbert- und Köpenickerstraße verlief hinter der Thomaskirche entlang der lang gezogenen Kurve des Bethaniendamms die 'Grenzmauer 75'. Eine gut 350 Quadratmeter große dreieckige Grünfläche, die in der Einmündung der Straße am Mariannenplatz in den Bethaniendamm liegt, wurde allerdings von der Grenzmauer nicht eingeschlossen, obwohl sie noch zum Ost-Berliner Bezirk Mitte gehörte. Genau in diesem Dreieck, das somit ein ähnliches Schicksal wie das berühmtere Lenné-Dreieck am Potsdamer Platz hat, steht ein von einem türkischen Kreuzberger im Jahre 1984 ohne jede Baugenehmigung errichtetes Gartenhaus im 'Niemandsland' zwischen Ost und West und ist somit ein Stück Osten im Westen (S5). Die östlichen Behörden interessierten sich nicht für dieses Areal, weil es aufgrund des zwickelförmigen Grundrisses und einem daraus resultierenden versteckten Knick in der Mauer schlecht zu kontrollie-

Schwarzbau, errichtet in den 80er Jahren nahe der Thomaskirche (S5)

Hinterlandmauer bei der Schillingbrücke mit originaler Farbfassung (HM1)

ren gewesen wäre. Die westlichen Behörden waren rechtlich hingegen nicht zuständig.

Auf dem Industriegelände, das sich südöstlich an die Schillingbrücke anschließt, parallel zur Spree liegt und sich bereits auf Kreuzberger Gebiet befindet, stehen zahlreiche, natürlich nicht in situ befindliche Elemente der 'Grenzmauer 75', die zum Separieren von Baustoffen und sonstigen Materialien genutzt werden.

Ein in Hinblick auf die baulichen Reste der innerstädtischen Berliner Grenzanlagen überaus interessantes Areal liegt an der nordwestlichen Seite der Schillingbrücke, wo sich trotz umfangreicher Bauarbeiten für den neuen Hauptsitz der Gewerkschaft 'Verdi' einige höchst interessante Reste der einstigen 'Staatsgrenze' erhalten haben.

Die Hinterlandmauer verlief hier, beginnend an dem alten leerstehenden und mittlerweile stark baufälligen Industriegelände (HM1), das parallel zur Spree liegt, (etwa im Bereich des Grundstücks Köpenicker Straße 38-41) und stieß dann auf die Straße 'An der Schillingbrücke', von wo sie nach Westen zur Köpenicker Straße abknickte. Hinterlandmauer und Betonplattenwand der Vorfeldsicherung gingen hier aufgrund der besonderen räumlichen Situation übergangslos ineinander über. Zwar grenzte dieses Areal nicht un-

mittelbar an die 'Staatsgrenze', doch waren die Vorfeldsicherungen aufgrund der relativen Nähe zum Grenzstreifen besonders hoch. Zudem befand sich am Ufer eine Anlegestelle für die Schnellboote der Grenzsoldaten (S3), die wegen ihres Einsatzortes auf dem Wasser im Grenztruppenjargon auch 'Enten' genannt wurden. Von dieser Anlegestation ist die aus mehreren Stufen bestehende Treppe erhalten. Dort hängen sogar noch zwei Trabant-Autoreifen, die am betonierten Ufer als Puffer für die anlegenden Boote dienten. Ein kleines Stück weiter nördlich finden sich weitere Elemente der Vorfeldsicherung: Eine längere Strecke des Hinterlandsicherungszaun aus Streckmetall mit Stacheldraht als oberem Abschluss, eine eiserne, etwa kniehohe Grenzgebietsmarkierung (M2) auf dem Industriegelände, eine Lampe (VL4), Vergitterungen am Gebäude (VH1) sowie zwei hohe mehrstrahlige Auslegerlampen mit Peitschen-

Zaun und Lampen der Vorfeldsicherung nördlich der Schillingbrücke (VL4, VZ1)

Übersteigschutz am Zufahrtstor zum Industriegelände (VH3)

Hinterlandmauer auf der Ostseite der Schillingbrücke (HM2)

lampen (VL4). Schließlich eine kleinere T-förmige Lampe mit zwei Auslegern, die so aufgestellt ist, dass sie sowohl das Industriegelände als auch den zum Grenzgebiet gehörigen Streifen am Wasser ausleuchten konnte (VL4).

Auf der anderen Spreeseite entlang der Straße Stralauer Allee befindet sich ein Industriegelände, das mit zahlreichen baulichen Elementen der Vorfeldsicherung versehen ist. Entlang der Straßenfront der Straße Stralauer Allee und direkt gegenüber des Ostbahnhofs führen zwei mit langen Stahlpfeilen besetzte Werkstore (VH3) auf das Gelände des Industriegebietes (heutiges Energieforum Berlin). Diese ohnehin schon hohen Tore, die zusätzlich durch lange Stahlspitzen unübersteigbar gemacht wurden, müssen als Bestandteil der Vorfeldsicherung interpretiert werden.

Das gesamte Industriegelände war auf seiner Wasserseite zusätzlich mit diversen Elementen der Vorfeldsi-

cherung ausgerüstet. So befinden sich auf dem oberen Abschluss der wasserseitigen Begrenzungsmauer die abgeschnittenen Reste von Metallpfosten, die einst zusätzliche (Stachel-) Drähte und Zaunvorrichtungen hielten und so das Übersteigen dieser Mauer unmöglich machten (VH2). Die westliche Seite dieser Begrenzungsmauer, die zum Wasser weist, ist bis auf die Höhe von etwa 2,30 Meter verputzt, darüber liegen die Ziegelreihen unverputzt. Mit großer Sicherheit waren die verputzten Flächen einst weiß gestrichen, damit sich Personen deutlicher vor dem klaren Hintergrund abzeichneten. Heute ist dieser verputzte Bereich großflächig mit Graffiti überzogen.

Weiter nach Norden, immer noch in unmittelbarer Nähe der Spree, schließt sich ein Gebäude an diese Mauer an, dessen Fenster alle vollständig vergittert sind (VH2). Auch an diesem Gebäude sind zwei Drittel der Wandfläche verputzt. Heute ist dieser Bereich großflächig mit Graffiti überzogen.

Die Geländebegrenzung zur Spree bildet hier ein z.T. aus Streckmetall gefertigter Zaun, der auf der Kuppe der den Fluss einfassenden Mauerkante steht. Der obere Abschluss dieses Zauns ist notdürftig aus Resten ehemaliger Gasleitungen zusammengeschweißt worden. In einzelnen Abschnitten der Mauerkrone finden sich in regelmäßigem Abstand die Reste von abgeschnittenen Doppel-T-Trägern, zwischen denen sich weitere Sperrelemente zur Ufersicherung befanden.

Nördlich an dieses Gelände - an der Straßenecke Stralauer Allee / Schillingbrücke - schließt sich eine Brachfläche an, die den Übergang zur Schillingbrücke darstellt. Hier haben sich zweiundzwanzig in situ befindliche Segmente einer Plattenwand der Vorfeldsicherung (HM2) erhalten, die aus jeweils vier übereinander gestellten Betonelementen zwischen stählernen Doppel-T-Trägern bestehen und noch die charakteristische weiße Farbigkeit aufweisen. An der Stralauer Allee stoßen sie auf acht Plattenwandelemente der Vorfeldsicherung, die direkt entlang des Fußweges stehen. Von ihnen sind sechs Segmente mit jeweils drei übereinander gestellten Betonelementen komplett und unzerstört erhalten und erzählen vom erhöhten Sicherungsbedürfnis im grenznahen Bereich.

Die Henne

Eine Kreuzberger Institution ist das Lokal 'Die Henne'. Hier kann man sehr gut Brathähnchen essen und im Sommer im Biergarten draußen sitzen. Das typische Altberliner Gasthaus liegt am Leuschnerdamm 25 nicht weit vom Engelbecken entfernt.

Grenztruppenfoto 1988/89, Blick von der Schillingbrücke in Richtung Westen

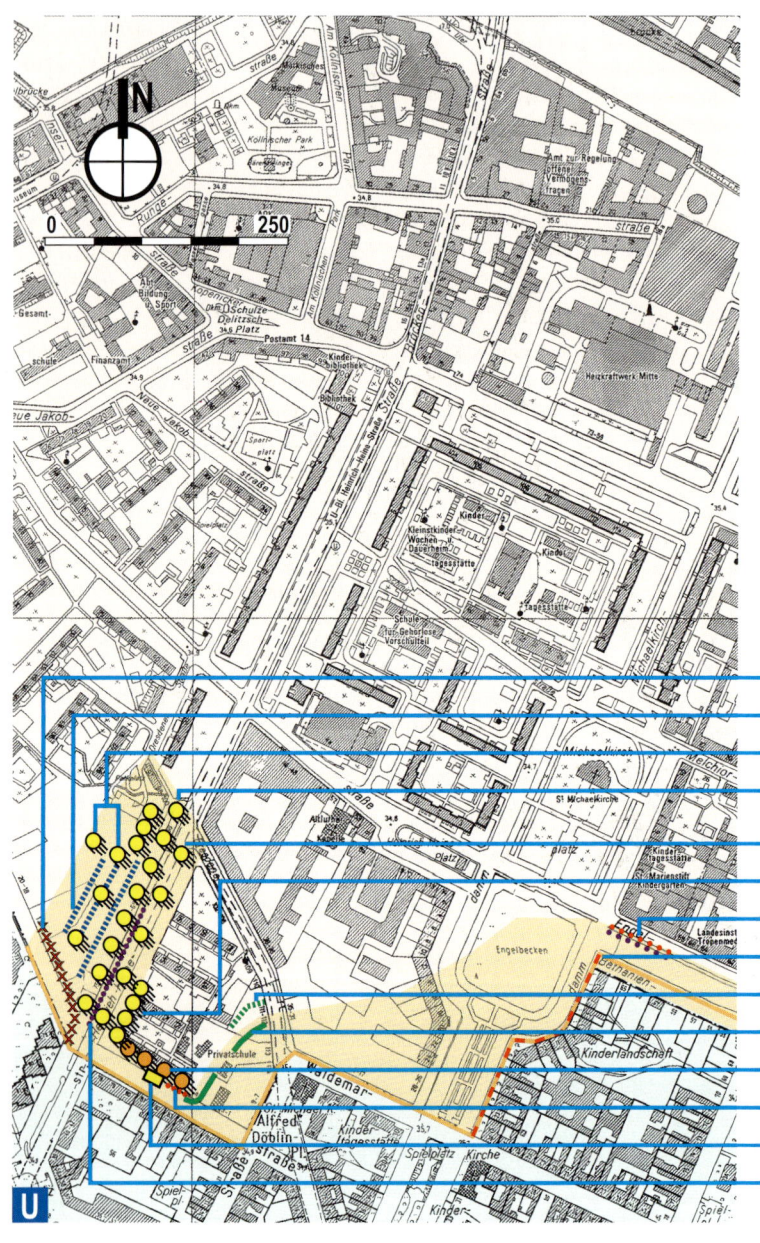

GM1-2   Pfostenlöcher der Grenzmauer (3. Generation)

HM1-2   Hinterlandsicherungsmauer (HiSM)
HM3   Pfostenlöcher der (HiSM) und des Grenzsignalzauns
HM4   Spur der Hinterlandmauer (HiSM)

KW1   Kolonnenweg

LT1   vier Lampen der Lichttrasse

E1   Elektroschaltkasten

VL1   Lampen der GÜSt; Peitschenlampen
VL2   Lampen der GÜSt; Doppelleuchten
VL3   Lampen der GÜSt; Fünffachstrahler
VL4   Vorfeldsicherung: Lampen

VH1-2   Vorfeldsicherung: Vergitterungen
VH3   Vorfeldsicherung: Übersteigschutz
VZ1   Vorfeldsicherung: Zaun

R1   Begrenzung der GÜSt; abgeschnittene Eisen
         als Zaunhalterung
R2   abgeschnittene Panzersperren

M1-2   Sperrgebietsmarkierung
M3   Betonfläche mit Fahrbahnmarkierungen

S1   Postenhäuschen
S2   Sicherung eines Kanals
S3   Anlegestelle für Boote der Grenzer
S4   Leere des abgeräumten Todesstreifens
S5   Schwarzbau im Grenzgebiet

__ R2
__ M3
__ VL3
__ VL1

__ VL1
__ VL2

__ HM3
__ GM1
__ M1
__ KW1
__ LT1
__ HM4
__ E1
__ R1

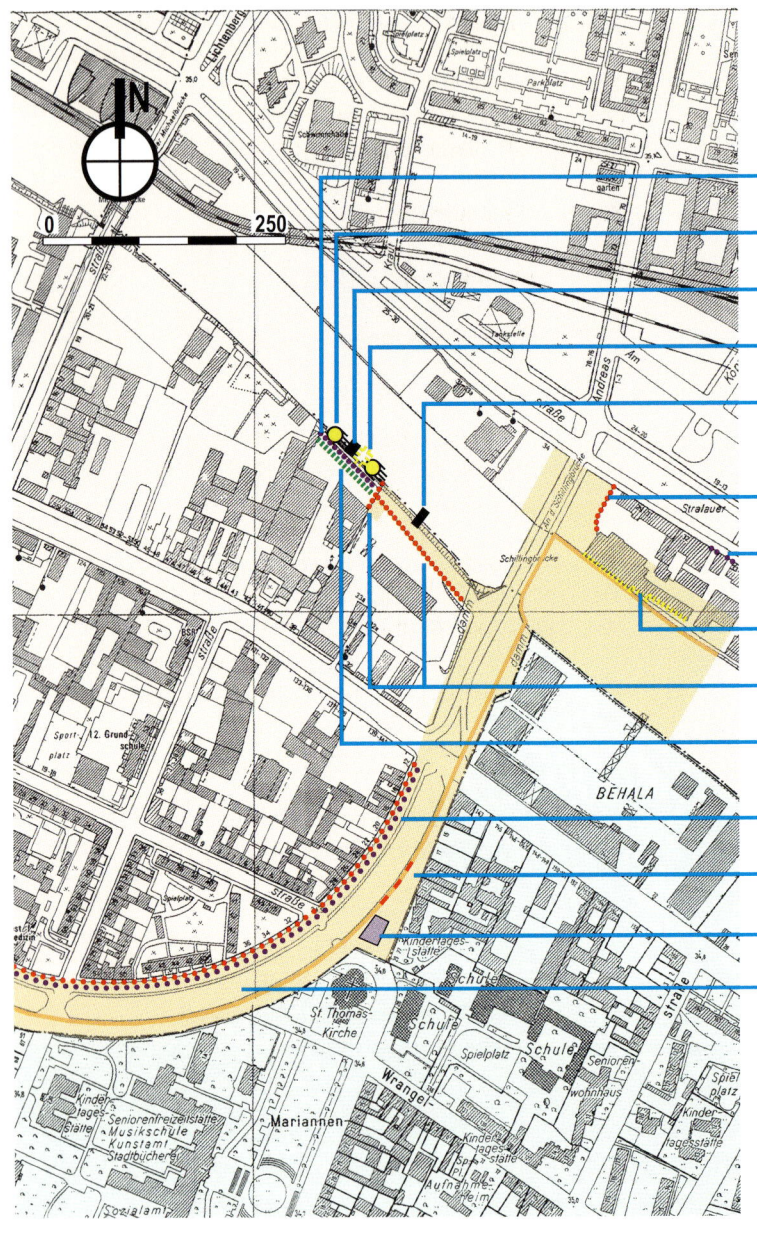

GM1-2   Pfostenlöcher der Grenzmauer (3. Generation)

HM1-2   Hinterlandsicherungsmauer (HiSM)
HM3   Pfostenlöcher der (HiSM) und des Grenzsignalzauns
HM4   Spur der Hinterlandmauer (HiSM)

—— VZ1

—— VL4   KW1   Kolonnenweg

—— S1,VH1   LT1   vier Lampen der Lichttrasse

—— S2   E1   Elektroschaltkasten

—— S3   VL1   Lampen der GÜSt; Peitschenlampen
                VL2   Lampen der GÜSt; Doppelleuchten
                VL3   Lampen der GÜSt; Fünffachstrahler
—— HM2   VL4   Vorfeldsicherung: Lampen

—— VH3
                VH1-2   Vorfeldsicherung: Vergitterungen
                VH3   Vorfeldsicherung: Übersteigschutz
—— VH2   VZ1   Vorfeldsicherung: Zaun

—— HM1   R1   Begrenzung der GÜSt; abgeschnittene Eisen
—— M2   als Zaunhalterung
                R2   abgeschnittene Panzersperren

—— HM3   M1-2   Sperrgebietsmarkierung
                M3   Betonfläche mit Fahrbahnmarkierungen
—— GM2

—— S5   S1   Postenhäuschen
                S2   Sicherung eines Kanals
—— S4   S3   Anlegestelle für Boote der Grenzer
                S4   Leere des abgeräumten Todesstreifens
                S5   Schwarzbau im Grenzgebiet

Der Anfang dieses Abschnittes ist am besten mit der U-Bahnlinie
U8 vom Moritzplatz zu erreichen, das Ende liegt am nächsten zum
Ostbahnhof an dem die Linien S3, S5, S7, S75 und S9 halten.

Vom Stralauer Platz bis zur Oberbaumbrücke

Neue Graffiti auf der zum Todesstreifen weisenden Seite der Hinterlandsicherungsmauer (HM2)

Der circa 1,3 Kilometer lange Abschnitt der Grenzanlagen entlang der Mühlenstraße ist als East Side Gallery bekannt worden, seit er im Frühjahr 1990 zum Schauplatz einer internationalen Mal- und Sprühaktion wurde.

Bereits zu DDR-Zeiten hatte dieser Bereich eine besondere Prominenz: anders als an den meisten anderen Orten war die östliche Seite der Grenzanlagen hier öffentlich und für jedermann sichtbar, denn die vierspurig ausgebaute Mühlenstraße war die 'Protokollstrecke', auf der unter anderem auch Staatsbesucher zwischen dem Flughafen Schönefeld und der Innenstadt verkehrten. Daher wurde die Hinterlandsicherungsmauer hier als 'Grenzmauer 75' ausgeführt, bestand also aus L-förmigen Fertigteilen, bekrönt mit aufgeschlitzten Abwasserrohren als Übersteigschutz. Die Verwendung der 'Grenzmauer 75' in dieser Situation veranschaulicht ihre Funktion als Sichtblende, die die Grenzbefestigungen verbergen bzw. verharmlosen sollte.

Die Künstler aus aller Welt, die im Frühjahr 1990 ihre bis heute häufig publizierten Bilder auf dieser Mauerfront (HM2) anbrachten, nutzten häufig die standardmäßige Farbfassung - große liegende weiße Rechteckfelder in grauer Rahmung - für ihre neuen Bilder, so dass sich die ursprüngliche Gliederung und Farbfassung über größere Strecken noch nachvollziehen lässt.

Es kann wohl kein Zweifel bestehen, dass die Hinterlandmauer an der Mühlenstraße ihr weitgehend unbeschadetes Fortbestehen allein der Malaktion und den aufgebrachten Bildern zu verdanken hat.

Die Gemälde selbst sind künstlerisch und qualitativ stark unterschiedlich. Sie lassen sich als Reaktion auf die in West-Berlin entstandene Tradition verstehen, die Grenzmauer auf ihrer 'feindwärtigen' Seite mit Graffiti zu versehen, obwohl es natürlich einen grundsätzlichen Unterschied gibt zwischen den spontan und illegal entstandenen Graffiti einer-

seits, die auch immer wieder durch neue und aktuelle Sprühbilder überlagert und ersetzt wurden, und den gleichsam offiziellen, oft steif gerahmten Wandbildern andererseits, die in der Aktion an der East Side Gallery entstanden und die bald einen Anspruch auf Dauerhaftigkeit entwickelten.

Dieser Anspruch auf langfristige Erhaltung erwies sich in der Realität als nur schwer zu verwirklichen: Einerseits sind die Malereien auf dem problematischen Untergrund nur begrenzt haltbar, andererseits wurden sie selbst durch neue Sprühaktionen übermalt und entstellt. Als 'Schutzmaßnahme' wurde im Jahr 2001 ein längerer Abschnitt im Nordwesten sandgestrahlt und betonsaniert, und auf diesem neuen, stabilen Untergrund entstanden teilweise Repliken der verlorenen Gemälde, teils neue Bilder, die für eine größere Haltbarkeit ausgelegt sind.

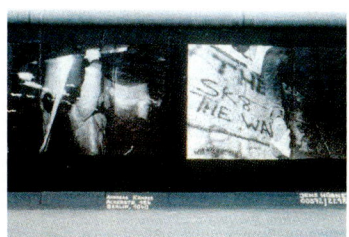

Die als 'Grenzmauer 75' ausgeführte Hinterlandsicherungsmauer (HM2)

Monumentalgemälde der East Side Gallery von 1990 (HM2)

195

Grenztruppenfoto 1988 (Von links:) Grenzsicherungszaun, Kontrollstreifen, Lichttrasse, Kolonnenweg, elektrischer Signalzaun, Hinterlandsicherungsmauer.

Zu den übrigen Teilen der Grenzanlagen in diesem Abschnitt ist zunächst festzuhalten, dass die Spree hier in ihrer ganzen Breite zu Ost-Berlin gehörte. Die Grenze verlief also am Kreuzberger Ufer. Wachboote patrouillierten auf dem Wasser; durch feste Anlagen gesichert war das östliche Spreeufer. Hier stand, etwas von der Uferlinie zurückversetzt, ein Grenzsicherungszaun aus Streckmetall. Von diesem Grenzsicherungszaun ist am nordöstlichen Ende des Abschnittes ein längeres Stück des Unterbaus erhalten geblieben (Z1).

Er wurde aus Blockelementen aufgeschichtet, wie sie sonst als vorgefertigte Teile im Wohnungsbau zur Verwendung kamen. Materielle Reste sowohl der Zaunpfeiler als auch des Streckmetallzauns sind am äußersten nordöstlichen Ende dieses Unterbaus zu finden.

Unterbau der Grenzanlagen, errichtet aus Blockelementen(Z1)

Rest des Streckmetalls des Grenzsicherungszauns (Z1)

Unmittelbar nordwestlich der East Side Gallery lässt sich die Fortsetzung der Hinterlandmauer identifizieren. In starkem Kontrast zu der glatten, vorfabrizierten 'Grenzmauer 75', die hier sicher aus den 80er Jahren stammt, besteht die nördliche Fortsetzung der Hinterlandmauer aus den charakteristischen groben Hohlblocksteinen, die für die allererste Mauergeneration von 1961 Verwendung fanden (HM1).

Diese aus Hohlblocksteinen gesetzte Mauer wird oben von einzeln in den noch feuchten Zement gesetzten Glasscherben abgeschlossen; sie umschließt das nördlich angrenzende Industriegelände von Süden her. Die ältere, schon vor dem Mauerbau existierende Einfassungsmauer

der Industrieanlage, die aus Ziegelsteinen gemauert war, wurde somit erhöht und als fester Bestandteil in die Hinterlandsicherung einbezogen. Diese Mauer läuft etwa bis in die Mitte der Gesamtbreite des einstigen Todesstreifens und knickt dann nach Norden um. In ihrem weiteren Verlauf nach Norden ist sie über eine längere Strecke ebenso verarbeitet, bevor sie dann auf eine ältere und höhere Mauer stößt und von dieser weitergeführt wird.

Zwischen dem Grenzzaun und der Hinterlandmauer gab es im einstigen Todesstreifen im wesentlichen die Lichttrasse, den Kolonnenweg und den elektrischen Grenzsignalzaun. Lichttrasse und Grenzsignalzaun sind ebenso verschwunden

Hinterlandsicherungsmauer aus den 60er Jahren (HM1)

Glasscherben auf der Hinterlandsicherungsmauer (HM1)

Kolonnenweg im Todesstreifen hinter der East Side Gallery (KW1)

wie der Wachtturm, der am nordöstlichen Ende des Grenzstreifens platziert war; der Kolonnenweg ist jedoch fast durchgängig erhalten (KW1).

Ablesbar ist auch die Zufahrt in den Grenzstreifen durch eine in die Hinterlandmauer eingeschnittene Toröffnung am nördlichen Ende der East Side Gallery. Ihr entspricht eine Zufahrt am südlichen Ende, neben der heutigen Verkaufsbaracke (S1), die – ausweislich der historischen Fotos – in die Grenzanlagen und in die Hinterlandmauer einbezogen war.

Die Zufahrt durch die Hinterlandmauer führte hier ungewöhnlicherweise zuerst auf einen Vorplatz, der auch den zivilen Nutzern des in den Grenzstreifen einbezogenen Speichergebäudes zugänglich war. Ein eingestellter Zaun trennte den von Zivilisten und Grenztruppen gemeinsam genutzten Bereich von dem eigentlichen Grenzstreifen. Eine Wegegabelung im erhaltenen Kolonnenweg (KW1) – einerseits zur Durchfahrt durch den Zaun, andererseits ins südöstliche Ende des Grenzstreifens – veranschaulicht die Situation. Dieser von den Grenztruppen und den Betreibern des Speichers gemeinsam genutzte Vorbereich war nicht nur teilweise in die Grenzanlagen einbezogen, son-

Lampe der Vorfeldsicherung innerhalb der Hinterlandmauer (HM2, VL1)

In den Verlauf der Hinterlandmauer eingefügte Baracke (S1)

dern besaß auch eigene Sicherungsanlagen: Hiervon sind zwei Laternen erhalten (VL1), die den Park- und Vorplatz im Sinne einer Vorfeldsicherung ausleuchteten.

Die Oberbaumbrücke wurde umfassend saniert, so dass sich von der einstigen Grenzübergangsstelle für Fußgänger keine Spuren mehr finden lassen.

Grenztruppenfoto 1988, östliches Ende der späteren East Side Gallery, Blick nach Südosten

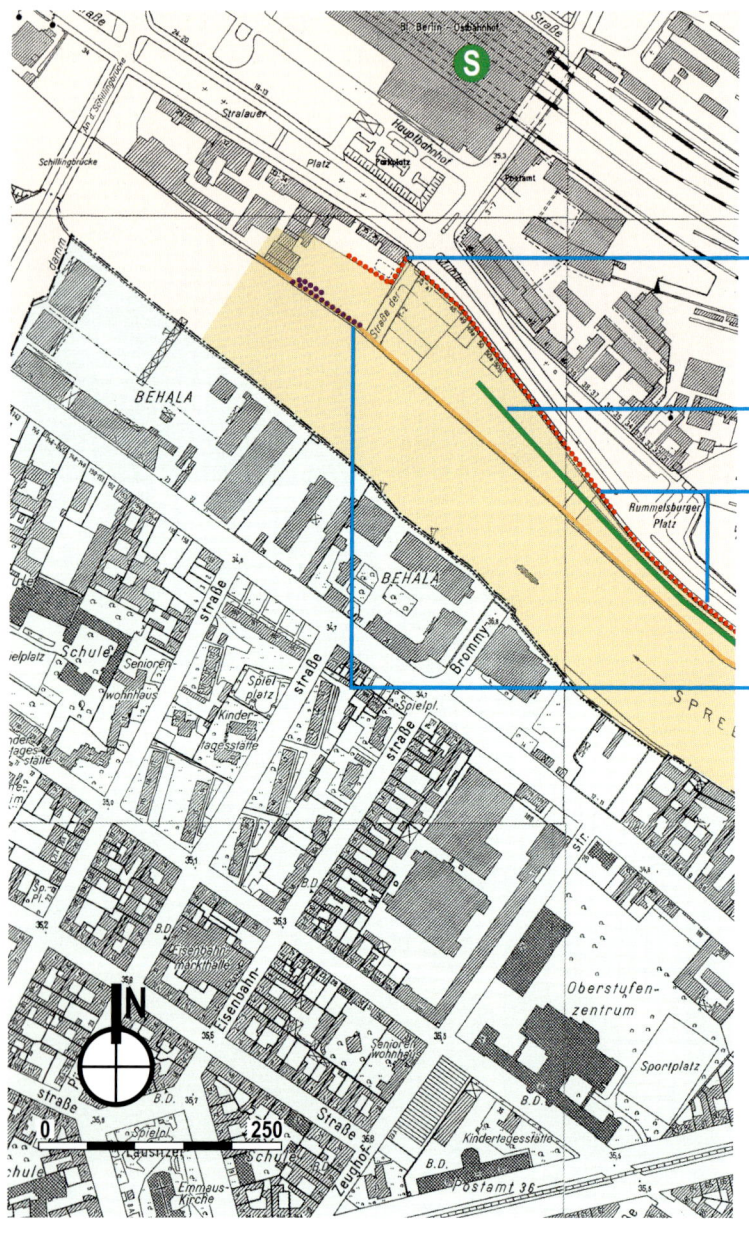

HM1   Hinterlandsicherungsmauer (1. Generation)
HM2   Hinterlandsicherungsmauer (GM75) / East Side Gallery

Z1   Unterbau und Reste des Grenzsicherungszauns

KW1   Kolonnenweg

HM1   VL1   Lampen der Vorfeldsicherung

S1   Grenztruppengebäude

KW1

HM2

Z1

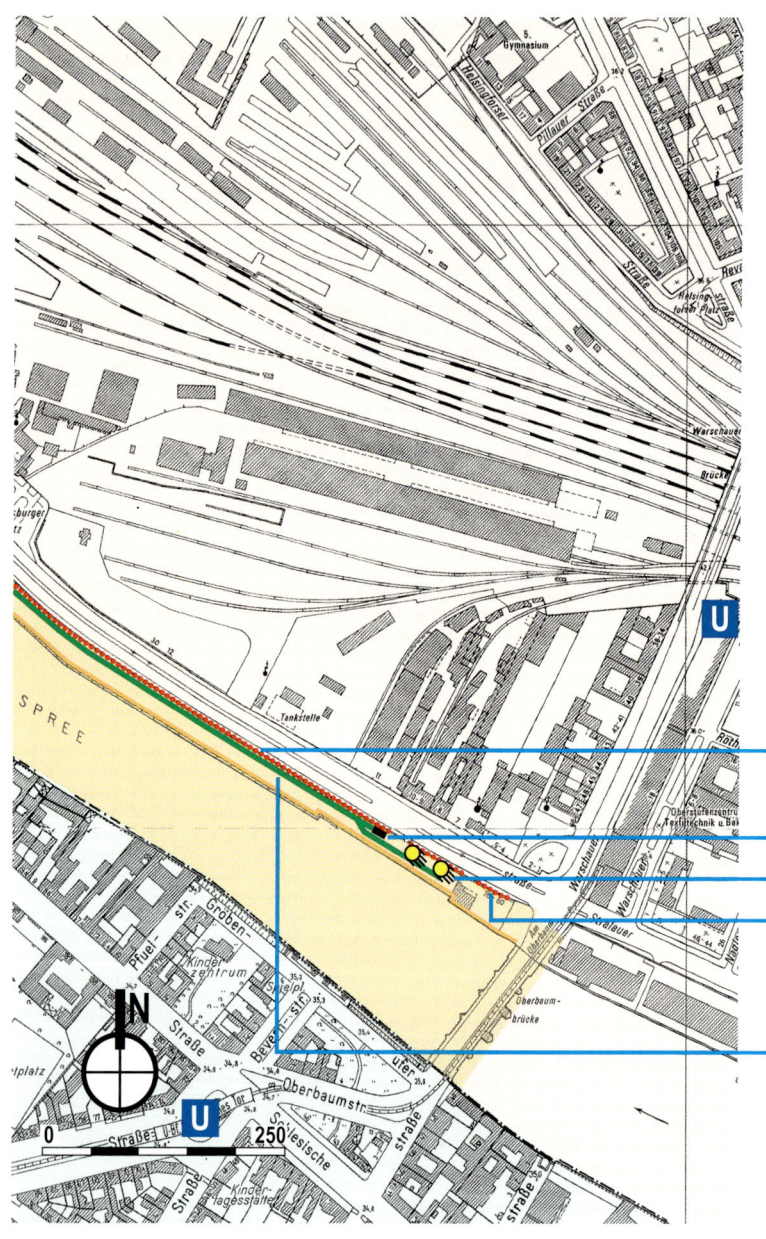

HM1   Hinterlandsicherungsmauer (1. Generation)
HM2   Hinterlandsicherungsmauer (GM75) / East Side Gallery

Z1   Unterbau und Reste des Grenzsicherungszauns

KW1   Kolonnenweg

VL1   Lampen der Vorfeldsicherung

S1   Grenztruppengebäude

__ HM2

__ S1
__ VL1
__ HM2

__ KW1

Das westliche Ende dieses Abschnittes liegt am Ostbahnhof, an dem
die Linien S3, S5, S7, S75 und S9 halten. Das östliche Ende liegt
zwischen den U- Bahnstationen Schlesisches Tor und Warschauer
Straße, an denen die Linie U1 und U15 verkehren.

Von der Oberbaumbrücke bis zur Lohmühlenbrücke

Sperranlage der ehemaligen GÜSt für Schiffe in der Spree im Bereich des Osthafens mit Auslegerlampen (R1)

Folgt man dem Verlauf der einstigen Grenzanlagen von der Oberbaumbrücke über den Osthafen bis zur Lohmühlenbrücke, so trifft man auf besonders markante bauliche Reste der Berliner Mauer. Dazu gehören neben der Führungsstelle (Wachtturm) am Schlesischen Busch vor allem die Sperranlagen der ehemaligen GÜSt für Schiffe am Flutgraben, der von der Spree in den bereits auf Kreuzberger Gebiet befindlichen Landwehrkanal mündet. Hierbei handelt es sich um einen T-förmigen eisernen Steg vor

dem Westkai der Spree, der mit der Kaimauer verbunden war. Auf ihm patrouillierten die Grenzsoldaten bzw. regelten dort die Zollangelegenheiten. Diese mit Betonpfeilern im Flussbett verankerte Sperre verlief in zwei von einander getrennten Teilen bis in die Nähe der Oberbaumbrücke und sperrte so den Zugang nach Westberlin weiträumig ab. Der einst weiter nördlich im Wasser gelegene Steg ist heute verschwunden.

Fundament eines Wachtturms vom Typ BT9 auf Kaimauer im Osthafen (WT2)

Offenbar wurde dieser hafennahe Bereich als besonders fluchtgefährlich eingestuft, denn hier staffelten sich mehrere Sicherheitssysteme hintereinander. So diente die massive Steganlage zugleich als Durchfahrtssperre. Der erhaltene, weiter südlich gelegene Steg ist heute vom Land her nicht mehr begehbar, da das Verbindungsstück zerstört ist. Auch ist der Wachtturm, der sich einst am nördlichen Ende dieses Stegs befand, verschwunden. Dennoch deuten insgesamt dreizehn dichtstehende, einstrahlige Auslegerlampen auf dem Steg auf die ehemalige GÜSt für Schiffe (R1).

Auf dem Gebiet des Osthafens in unmittelbarer Nähe der sanierten Speichergebäude sind deutlich die Abbruchkanten eines Wachtturmfundamentes (WT2) identifizierbar. Der Standort des Wachtturms befand sich auf einem in die Spree ragenden befestigten Vorsprung.

Drei Lampen der Lichttrasse direkt an der Spree, am Ende der Eichenstraße (LT1)

Zahlreiche Zeugen der Grenzanlagen befinden sich auf dem Gelände der heutigen 'Arena' am dem Wasser zugewendeten Ende der Eichenstraße. Hier stehen unmittelbar am Rand der Kaimauer zur Spree hin drei Lampen der einstigen Lichttrasse (LT1), deren Ausleger allerdings heute zum Hof gedreht sind

Arena

Das ehemalige Busdepot wurde 1927-28 von Franz Ahrens erbaut. Die 'Arena' war lange Zeit die größte Halle in Berlin. Die Länge beträgt 100 m, die Breite von 70 m wird stützenfrei mit halbparabelförmigen Stahlfachwerkträgern überspannt. An der Fassade finden sich zahlreiche expressionistische Architekturdetails.

Zaun der Grenzsicherung am Spreeufer
(VZ1) auf der Rückseite der 'Arena'

Sicherung eines Kanalausganges zum im
US-Sektor gelegenen Flutgraben (VH1)

und nicht mehr zum Wasser zeigen. Zudem befinden sich noch fünfzehn Betonpfosten einer Mauer der Vorfeldsicherung (VZ1), zwischen denen einst Betonplatten eingespannt waren, auf dem 'Arena'-Gelände entlang des Flusses. Vier weitere Lampen (VL2), die einst das Sperrgebiet ausleuchteten, sind an der dem Wasser zugewandten Seite des Gebäudes erhalten.

Etwa auf halber Strecke des Flutgrabens befindet sich nur wenig östlich der Oberen Freiarchenbrücke ein so auf dem Berliner Stadtgebiet nicht nochmals zu findender Rest der Grenzanlagen: Die Reste zweier nebeneinander stehender Betonplat-

Grenztruppenfoto 1988/89

ten, die eine Kanaleinmündung versperrten (VH1). Damit wurden potentielle Fluchten durch den in den Flutgraben führenden Abwasserkanal verhindert.

Bei der weiß gestrichenen Mauer (VW1), die auf der Höhe des Wachtturms am Schlesischen Busch beinahe parallel zur Puschkinallee verläuft, handelt es sich um eine Betonmauer der Vorfeldsicherung, die allerdings mit Standardelementen einer Hinterlandsicherungsmauer ausgeführt wurde. Am nördlichen Ende dieser Mauer gingen Vorfeldsicherungs- und Hinterlandsicherungsmauer des Grenzstreifens ineinander über. Die Elemente der Vorfeldsicherungsmauer werden nun als massive Begrenzung des dort befindlichen Werksgeländes weitergenutzt. Drei doppelstrahlige Auslegerlampen (VL1) der Vorfeldsicherung, wovon eine in der Wiese steht und zwei in unmittelbarer Nähe der oben erwähnten Vorfeldsicherungsmauer, sind hier ebenso erhalten wie Fundamentreste der Vorfeldsicherungsmauer, die sich einst durchgängig in südlicher Richtung bis zur Eichenstraße erstreckte.

Der gut erhaltene Wachtturm (WT1) in der Nähe der Puschkinallee vertritt den Typus der Führungsstelle und ist einer der zwei in Berlin erhaltenen Wachttürme dieser Art. Hier ist heute ein Museum untergebracht. Der Turm steht unter Denkmalschutz. Der zweite erhaltene befindet sich am so genannten Kieler Eck in Berlin-Mitte.

Der Bautyp der Führungsstelle bestand aus vorgefertigten Betonelementen von quadratischem Grundriss, war geräumiger als die geläufigen Beobachtungstürme des Typs BT 9 und bestand aus vier Ebenen, dem Sockelgeschoss mit elektronischen Geräten, einer Haftzelle im Erdgeschoss, einem Gemeinschaftsraum mit Feldbetten im ersten Obergeschoss und dem Befehlszentrum im zweiten Obergeschoss, dessen große Fenster Rundumsicht gestatteten. Auf der Dachplattform befindet sich noch der originale Suchscheinwerfer. Die

Plattenwand an der Puschkinallee (VW1) und Lampe der Vorfeldsicherung (VL1)

meisten der jeweils dienst- tuenden Grenzsoldaten einer Schicht hielten sich in den Wachttürmen auf und beobachteten von hier aus den Abschnitt, für den sie zuständig waren. Die Türme waren, soweit möglich, so aufgestellt, dass von ihnen aus die beiden Nachbartürme sichtbar waren. Jeweils eine Gruppe von Wachttürmen wurde durch eine Führungsstelle kontrolliert: Hier wurden die Signale der elektrischen Sperren registriert und von hier aus wurden dementsprechende Befehle an einzelne Posten erteilt, die entsprechenden Stellen zu überprüfen.

Führungsstelle am Schlesischen Busch (WT1)

Die Führungsstelle am Schlesischen Busch war von der Hinterlandmau-er vergleichsweise eng umbaut, diese verlief hier nördlich des Altbaum-

Grenztruppenfoto 1988/89, hinten rechts die Führungsstelle

Vergleichsfoto 2003, Führungsstelle am Schlesischen Busch (WT1)

bestandes und stieß im Westen auf eine ältere Werksmauer (VW2). Am südlichen Ende dieser Werksmauer lief eine zusätzliche Mauer der Vorfeldsicherung (VW2), von der sich ebenso Ansatzspuren erhalten haben. Beinahe über die gesamte Länge dieser alten Werksmauer sind abgesägte Stummel als Reste von Eisenpfosten, die zur Erhöhung der Mauer und zum Tragen von Stacheldraht dort eingelassen waren, zu erkennen. Grenz- und Hinterlandmauer, Kolonnenweg und Lichttrasse sind durch die landschaftsgestaltenden Maßnahmen der Jahre 1993 und 1994 im Umfeld des Wachtturms spurlos verschwunden.

Auch nördlich des Agfa-Geländes und der gekappten Bahntrasse, die einst zum Görlitzer Bahnhof führte, ist die räumliche Tiefe des Grenzstreifens kaum noch nachvollziehbar. Der ehemalige Bahndamm

hingegen, der heute als Fußgängerverbindung zwischen den Bezirken Kreuzberg und Treptow und als Zugang zum Görlitzer Park dient, ist, ebenso wie der Görlitzer Park in Kreuzberg, ein beredter Zeuge der Teilung der Stadt. Aufgrund aufwendiger Kontrollen bemühte sich die ostdeutsche Reichsbahndirektion, die Verbindung zum Görlitzer Güterbahnhof zu schließen, was ihr erst im Mai 1976 gelang. Danach verfiel der Görlitzer Bahnhof, der zur Deutschen Reichsbahn gehörte, zusehends und man versuchte, diesen Bahnhof auch für jegliche Güterverkehrsnutzung zu schließen, was erst 1985 mit dem Verlassen der Bahnanlagen durch die letzten Kohlen- und Baustoffspediteure gelang. Danach wurde der Görlitzer Park auf dem Gelände des einstigen Bahnhofs errichtet und avancierte schnell zu einer wichtigen Naherholungsfläche im dicht bebauten Kreuzberg. Inso-

Grenztruppenfoto 1988/89

fern ist auch die Schaffung dieses innerstädtischen Naherholungsgebietes als indirekte Folge der Teilung der Stadt lesbar.

Die weiter nach Südwesten gelegenen Bereiche des Grenzstreifens sind landschaftlich neu gestaltet worden; das Areal unmittelbar westlich der Eisenbrücke wird seit der Beräumung des Mauerstreifens allerdings von einer Wagenburg besetzt und

bewohnt. Weiter zum Lohmühlenplatz hin ist der einstige Mauerstreifen mit einer Reihe von Japanischen Kirschen bepflanzt, die von japanischen Bürgern aus Freude über die Wiedervereinigung gespendet wurden. Am Lohmühlenzwickel steht dazu ein Stein mit dem erklärenden Text. An der nach Osten weisenden Stirnseite des Hauses Lohmühlenstraße 21-23 befindet sich eine Lampe der Vorfeldsicherung

Grenzstreifen an der Lohmühlenstraße, 2003

(VL3), die den grenznahen Bereich ausleuchtete. Zwischen den Häusern Lohmühlenstraße 35 und 31 hat sich ein durchlaufendes eisernes Gestänge der Grenzgebietsmarkierung (M1) in einer zaunähnlichen Form erhalten.

Das Haus Lohmühlenstraße 35/36 ist ein auffälliges altes Gebäude aus der Zeit vor dem Mauerbau und trägt mehrere deutliche Spuren der Grenzanlagen. Es steht als einziger Rest der ursprünglichen Blockrandbebauung in einem Knickpunkt der ehemaligen Grenzanlagen, so dass es auf seiner südwestlichen Seite zugunsten des Mauerstreifens 'beschnitten', also seiner rückwärtigen Gebäude beraubt wurde (S1). Die dadurch entstandene, nach Südwesten weisende Brandmauer ist bis heute mit einer Kunststoffverkleidung gefasst und erzählt von den weitgehenden baulichen Eingriffen, die der Bau der Grenzanlagen nach sich zog. Ferner befindet sich auf der den früheren Grenzanlagen zugewandten Seite des Hauses ein aus zwei über einander aufgestellten Elementen gebauter, für einen einfachen, zivilen Hof ungewöhnlich hoher Eisenzaun, dem hier die Funktion eines Zaunes der Vorfeldsicherung (VZ2) zukam.

> **Pause**
>
> Für eine Pause bieten sich drei Lokale an, die alle am Wasser gelegen sind. Einmal der 'Freischwimmer', (Vor dem Schlesischen Tor 2a). Hier kann man am lauschigen Flutgraben sitzen.
>
> Dann an der Spree die 'Hopetosse', ein Schiff am Freigelände der Arena.
>
> Schließlich befindet sich am Ende dieses Abschnitts, an der Lohmühlenbrücke, am Zusammenfluss von Landwehr- und Neuköllner Schifffahrtskanal, das italienische Eiscafé 'Canale grande', wo es nicht nur Eis gibt.

Grenzgebietsmarkierung an der Lohmühlenstraße (M1)

Zaun der Vorfeldsicherung am Grenzstreifen hinter der Lohmühlenstraße (VZ2)

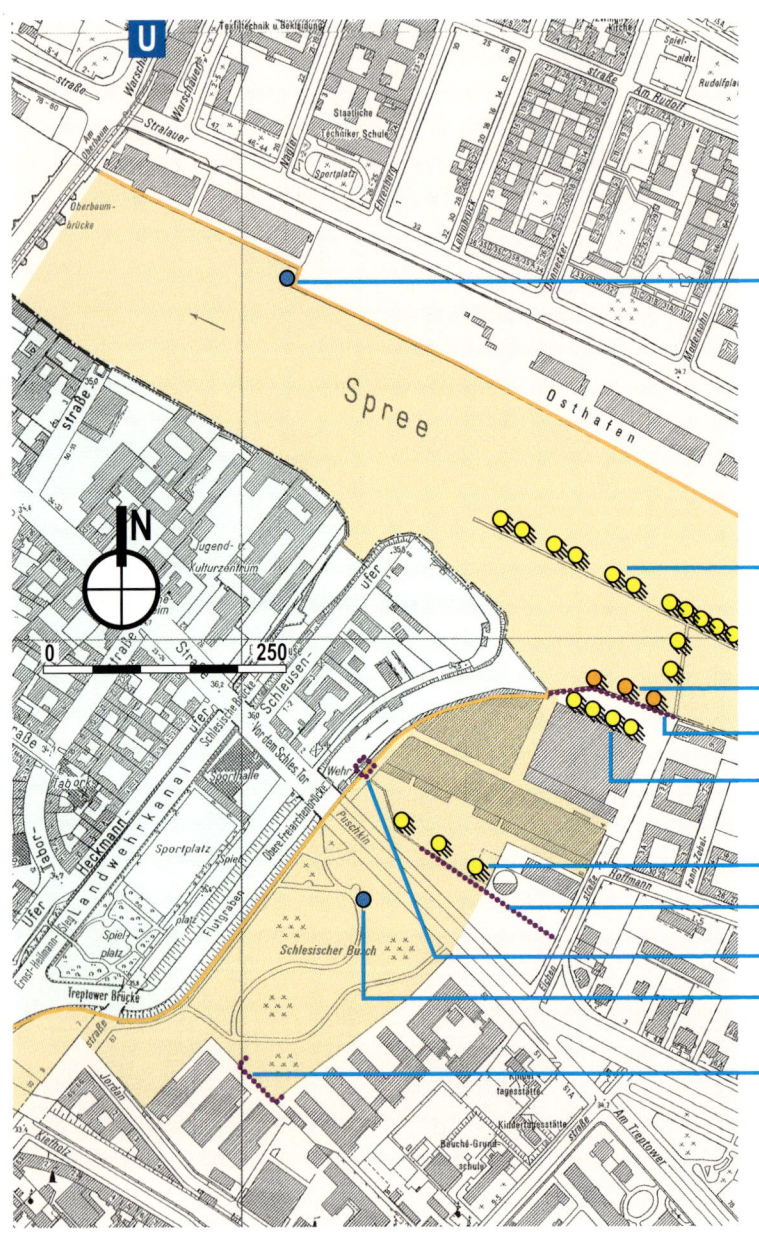

WT1   Führungsstelle Schlesischer Busch
WT2   Wachtturmfundament

LT1   Lichttrasse, drei Lampen

R1   Sperreinrichtung in der Spree mit Lichtanlage

VW1   Vorfeldsicherung, Plattenwand
VW2   Vorfeldsicherung, ältere Mauer mit Ansätzen von Plattenwänden

VL1   Vorfeldsicherung, drei Doppelleuchten
VL2   Vorfeldsicherung, vier Lampen
VL3   Vorfeldsicherung, Lampe

VZ1   Zaun der Grenzsicherung am Ufer
VZ2   Vorfeldsicherung, Zaun

VH1   Sicherung eines Kanalisationsausganges

M1   Gestänge der Grenzgebietsmarkierung

S1   Verkleidung einer durch Abbruch freigelegten Brandmauer

___ WT2

___ R1

___ LT1
___ VZ1
___ VL2

___ VL1
___ VW1

___ VH1
___ WT1

___ VW2

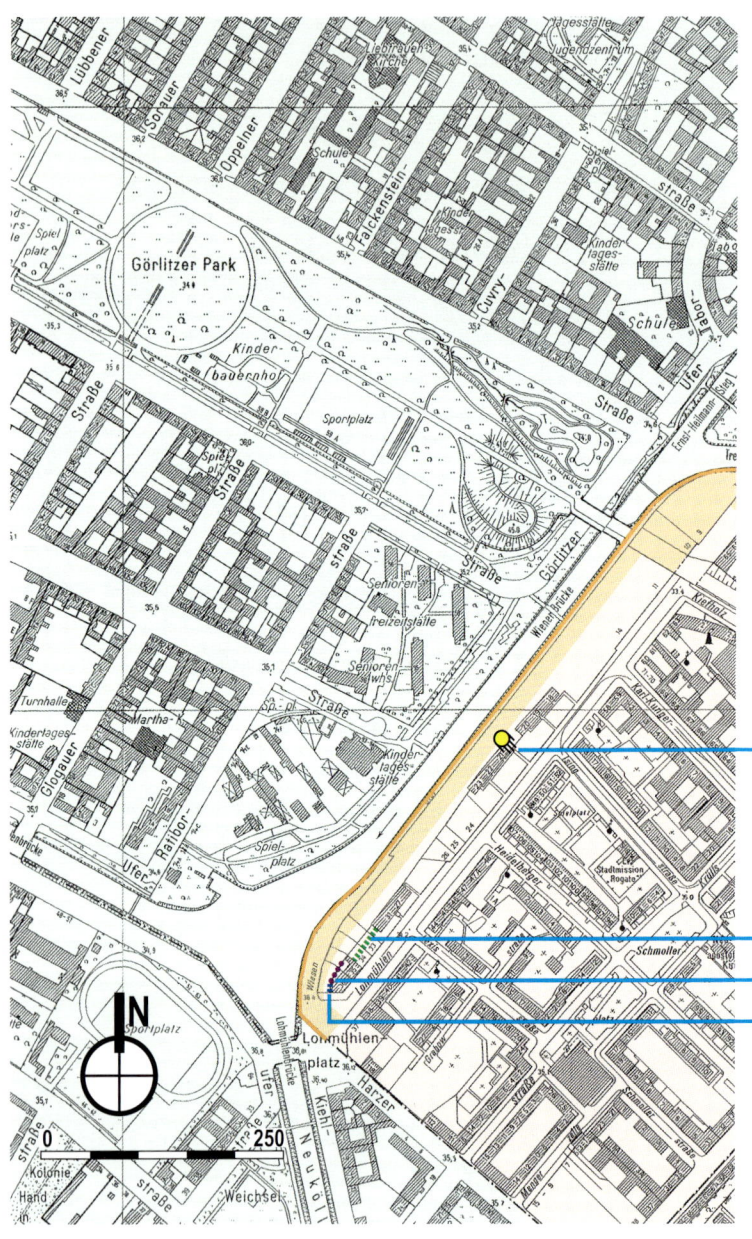

WT1   Führungsstelle Schlesischer Busch
WT2   Wachtturmfundament

LT1   Lichttrasse, drei Lampen

R1   Sperreinrichtung in der Spree mit Lichtanlage

VW1   Vorfeldsicherung, Plattenwand
VW2   Vorfeldsicherung, ältere Mauer mit Ansätzen von
        Plattenwänden

VL1   Vorfeldsicherung, drei Doppelleuchten
VL2   Vorfeldsicherung, vier Lampen
VL3   Vorfeldsicherung, Lampe

VZ1   Zaun der Grenzsicherung am Ufer
VZ2   Vorfeldsicherung, Zaun

VH1   Sicherung eines Kanalisationsausganges

M1   Gestänge der Grenzgebietsmarkierung

___ VL3   S1   Verkleidung einer durch Abbruch freigelegten
        Brandmauer

___ M1
___ VZ2
___ S1

Dieser Abschnitt liegt am nächsten zum U-Bahnhof Schlesisches Tor,
an dem die Linien U1 und U15 verkehren. Ebenso ist es möglich, vom
S-Bahnhof Treptower Park zu laufen; dort halten die Linien S41, S42,
S8, und S9.

Vom Lohmühlenplatz bis zur Kiefholzstraße

Leere des Todesstreifens und Kolonnenweg parallel zur Treptower Straße (KW1, S1)

Der Abschnitt erstreckt sich von der Lohmühlenbrücke bis zur S-Bahn-trasse an der Kiefholzstraße und ist von zahlreichen und überaus aus-sagekräftigen Resten der inner-städtischen Grenzanlagen gekenn-zeichnet. In der Heidelberger Straße stellte der tiefe Graben, der wegen der großen Enge in diesem Be-reich Bestandteil der Grenzsiche-rungsanlagen war, ein ungewöhn-liches Detail der innerstädtischen Grenze dar. Stählerne Nagelgitter und Panzersperren machten hier den Todesstreifen unpassierbar. Der Abschnitt durchzieht zunächst ein dichtbebautes und sehr enges Areal entlang der Harzer und Hei-delberger Straße, bis die Wohnbe-bauung entlang der Treptower Stra-ße abrupt aufhört und der Verlauf der Grenze durch eine innerstäd-tische, bislang nicht bebaute und von Spontanvegetation überzoge-ne Brachfläche deutlich ablesbar wird. Der Verlauf der 'Grenzmau-er 75' wird im gesamten Abschnitt durch Pflastersteine auf der nach West-Berlin weisenden Seite der Straßen und Bürgersteige mar-kiert.

Im Verlauf der Harzer Straße nach Süden wurde nach der Beräumung des Grenzstreifens die einstige städtebauliche Stadtstruktur durch die Neubebauung auf östlicher Seite teilweise wieder hergestellt, indem die alten Grundstücksgrenzen aufgenommen wurden.

Auf dem rückwärtigen Areal des Grundstücks Harzer Straße 118 / Lohmühlenstraße 37 hat sich ein längerer Streifen von Fundamentresten der Hinterlandsicherungsmauer (HM1) im Boden erhalten, der durch Bauarbeiten zumindest teilweise freigelegt wurde. Die Betonplattenreste sind zum Teil vom Erdreich bedeckt oder stehen mitunter rund zwanzig Zentimeter aus dem Boden.

Die Grabowstraße stieß an ihrem südwestlichen Ende direkt auf den Grenzstreifen. Um einen Grenzdurchbruch mit Fahrzeugen zu verhindern, wurden Blumenschalensperren aus Beton (VB1) unmittelbar vor der Hinterlandmauer

aufgestellt, um ein erstes Hindernis vor der Hinterlandmauer darzustellen. Vier von diesen quadratischen, mittlerweile völlig überwachsenen Blumenschalensperren (VB1) sind erhalten. In unmittelbarer Nähe stehen südwestlich davon mehrere doppelstöckige Elemente eines eisernen Vorfeldsicherungszaunes (VZ1), der ebenfalls fast vollständig überwachsen ist.

An den Häusern Onckenstraße 13 und Mengerzeile 12 finden sich Rostspuren, Farb- und Betonreste sowie ein Doppel-T-Profil als Hinweise auf den ehemaligen Anschluss der Hinterlandmauer (HM2) an die Hausfassaden.

Der ehemalige Sperrstreifen zwischen Mengerzeile und Bouchéstra-

Blumenschalensperren nördlich der Harzer Straße (VB1)

Ansatzspur der Hinterlandmauer (HM2) in der Onckenstraße

ße ist heute eine mit Spontanvegetation überzogene, innerstädtische Brache. Die ursprüngliche Blockrandbebauung wurde in diesem Bereich für den Bau der Grenzanlagen abgerissen, wovon heute die an die Brachfläche angrenzenden Häuser Bouchéstraße 37 und Mengerzeile 3 mit ihren nach Neukölln (Westen) weisenden Brandwänden deuten. An den zwei Giebeln des Hauses Bouchéstraße 37 ist die weiß gestrichene Putzfläche im Bereich des Erdgeschosses (VW1) sichtbar, die Bestandteil der Hinterlandmauer wie der Vorfeldsicherung war, damit sich Personenbewegungen davor besser abzeichneten. An diesen Brandwänden sind zwei Lampen der Vorfeldsicherung angebracht. Auch der Anschluss der Hinterlandmauer ans Gebäude ist auf Grund der groben Abrissstelle auf der Hofseite des Vorderhauses noch erahnbar. Ebenso ist von hier aus der Verlauf der Hinterlandmauer (HM3) in Richtung Mengerzeile auf Grund des noch vorhandenen Betonfundaments mit abgesägter Bewehrung deutlich nachvollziehbar. Die Hinterlandmauer versprang mehrfach und verlief quer über die heutige Brache (S1).

Südlich der Mengerzeile befinden sich im östlichen Bereich der Brache in einem Hinterhof, in dem heute Künstler arbeiten, eine etwa hüfthohe, eiserne und rot-weiße gestrichene Barriere und ein rot-weiß gestrichener Betonpfosten (M2).

Fundamentrest der Hinterlandmauer (HM3), Bouchéstraße/Mengerzeile

Pfosten der Grenzgebietsmarkierung (M1) an der Bouchéstraße

Im Boden steckende Reste der Grenzmauer der '3. Generation' an der Treptower Straße (GM2)

Vorfeldsicherung, Übersteigschutz an
der Hinterlandmauer am Gelände des
Oberstufenzentrums (VH4)

Beide Elemente zeigten den Beginn
des Grenzgebietes an.

Die Grenzmauer (GM1) verlief
westlich der Brache entlang der
Harzer Straße und bog später in
die Bouchéstraße ein. Der Verlauf
der 'Grenzmauer 75' ist hier noch
besonders deutlich ablesbar, denn
beinahe über die gesamte Länge
der Brache ist ihre Fundamentlinie
im Boden erhalten.

In der Bouchéstraße, wo der Grenzstreifen extrem eng war, ist auf der
Nordseite, etwa vor dem Haus Nr. 31,
ein Lampenmast (LT1) der einstigen
Lichttrasse mit abbröckelnder Farbmarkierung der 'vorderen Postenbegrenzung' (rot-weiß-grün-weiß) zu
erkennen, der heute in die Straßen-
beleuchtung integriert ist.

Zwischen Bouché- und Wildenbruchstraße ist das Areal der
einstigen Grenzlinie entlang der
Heidelberger Straße durch eine innerstädtische, bislang nicht bebaute

und von Spontanvegetation überzogene Brachfläche (S1) definiert.

Aussagekräftige Reste der einstigen
Sperranlagen, die den Übergang
vom zivilen Bereich zur 'Staatsgrenze'
besonders deutlich machen, finden
sich entlang des unmittelbar nordöstlich an diese Brache anschlie-
ßenden Schulkomplexes zwischen
Bouché- und Wildenbruchstraße.
Das gesamte Schulgelände lag direkt an den Grenzanlagen und war
deshalb besonders stark gesichert.
Am Schulgebäude der Bouchéstraße 75 sind sämtliche Fenster des
Erdgeschosses auffällig stark vergittert (VH1). Auf der Rückseite dieses
Gebäudes ist in der Ecke zwischen
Schulgebäude und Hinterlandmauer eine kranzartige Übersteigsicherung mit circa 50 Zentimeter langen und spitzen eisernen Dornen
am Fallrohr der Regenrinne angebracht (VH4), wobei es sich um ein

besonders sprechendes Detail der Vorfeldsicherung handelt.

Die Einfahrt zum Schulhof (zwischen Bouchéstraße 75 und 76) wird durch eine Wand gerahmt, die dieselbe markante, weiß gestrichene Oberfläche besitzt wie eine Standard-Hinterlandmauer, mittlerweile aber von Spontanvegetation überwachsen ist. Ebenso ist die Mauer, die den Schulhof zum Gebäude Bouchéstraße 77 trennt, auffallend hoch (VW2). Sie trägt eiserne Doppel-T-Träger. Zwischen diesen befand sich ein zusätzlicher Zaun als Übersteigsperre der Vorfeldsicherung, der heute jedoch nicht mehr vorhanden ist.

Über die gesamte Länge der Brache zwischen Bouché- und Wilden-bruchstraße haben sich die einstige Hinterlandsicherungsmauer (HiSM) bzw. Fundamentreste von ihr erhalten (HM4). Die HiSM wurde teilweise aus bereits existierenden älteren Schulhofmauern gebildet. Dort befinden sich auf der Seite des Schulhofes auch mehrere Lampen der Vorfeldsicherung. Auch die Fenster des Erdgeschosses des Gymnasiums an der Wildenbruchstraße (Nr. 54-53) sind durchgängig vergittert (VH2). Auf der der Wildenbruchstraße zugewandten Fassade des Schulgebäudes ist noch ein Anschluss (Betonpfosten) der Hinterlandmauer (HM4) vorhanden. Auf der gegenüberliegenden Straßenseite stecken im Bereich des Grundstücks Wildenbruchstraße

Ansatzpfosten der HiSM am Schulgebäude Wildenbruchstraße (HM4)

Hinterlandmauer (HM4), Heidelberger Straße / Schulgelände

Heidelberger Straße, der Graben ist zu erkennen, im Hintergrund die sehr enge Straßensituation an der Elsenstraße, Grenztruppenfoto 1988/89

38 über eine Länge von ungefähr fünf Metern Fundamentreste und stumpfe, circa zwanzig Zentimeter hohe Elemente der Hinterlandmauer aus Beton im Boden (HM4). Diese Betonfundamente sind aufgrund von Bauarbeiten freigelegt und gut sichtbar.

Etwas nördlich des Hauses Heidelbergerstraße 83 stand ein Wachtturm (WT1), von dem einige wenige Fundamentreste aus Beton im Boden zu finden sind. Von hier aus verliefen die Grenzsicherungsanlagen im Verlauf der Heidelbergerstraße in südlicher Richtung bis zur quer einmündenden Elsenstraße allein auf der Breite der Straße und waren somit sehr eng. Daher führte man in südlicher Richtung bereits seit 1963 immer wieder Häusersprengungen durch, da sich in dieser Gegend auch zahlreiche Grenzdurchbrüche und Fluchtversuche

ereignet hatten. Zu einem späteren Zeitpunkt, wahrscheinlich nach der Einführung der 'Grenzmauer 75', nutzte man die Fundamente der früheren Mauergenerationen (HM6), um in der Mitte zwischen ihnen einen tiefen trichterförmi-

Ältere Hinterlandmauer (HM6) in der Heidelberger Straße, später Grabenkante

Treptower Straße, Blick nach Süden, 2003

gen Graben zu befestigen, in den jeder Flüchtende hinab gestürzt wäre. Die Breite des Grabens ist heute verfüllt, die Kanten der früheren Mauern (HM6), die auf den seitlichen Begrenzungen des Grabens standen, stehen bis zur Elsenstraße noch circa fünf bis zehn Zentimeter aus dem Boden. Auch im Bereich südlich der Elsenstraße ist über eine Strecke von rund 100 Metern die Kante der einstigen Hinterlandmauer, und damit die östliche Kante des späteren Grabens, ablesbar (HM5). Hier hatte man 1985 einen ganzen Häuserblock gesprengt, um den Grenzstreifen zu verbreitern. Dieses Gelände dient heute teilweise als wilder Parkplatz, zur Hälfte aber ist es dem Siemens-Gelände zugeschlagen. Zwischen Elsenstraße und der Einmündung des Sinsheimer Wegs ist der einstige Kolonnenweg durchgehend erhalten (KW1). Auch südlich des Sinsheimer Wegs kann man noch bis etwa zum Haus Heidelberger Straße 66 auf dem Kolonnenweg laufen.

An das tief zurückspringende Grundstück Heidelberger Straße 63/64 schließt sich nach Süden zwischen Heidelberger-, Treptower- und Kiefholzstraße eine große Brachfläche an, auf der einst der Todesstreifen im rechten Winkel umknickte und zur Kiefholzstraße führte (S1). Hier ist die stadträumliche Leere besonders markant, doch finden sich auf dieser mit Spontanvegetation überwachsenen und vereinzelt mit Schutt bekippten Fläche mehrere Reste der einstigen Grenzanlagen. Vereinzelte abgeschnittene Kabel der Lichttrasse ragen auf dem gesamten Gelände aus dem Boden. In der Nähe der Kreuzung Treptower Straße / Heidelberger Straße, parallel zum Fußgängerweg, finden sich einige, circa dreißig Zentimeter aus dem Boden ragende Betonelemente der Grenzmauer der dritten Mauergeneration (GM2). Im nördlichen Bereich des Geländes sind etwa mittig rund dreißig Meter des Kolonnenweges (KW2) erhalten. Ein circa fünfzig Meter langer Rest des Kolonnenwegs existiert in der östlichen Ecke des Geländes in der Nähe der Kiefholzstraße (KW2). Dort findet man auch einige wenige, doch markante Reste von Fundamenten und Pfosten der Hinterlandmauer.

An der Kiefholzstraße knickten die Grenzanlagen im rechten Winkel nach Süden um und verliefen unter der Bahnbrücke. Die Gleisanlagen waren seit Juni 1976 nicht mehr in Betrieb; auf der durch die Schließung der Grenzen stillgelegten Strecke standen ebenfalls Elemente der Hinterland- und Grenzmauer. Bis 1976 gehörte die unmittelbare östliche Umgebung der Bahnanlagen an der Kiefholzstraße zum grenznahen Bereich und war aufwendig gesichert. Der Brücke an der Kiefholzstraße kam nämlich im Bereich des Güterverkehrs zwischen Ost und West ein wichtige Rolle zu, denn der weiter nördlich gelegene Görlitzer Bahnhof, der ausschließlich als Gü-

Vorfeldsicherung, Lampen am S-Bahn-gelände (VL2)

terbahnhof benutzt wurde, konnte nach dem Bau der Grenzanlagen nicht mehr – wie bisher – von Schöneweide aus bedient werden, sondern wurde nun von Neukölln im Westteil der Stadt beschickt. Daher verkehrten die Züge zwischen den beiden auf Westgebiet liegenden Güterbahnhöfen ein kurzes Stück durch Ost-Berlin und wurden dabei hier kontrolliert. Von der Vorfeldsicherung dieses besonderen Ortes befinden sich drei Lampen an den Bögen der Bahntrasse (VL2).

Vergleichsfoto Treptower Straße, Grenztruppenfoto 1988/89

223

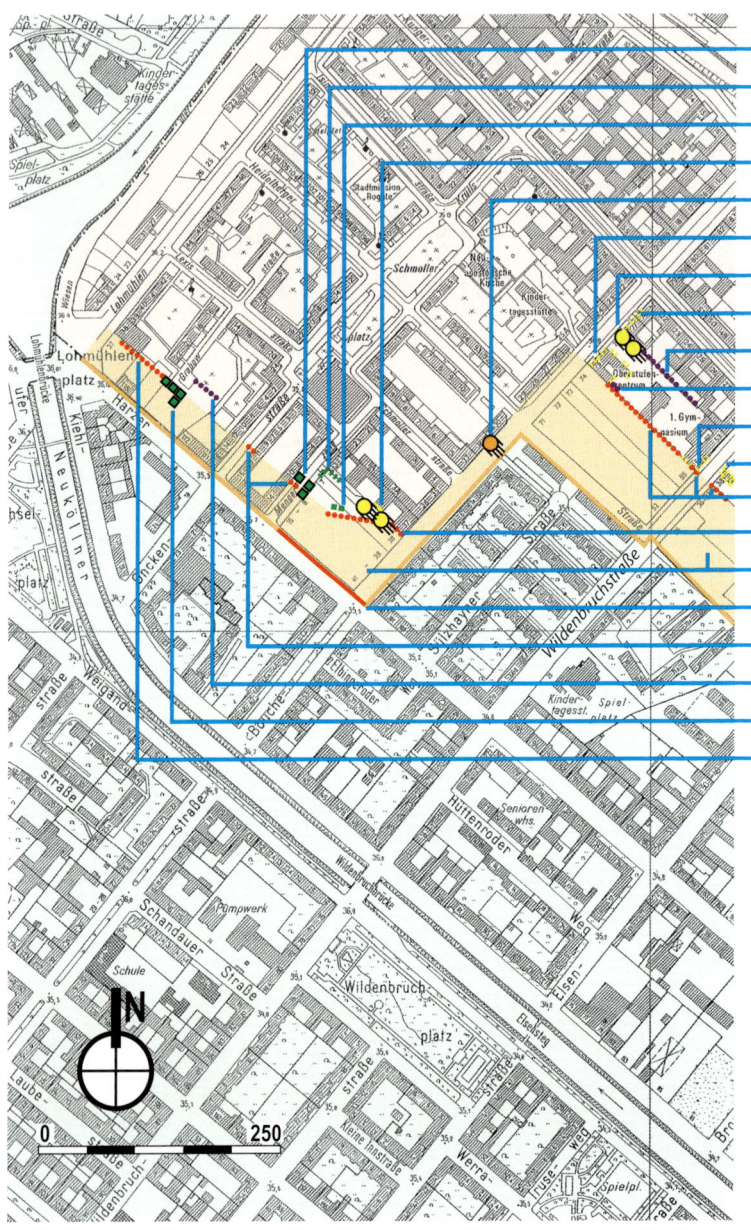

___ VB2	
___ M1	
___ M2	
___ WW1,VL1	
___ LT1	
___ VH1	
___ VL1	
___ VH1	
___ VW2	
___ VH4	
___ VH2	
___ VH3	
___ HM4	
___ HM3	
___ S1	
___ GM1	
___ HM2	
___ VZ1	
___ VB1	
___ HM1	

GM1   'Grenzmauer 75', Fundament
GM2   Grenzmauer '3. Generation'; Reste

HM1-5 Hinterlandmauer (HiSM)
HM6   Reste älterer Sicherungsmauer

LT1   Lampe der Lichttrasse

WT1   Wachtturm, Fundamentrest

KW1-2 Kolonnenweg

VB1-2 Blumenschalensperren
VZ1   Vorfeldsicherung, Zaun
VL1-2 Vorfeldsicherung, Lampen
VW1-2 Vorfeldsicherung, Mauer
VH1-3 Vorfeldsicherung, Vergitterung
VH4   Vorfeldsicherung, Übersteigschutz

M1   Pfosten der Grenzgebietsmarkierung
M2   Gestänge der Grenzgebietsmarkierung

S1   Leere des freigeräumten Grenzstreifens

225

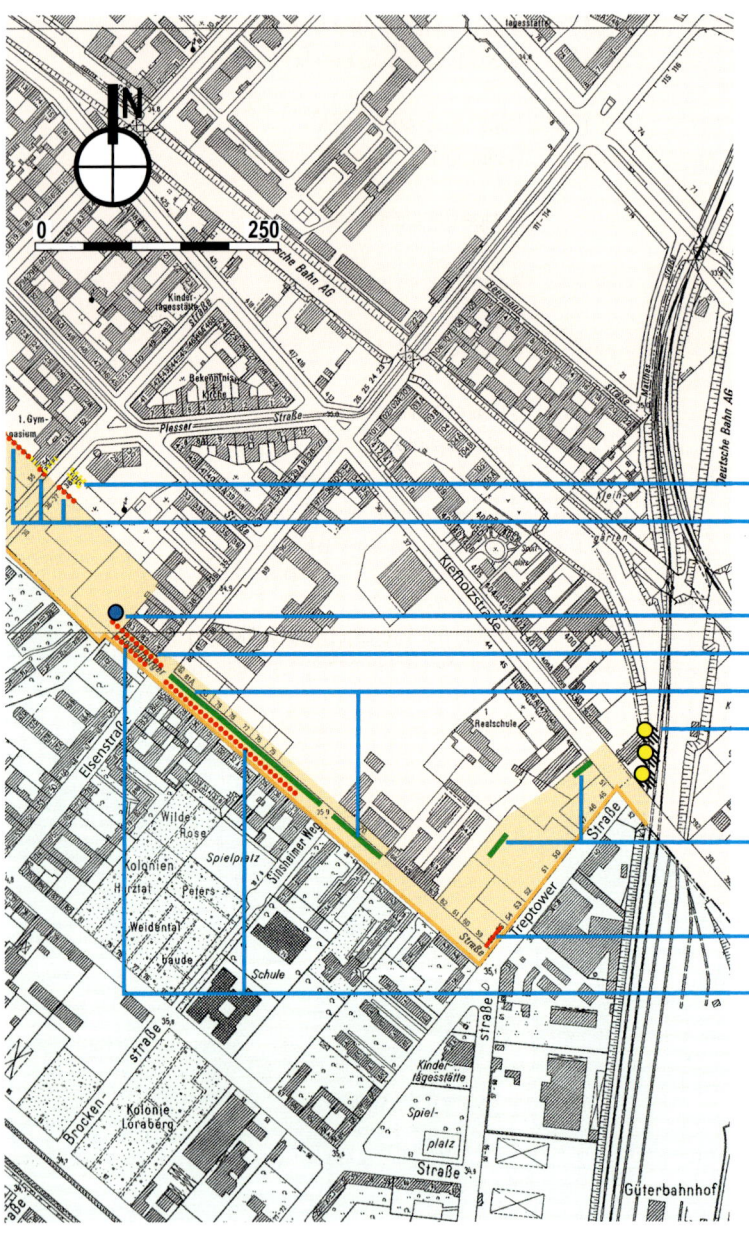

GM1   'Grenzmauer 75', Fundament
GM2   Grenzmauer '3. Generation'; Reste

HM1-5 Hinterlandmauer (HiSM)
HM6   Reste älterer Sicherungsmauer

LT1   Lampe der Lichttrasse

WT1   Wachtturm, Fundamentrest

KW1-2 Kolonnenweg

VB1-2 Blumenschalensperren
VZ1   Vorfeldsicherung, Zaun

— VH3

— HM4

VL1-2 Vorfeldsicherung, Lampen
VW1-2 Vorfeldsicherung, Mauer
VH1-3 Vorfeldsicherung, Vergitterung
VH4   Vorfeldsicherung, Übersteigschutz

— WT1

— HM6

— KW1

— VL2

M1   Pfosten der Grenzgebietsmarkierung
M2   Gestänge der Grenzgebietsmarkierung

S1   Leere des freigeräumten Grenzstreifens

— KW2

— GM2

— HM5

Dieser Abschnitt liegt nicht direkt an einer S- oder U-Bahnstation. Den Anfang kann man entweder in fünf Minuten zu Fuß vom U-Bahnhof Rathaus-Neukölln mit der Linie U7 erreichen, oder mit den Bussen 141 und 167 vom Herrmannplatz, an dem die Linien U7und U8 halten. Das Ende ist von der S-Bahnstation Treptower Park mit den Linien S41, S42, S8 und S9 zu erreichen.

Von der S-Bahnbrücke an der Kiefholzstraße bis zur ehemaligen Grenzübergangsstelle Sonnenallee

Mauerdenkmal an der Kiefholzstraße (S2)

Während sich die Grenzanlagen im nördlichen Bereich dieses Abschnitts vornehmlich durch Kleingartenanlagen erstreckten, trennten sie südlich des heute wieder geschlossenen S-Bahn-Südrings Wohngebiete in den Stadtteilen Neukölln und Treptow. Kennzeichnend aber ist, dass über ein sehr langes Stück, nämlich von der Kiefholzstraße bis zur Sonnenallee, der ehemalige Todesstreifen bis heute nicht bebaut und durch die städtebauliche Leere (S1), die er hinterlassen hat, besonders leicht erkennbar ist. Überall ist der Mauerstreifen von Spontanvegetation überzogen und markiert einen deutlich erkennbaren Einschnitt zwischen den diesseits und jenseits sehr unterschiedlichen Bebauungen. Zahlreiche kleinere Holzbrücken, die die beiden Bezirke über den Heidekampgraben verbinden, resultieren aus den Bemühungen der letzten Jahre, die beiden Stadtteile näher zusammenzubringen.

228

Die Kiefholzstraße wurde seit Mitte der 1990er Jahre großräumig umgeformt und das unmittelbar angrenzende Gebiet neu gestaltet, weshalb sich in ihrem Verlauf bis zum weiter südlich befindlichen Mauerdenkmal (S2) keine baulichen Spuren der einstigen Grenzanlagen erhalten haben. Auf ihrer westlichen Seite ist der einstige Verlauf des 'feindwärts' gewendeten 'vorderen Sperrelements' durch die doppelte Pflastersteinreihe markiert.

An der Kiefholzstraße hat sich in der Kleingartenanlage Fortuna (Kiefholzstraße 333) ein Betonplattenweg erhalten, der als Erschließungsweg von Osten gerade auf die Hinterlandmauer zuführte,. In diesem Bereich befand sich in der Hinterlandmauer ein Zufahrtstor in den Mauerstreifen mit Schranke. Die Schranke ist noch vorhanden (S3). Dort, wo dieser Betonplattenweg nach etwa 150 Metern im rechten Winkel nach Norden abknickt, steht auf der Südseite

des Betonplattenweges und in die Einfassung eines Kleingartens integriert ein rot-weiß gestrichener Betonpfosten der einstigen Grenzgebietsmarkierung (M1).

An der Ecke der Kiefholzstraße, wo der Mauerstreifen nach Südwesten in Richtung Dammweg abknickt, steht unmittelbar am westlichen Fußgängerweg seit 1999 ein Denkmal für die Maueropfer (S2) im Bezirk Treptow in Form eines abstrahierten, doch realgroßen Elements der 'Grenzmauer 75'. Das Werk wurde von den Künstlern J. Skuin und R. Roehl geschaffen.

Zwischen Kiefholzstraße und Dammweg, wo der gesamte Mauerstreifen mit Spontanvegetation bewachsen und an zahlreichen

Schranke: Zufahrt zum Grenzstreifen aus der Kleingartenanlage 'Fortuna' (S3)

Pfosten der Grenzgebietsmarkierung in der Kleingartenanlage 'Fortuna' (M1)

Stellen mit Schutt bedeckt ist, läßt sich die durch die Abräumung der Grenzanlagen entstandene Leere (S1) durchgängig erfahren. Hier hat sich entlang der Kleingartenanlagen auf Treptower Seite eine Reihe von Betonpfählen erhalten, an denen der Zaun befestigt war, der die Kleingartenanlagen zum Grenzstreifen hin einfasste (VZ4). Zwar war dieser Zaun nicht direkt Bestandteil der Sperranlagen, lässt sich aber durchaus als Bestandteil der Vorfeldsicherung interpretierten. Vereinzelt ist an den Kronen der Betonpfähle noch Stacheldraht als zusätzliche Sicherung angebracht. Während die Zaunpfähle selbst unverändert weitergenutzt werden, sind die zwischen den Zaunpfählen befindlichen Zäune überwiegend erst nach der Wende angebracht worden. Ebenso finden sich in diesem Bereich vereinzelt aus dem Boden ragende, abgeschnittene Stromkabel, die auf die einsti-

ge Lichttrasse verweisen. Der Kolonnenweg ist nicht erhalten.

Auch südlich des Dammwegs ist bis unmittelbar nördlich der S-Bahnlinie eine solche, wie soeben beschriebene, nur teilweise unterbrochene Reihe von Betonpfosten als Einfassung der Kleingartenanlage und Halterung der Gartenzäune stehen geblieben (VZ4). Unmittelbar südlich des Dammwegs befindet sich als eine Art Einfahrt in den einstigen Grenzstreifen ein rund fünfzehn Meter langer Rest des einstigen Kolonnenwegs (KW1).

Die S-Bahnverbindung von Neukölln über Köllnische Heide zum Baumschulenweg wurde am 13. August 1961 kurz hinter dem noch in West-Berlin liegenden Bahnhof Köllnische Heide aufgrund des Baus der Grenzanlagen unterbrochen. Erst wurden nur die Gleise, dann sogar der Bahndamm zugunsten der besseren Kontrollierbarkeit der Grenzanlagen abgetragen. Seit der Wiedereröffnung des 'Südrings' 1993 wird die Strecke wieder zweigleisig und auf dem Areal des früheren Damms befahren.

Südlich der S-Bahnstrecke bis zum Ende dieses Abschnitts an der einstigen GÜSt Sonnenallee ist das gesamte Areal des früheren Todesstreifens, der sich entlang des Heidekampgrabens erstreckte, großflächig mit

'Koststube' am Baumschulenweg

Unweit der einstigen Grenzübergangsstelle Sonnenallee befindet sich am Baumschulenweg zwischen Sonnenallee und Schraderstraße ein asiatischer Schnellimbiss der besonderen Art: die 'Koststube'. Der außergewöhnlich freundliche wie witzige Koch legt großen Wert auf Handarbeit zu günstigen Preisen.

Spontanvegetation überwachsen. Die durch den Abbruch der Grenzanlagen entstandene Brache ist bis zur Sonnenallee deutlich wahrnehmbar (S1).

In diesem Teil des Abschnitts haben sich, bis auf ein etwa jeweils zwanzig Meter langes Stück auf beiden Seiten der Hänselstraße (KW2), keine Elemente des Kolonnenwegs erhalten, der hier abwechselnd asphaltiert war bzw. aus gegossenen Betonplatten bestand.

Die Hinterlandmauer setzte an der westlichen Ecke des am weitesten nordwestlich gelegenen Häuserblocks des Heidekampwegs (Haus Nr. 151) an. Unmittelbar südlich des Bahndamms erstreckt sich östlich des einstigen Grenzverlaufs ein großes Gelände, das weiträumig gesichert war und durch verschiedene Vorfeldsicherungen kontrolliert wurde. Von diesen Sicherungsele-

menten sind ein rot-weiß gestrichener, etwa zwei Meter hoher Betonpfosten als Hinweis auf den Beginn des Grenzgebietes sowie zwei Streckmetallbarrieren erhalten (M2, VZ2), die zwischen zwei Garagengebäuden angebracht sind.

Zwischen den Häuserblocks Heidekampweg 151 und 139 sind auf der den Grenzanlagen zugewandten Seite Fundament- sowie Mauerreste der einstigen Hinterlandsicherungsmauer (HiSM) im Boden erhalten geblieben (HM1). Vergleichbare Reste finden sich zwischen zahlreichen der in den letzten Jahren aufwendig sanierten Häuserblocks, so auch zwischen den Häusern Heidekampweg Nr. 93 und Nr. 105 (heutiges Kindergartengelände) (HM2). Hier ragen über eine Strecke von rund achtzig Metern etwa kniehohe Betonplatten, in die runde, in regelmäßigem Abstand stehende

Grenzstreifen auf der Höhe der Hänselstraße, Blick nach Süden

Eisenpfosten eingelassen sind, aus dem Boden. Offenbar handelt es sich hier um Elemente der einstigen HiSM.

Unmittelbar südlich an das Haus Heidekampweg Nr. 95 anschließend findet sich eine für den gesamten innerstädtischen Bereich einzigartige Besonderheit der Vorfeldsicherheit, eine Baumsperre aus großbäumigen Pappeln (VH2). Die sehr dichte Pappelpflanzung begleitet den vom Heidekampweg direkt auf den Grenzstreifen zuführenden Erschließungsweg aus Betonplatten. Etwa zehn Meter vor der ehemaligen Hinterlandmauer knickt die Pflanzung im rechten Winkel wegbegleitend nach Norden ab und macht es so einem Fahrer unmöglich, den Weg mit einem Fahrzeug in Richtung Grenzanlagen zu verlassen. Im vorderen Bereich, also zum Heidekampweg hin, wurden die ausgefallenen Bäume durch dicht stehende Eisenpfosten ersetzt, um ein Verlassen des Weges unmöglich zu machen.

Entlang der Wohnbebauung, die sich parallel zum ehemaligen Grenzstreifen aufreiht, finden sich an den Seiten der Häuserblöcke Heidekampweg Nr. 95, 87, 85 und 77 Betonfundamente der ehemaligen Hinterlandsicherungsmauer mit abgeschnittenen Resten von Eisenpfosten (HM3). Eine ähnliche Situation findet sich auf der dem ehemaligen Grenzstreifen zugewandten Seite unmittelbar neben dem Gebäude Heidekampweg Nr. 55. Auch dort ist ein Betonfundament mit etwa zehn Zentimetern über dem Erdboden abgeschnittenen Metallpfosten erhalten. An diese Situation schließen sich mehrere Baracken und Garagen an, deren Fenster zum Mauerstreifen hin mit Vergitterungen der Vorfeldsicherung versehen sind. An der nördlichen Ecke derjenigen Baracke, die am nächsten am Haus Heidekampweg Nr. 55 steht, finden sich Reste der weißen Farbmar-

Vorfeldsicherung, Baumsperre im Bereich Heidekampweg (VH2)

Fundament und Pfostenreste der HiSM im Bereich des Kindergartens (HM2)

kierung, die die Hinterlandmauer auf der Seite zum Todesstreifen hin trug. Auf der Nordwestseite der weiter westlich stehenden Garagen, also zum Grenzstreifen hin, findet sich ein circa 2, 30 Meter hoher Metallzaun als Bestandteil der Vorfeldsicherung (VH1).

Auch auf dem Gelände rund um das Gebäude Heidekampweg Nr. 49 haben sich zahlreiche Elemente der Grenzanlagen erhalten. Der Hof des Gebäudes wird zum ehemaligen Grenzstreifen durch eine massive, horizontal gegliederte und einst weiß gestrichene Betonwand begrenzt, die als äußerst massive Durchbruchsperre fungierte (HM4). Diese Wand war Bestandteil der Hinterlandmauer und besonders verstärkt, damit ein Einbrechen in den Mauerstreifen mit einem Fahrzeug verhindert wurde. In der näheren Umgebung finden sich Garagen, die hohe Stacheldrahtaufbauten aufweisen.

In Höhe des Wohlgemuthwegs befindet sich ein kurzes Stück Hinterlandmauer mit Stacheldraht, das unmittelbar an eine Garage anschließt (HM5). Ebenso sind auf der dem Todesstreifen zugewandten Seite einer Garage mehrere, circa 1,20 Meter lange Eisenbahnschienen in einer Reihe schräg in den Boden gerammt und fest verankert (R1). Diese müssen als Fahrzeugsperren gedient und einer älteren Mauergeneration angehört haben. An eben dieser Garage befinden sich im oberen Bereich des Gebäudes auf der dem einstigen Grenzsicherungsstreifen zugewandten Seite einige Stacheldrahtträger sowie zwei Pfosten des Grenzsignalzauns. Ein rund zwanzig Meter langes Stück des einstigen Kolonnenwegs verläuft nur wenig nordöstlich von dieser Situation (KW3). Schließlich ist am Haus Heidekampweg 43 an der nordöstlichen Seite des Hauses der Betonrest des Ansatzes der Hinterlandsicherungsmauer (HM6) erkennbar.

HiSM als massiv betonierte Durchbruchsperre, Heidekampweg 49 (HM4)

Reste einer älteren Fahrzeugsperre im Bereich Heidekampweg (R1)

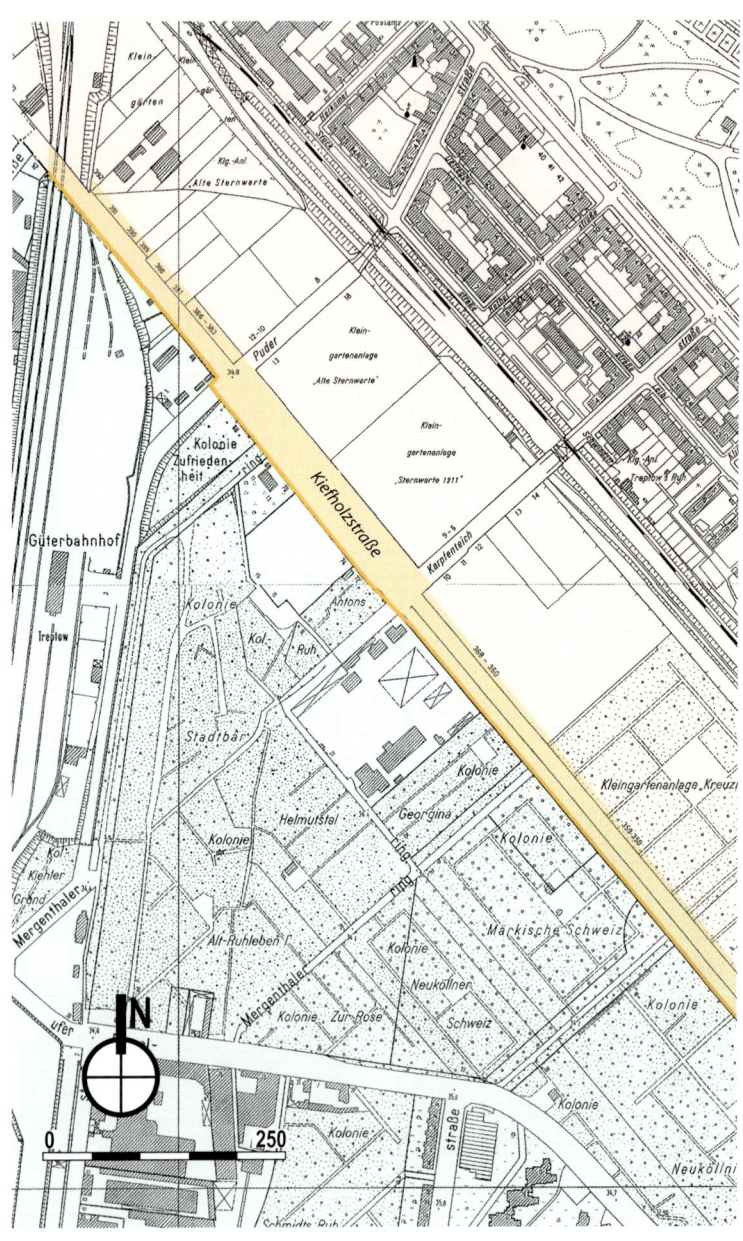

HM1-3   Hinterlandsicherungsmauer: Fundament mit
        Pfostenresten
HM4   Hinterlandsicherungsmauer, massiv betonierte
        Durchbruchsperre, daneben Streckmetallzaun
HM5-6   Hinterlandsicherungsmauer, Ansatzspur an Hauswand

KW1-3   Kolonnenweg

R1   ältere Reste der Sperranlagen

VH1   Vorfeldsicherung: Stacheldraht
VH2   Vorfeldsicherung: Baumsperre
VH3   Vorfeldsicherung: Vergitterung

VZ1-3   Vorfeldsicherung: Zaun
VZ4   Begrenzungszaun auf der 'freundwärtigen' Seite
        der HiSM
M1-2   Pfosten: Grenzgebietsmarkierung

S1   Leere des Grenzstreifens
S2   Mauerdenkmal
S3   Schranke: Zufahrt zum Grenzstreifen

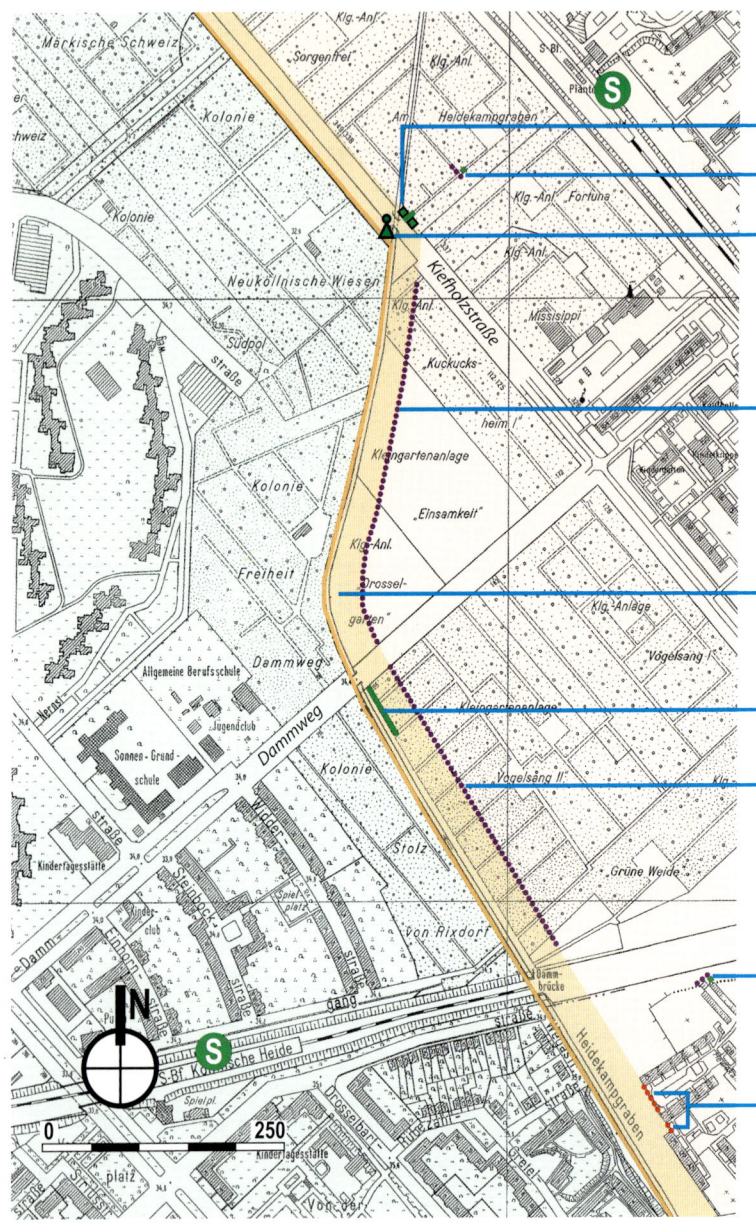

HM1-3	Hinterlandsicherungsmauer: Fundament mit Pfostenresten
HM4	Hinterlandsicherungsmauer, massiv betonierte Durchbruchsperre, daneben Streckmetallzaun
HM5-6	Hinterlandsicherungsmauer, Ansatzspur an Hauswand
KW1-3	Kolonnenweg
R1	ältere Reste der Sperranlagen
VH1	Vorfeldsicherung: Stacheldraht
VH2	Vorfeldsicherung: Baumsperre
VH3	Vorfeldsicherung: Vergitterung
VZ1-3	Vorfeldsicherung: Zaun
VZ4	Begrenzungszaun auf der 'freundwärtigen' Seite der HiSM
M1-2	Pfosten: Grenzgebietsmarkierung
S1	Leere des Grenzstreifens
S2	Mauerdenkmal
S3	Schranke: Zufahrt zum Grenzstreifen

S3

VZ1,M1

S2

VZ4

S1

KW1

VZ4

VZ2,M2

HM1

237

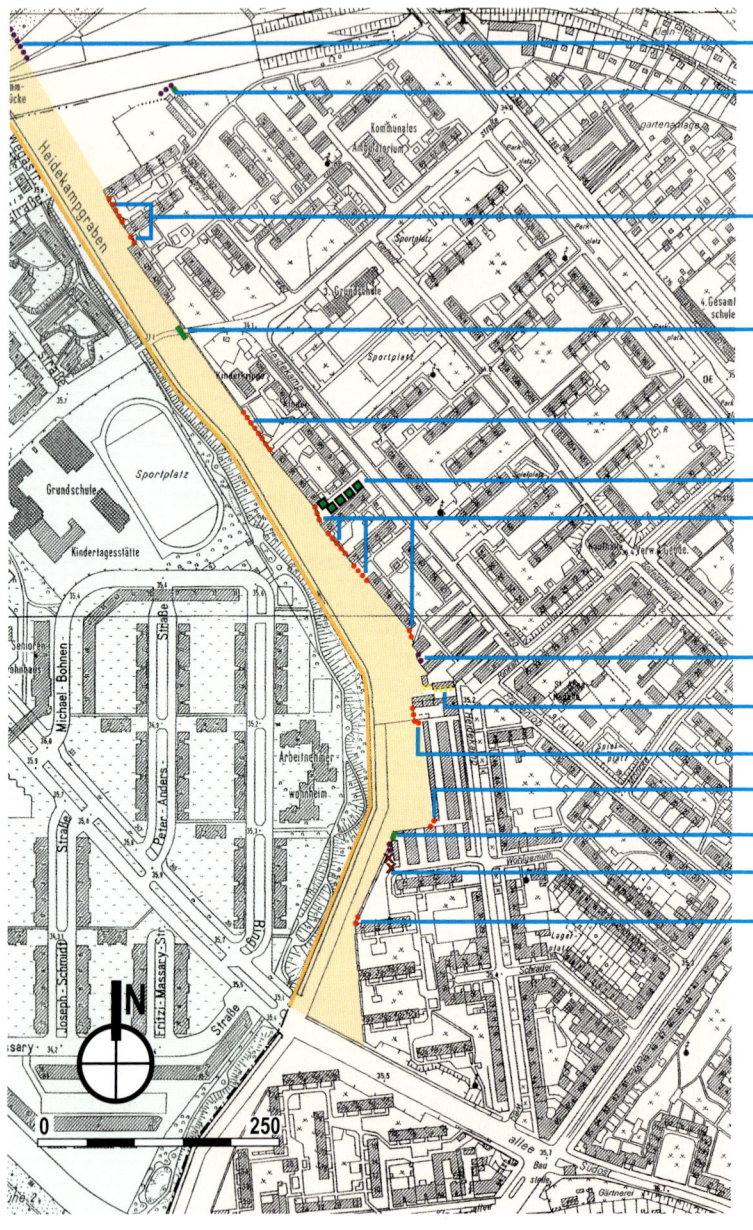

VZ4

VZ2,M2

HM1

KW2

HM2

VH2

HM3

VH1

VH3

HM4VZ3

HM5

KW3

R1

HM6

HM1-3   Hinterlandsicherungsmauer: Fundament mit
Pfostenresten

HM4   Hinterlandsicherungsmauer, massiv betonierte
Durchbruchsperre, daneben Streckmetallzaun

HM5-6   Hinterlandsicherungsmauer, Ansatzspur an Hauswand

KW1-3   Kolonnenweg

R1   ältere Reste der Sperranlagen

VH1   Vorfeldsicherung: Stacheldraht
VH2   Vorfeldsicherung: Baumsperre
VH3   Vorfeldsicherung: Vergitterung

VZ1-3   Vorfeldsicherung: Zaun
VZ4   Begrenzungszaun auf der 'freundwärtigen' Seite
der HiSM

M1   Pfosten: Grenzgebietsmarkierung

S1   Leere des Grenzstreifens
S2   Mauerdenkmal
S3   Schranke: Zufahrt zum Grenzstreifen

Dieser Abschnitt läßt sich gut von den S-Bahnstationen Plänterwald
und Köllnische Heide erreichen. An der Station Plänterwald halten die
Linien S8 und S9, an der Köllnischen Heide die S45, S46 und S47.

Von der Grenzübergangsstelle Sonnenallee zur Späthstraße

Britzer Zweigkanal; ehem. GÜSt für Schiffe 'Düker', Uferbefestigung (R1)

Am Beginn dieses Abschnittes befand sich die GÜSt Sonnenallee, von der sich kaum Spuren erhalten haben. Ganz in der Nähe, am Britzer Zweigkanal, war ein weiterer Grenzübergang, die GÜSt 'Düker' für Schiffe, von der noch einige bescheidene Reste zu finden sind. Westlich der GÜSt 'Düker' wurde das letzte Maueropfer erschossen, der 20-jährige Chris Gueffroy. Noch im Februar 1989 hatte er mit einem gleichaltrigen Freund versucht, in den Westen zu flüchten. Gueffroy hatte die Hinterlandmauer schon überwunden und musste nur noch über einen zwei Meter hohen Zaun klettern, um durch den Britzer Zweigkanal auf die Neuköllner Nobelstraße zu gelangen. Er wurde jedoch entdeckt und von insgesamt zehn Schüssen getötet.

Der Autobahnneubau der A 113 durchzieht den südlichen Verlauf des ehemaligen Mauerstreifens und bestimmt dessen Charakter wesentlich. Durch die bereits weit fortgeschrittenen Bauarbeiten haben sich im gesamten Bereich entlang des Teltowkanals nur sporadisch Spuren der Grenzanlagen erhalten.

Der Grenzübergang Sonnenallee war neben den Übergängen an der Chausseestraße, Invalidenstraße und Oberbaumbrücke einer derjenigen, die nach der Grenzschließung am 13. August 1961 zunächst noch von den etwa 6000 West-Berlinern, die in Ost-Berlin arbeiteten und einen Sonderausweis besaßen, passierbar war. Nach der Aufhebung dieser Sonderregelung diente er als Übergangsstelle für West-Berliner. Die Grenzübergangsstelle war verglichen mit anderen Grenzübergängen eher klein und nahm nur die Breite der Sonnenallee mit den angrenzenden Bürgersteigen ein. Die seitlichen Begrenzungen auf der Süd- und Nordseite waren ebenfalls mit zusätzlichen Zaun- und Sperranlagen gesichert. Die tatsächliche Grenzlinie war zum Westen hin auf der Breite der Straße und seitlich darüber hinaus deutlich durch eine weiße Farbmarkierung auf dem Asphalt gekennzeichnet, während die Grenzmauer, die die nordwest- und nordöstliche Begrenzung der Übergangsstelle markierte, selbst wesentlich hinter dieser Linie verlief.

Von der ehemaligen Grenzübergangsstelle (GÜSt) Sonnenallee ist heute kaum noch etwas zu erahnen. Auf der Südwestseite der Sonnenallee steht vor dem Haus Sonnenallee 384 noch ein Schaltkasten der früheren Elektroinstallationen (E1) der

GÜSt. Ferner befindet sich entlang der Sonnenallee am nordwestlichen und südöstlichen Ende der ehemaligen GÜSt eine Kunstinstallation mit fest installierten Fernrohren, die auf den einstmals geschichtsträchtigen Ort verweisen. Des weiteren findet sich am südöstlichen Ende der einstigen GÜSt am Anfang des Heidekampwegs ein humorvoller Reflex auf die einstige Grenzsituation: Die Galerie 'Am kürzeren Ende der Sonnenallee' nimmt mit ihrem Namen auf das gleichnamige Buch von Thomas Brussig Bezug, in dem die Geschichte der Teilung als Posse verarbeitet wird. Ferner verweist am nordwestlichen Ende der GÜSt auf der Höhe der Bezirksgrenze eine in die Fahrbahn eingelassene doppelte Reihe von Pflastersteinen auf den einstigen Grenzverlauf, der hier einst durch die weiße Farbmarkierung gekennzeichnet war. Bei den zuletzt angeführten Verweisen handelt es sich allerdings nicht um authentische Substanz der einstigen GÜSt.

Das Gelände, das sich in südwestlicher Richtung an die ehemalige GÜSt anschließt und sich bis zum Britzer Zweigkanal erstreckt, ist dem nordöstlich der GÜSt gelegenen Areal vergleichbar. Auch hier ist die Breite und Leere des ehemaligen Mauerstreifens deutlich erkennbar, auch hier ist er mit Spon-

Britzer Zweigkanal, ehem. GÜSt für Schiffe 'Düker'; Grenztruppenfoto vom Winter 1988

tanvegetation überwachsen und vernachlässigt.

Dem Verlauf der Grenzanlagen folgend, knickt der Abschnitt bald in Richtung Südosten ab und verläuft parallel zum Britzer Zweigkanal bis zur Brücke am Baumschulenweg. Auch dieser Bereich ist durch die städtebauliche Brache gekennzeichnet, die das Abtragen der Grenzanlagen hinterlassen hat. Wuchernde Spontanvegetation bestimmt flächendeckend das längst vertraute Bild.

Am Britzer Zweigkanal lag die Grenzübergangsstelle 'Düker', an der die Schiffseinfahrt für Schiffe, die weiter auf dem Teltowkanal und dann auf der Spree fuhren, geregelt wurde (R1). Auch von dieser besonderen Grenzsituation haben sich einige Reste der ehemaligen Grenzübergangsstelle in Form von Widerlagern und zum Wasser führenden Treppenanlagen auf beiden Seiten des Kanals erhalten (R1). Vom Beobachtungsturm, der sich einst unmittelbar neben der GÜSt befand, finden sich allerdings keine baulichen Reste mehr.

An der Häuserzeile Forsthausallee 36-30 finden sich an der Hausecke, die dem Mauerstreifen einst zugewandt war, Reste von Betonfundamenten, die mit Sicherheit als Bestandteile der Grenzbefesti-

Treppe der GüSt 'Düker' (R1)

gungen dienten. An der Nordseite der Forsthausallee steht ein kleiner Block mit Garagen, an denen auf der Grenzanlagen zugewandten Seite noch die weiße Farbe der Innenseite der Hinterlandmauer nachweisbar ist. Ebenfalls ist hier ein Ansatz der Hinterlandmauer aus Beton erkennbar (HM2).

Auf der Südseite der Forsthausallee befindet sich in Richtung Baumschulenstraße die kleine, aus wenigen Parzellen bestehende Kleingartenanlage 'Forsthausallee'. Hier ist auf der den ehemaligen Grenzanlagen zugewendeten Seite eine einzigartige Kombination aus drei unterschiedlichen Zaunelementen der Hinterlandsicherung vorhanden (HM1). Dazu gehören einerseits Pfosten eines ersten Zaunes sowie Reste des Grenzsignalzaunes und schließlich Elemente eines Streckmetallsperrzaunes. Letztere wurden in die dem einstigen Mauerstreifen zugewandten Zäune der Kleingartenanlage integriert. Elemente die-

ser drei Zäune lassen sich bis zur Baumschulenstraße finden. Offenbar handelt es sich bei dieser Art der Grenzanlage, die sich deutlich von den innerstädtischen Grenzanlagen unterscheidet, bereits um eine den vergleichsweise ländlichen Bedingungen angepasste Lösung, die erst im Verlauf des Jahres 1989 umgesetzt wurde. Historische Aufnahmen der Grenztruppen aus dem Herbst 1988 zeigen nämlich noch den durchgängigen Verlauf einer Hinterlandmauer.

Auch wenn der Bereich östlich der Baumschulenstraße und östlich der Baumschulenbrücke über den Britzer Zweigkanal nicht mehr zu den eigentlichen Grenzanlagen gehörte, so finden sich hier doch zahl-

Hinterlandsicherungszaun an der Kleingartenanlage Forsthausallee (HM1)

Streckmetallzaun an der Kleingartenanlage Forsthausallee (HM1)

reiche Reste der einstigen Vorfeldsicherung, die in unmittelbarem
Zusammenhang mit der Schiffs-
grenzübergangsstelle Düker stehen.
Dazu gehören vier Laternenmasten mit Peitschenauslegerlampen
entlang des Fußweges (VL1), der
nördlich zwischen Kanal und der
Kleingartenanlage 'Mariengrund'
entlang führt. Auffällig sind auch
die z.T. mit Eisenzaun und Stacheldraht eingezäunten Kleingärten, wobei die Kronen der Zäune in Richtung des Gartens mit zusätzlichem
Stacheldraht abgewinkelt sind, um
ein Übersteigen von Seiten des Gartens unmöglich zu machen (VZ1).
Eine vergleichbare Vorrichtung befindet sich auch auf der gegenüberliegenden, südlichen Kanalseite, wo
sich parallel zum Kanal entlang der

Kleingartenanlage 'Waldesgrund'
fünf Laternenmasten mit Peitschenlampen als Elemente der Vorfeldsicherung erhalten haben.

Auf der Südseite des Britzer Zweigkanals ist die städtebauliche Leere
besonders charakteristisch, die die
Beräumung der Grenzanlagen hinterlassen hat (S1). Reste von abgeschnittenen Stromkabeln, die die
Stromversorgung des Mauerstreifens einst garantierten, ragen an
zahlreichen Stellen aus dem Boden.
Auf den Mauerstreifen stoßen aus
der südlich des Grenzgebietes gelegenen Kleingartenanlage senkrecht
zulaufende Erschließungswege. In
diesen Erschließungswegen stehen
hölzerne Lichtmasten, die einst
die Grenzanlagen mit Strom ver-

Lampen der Vorfeldsicherung im Vorfeld
der GÜSt für Schiffe 'Düker' (VL1)

Torpfosten einer Zufahrt zum Grenzstreifen am Heidekampgraben (VZ3)

Die Leere des Grenzstreifens westlich des Baumschulenwegs, 2002 (S1)

sorgten, doch heute keine Stromleitungen mehr führen. Östlich der Britzer Allee befindet sich am Ende eines solchen Weges, dem Heidekampgraben, ein Pfosten eines ehemals in den Grenzstreifen führendes Zufahrtstores, das von den Grenztruppen genutzt wurde (VZ3).

Die nördlichen Begrenzungen der Kleingärten entlang des Mauerstreifens bestehen aus Zäunen, die 'freundwärts' unmittelbar vor der Hinterlandmauer gestanden haben müssen und so eine Einfassung der Kleingartenanlagen gegenüber dem Grenzstreifen garantierten (VZ2). Vereinzelt ist an den Kronen der Betonpfähle Stacheldraht als zusätzliche Sicherung angebracht. Die Zäune selbst sind überwiegend ver-

Vergleichsfoto der Grenztruppen, Winter 1988

Vorfeldsicherung bei den Kleingartenanlagen am Britzer Zweigkanal (VZ2)

Blumenschalensperren am Ende der
Straße 19 vor dem Grenzstreifen (VB1)

zinkte Streckmetallzäune. In denjenigen Bereichen, in denen die
Streckmetallfüllungen zwischen
den Betonpfosten nicht mehr vorhanden sind, sondern die Zaunfelder mit anderem Zaunmaterial
gefüllt sind, finden sich über weite
Strecken Reste von auf Grasnarbenhöhe abgeschnittenem Streckmetallzaun. Der Vergleich mit historischen
Fotos der Grenztruppen macht
deutlich, dass es im gesamten Bereich entlang des Britzer Zweigkanals eine deutliche Einfassung der
Kleingartenanlage gegeben hat, die
gleichsam auch den eigentlichen
Grenzstreifen sicherte. Dies wird
besonders westlich der Britzer Allee
deutlich, wo die nördliche Begrenzung der Kleingartenanlagen 'Har-
monie' und 'Holunderbusch' zum
Mauerstreifen hin über eine Länge
von mehreren hundert Metern aus
Streckmetallzaun besteht. Im weiter
westlich gelegenen Bereich, also näher zum Neuköllner Osthafen hin,
fasst ein deutlich niedrigerer Eisen-

zaun mit z.T. sichtbaren Betonfundamenten die Kleingartenanlage ein.
All diese Zäune, die heute noch genutzt werden, waren damit Bestandteile der Vorfeldsicherung (VZ2).
Zwei große Blumenschalensperren
aus Beton (VB1), denen die Funktion von Durchfahrtssperren zukam,
riegeln das dem Grenzstreifen zugewandte Ende der Straße Nr. 19 ab.
Sie sollten die Annäherung an die
Grenzanlagen mit Fahrzeugen früh-
zeitig verhindern. Auf dem Gelände
der Baumschule Späth finden sich
zwischen der Kleingartenkolonie
'Holunderbusch' am Britzer Zweigkanal und dem Neuköllner Osthafen so gut wie keine Reste und Spuren der Berliner Mauer. Vereinzelt
ragen Reste von abgeschnittenen
Stromkabeln der einstigen Stromversorgung des Grenzstreifens aus
dem Boden.
Im weiteren Verlauf sind zunächst
keine Reste der Grenzanlagen mehr
vorhanden. Erst in der parallel
zum Teltowkanal befindlichen und

Markierungspfosten des Sperrgebietes nördlich der Späthstraße (M1)

stehenden und senkrecht von Osten auf den Mauerstreifen führenden Zufahrtsweg, der ebenfalls als Zufahrtsmöglichkeit in den Mauerstreifen diente. Hier ist auch noch eine Lampe der Vorfeldsicherung erhalten (VL2).

Diese Kleingartenanlage ist, ähnlich wie diejenigen entlang des Britzer Zweigkanals, von einheitlichen Zäunen eingefasst, die 'freundwärts' unmittelbar vor der Hinterlandmauer gestanden haben müssen und so eine Einfassung der Kleingartenanlagen gegenüber dem Grenzstreifen garantierten. Südlich der im Zuge des Autobahnbaus neugebauten Brücke über den Teltowkanal sind aufgrund der großräumigen Umgestaltung bis zur Späthstraße keine Reste und Spuren der Berliner Mauer erhalten.

nördlich der Späthstraße gelegenen Kleingartenanlage, die unmittelbar nördlich an die neu gebaute Brücke über den Teltowkanal anschließt, gibt es kleinere Befunde. So findet sich im nördlichsten der Quererschließungswege ein rot-weiß gestrichener Eisenpfosten an der Ecke einer Kleingartenparzelle als Hinweis auf den Beginn des Grenzgebietes (M1). Beim südlichen Quererschließungsweg (HW1) handelt es sich um einen aus Betonplatten be-

Grenztruppenfoto der Situation am Teltowkanal, mit Hinterlandmauer entlang der Kleingartenanlage nördlich der Späthstraße; Winter 1988

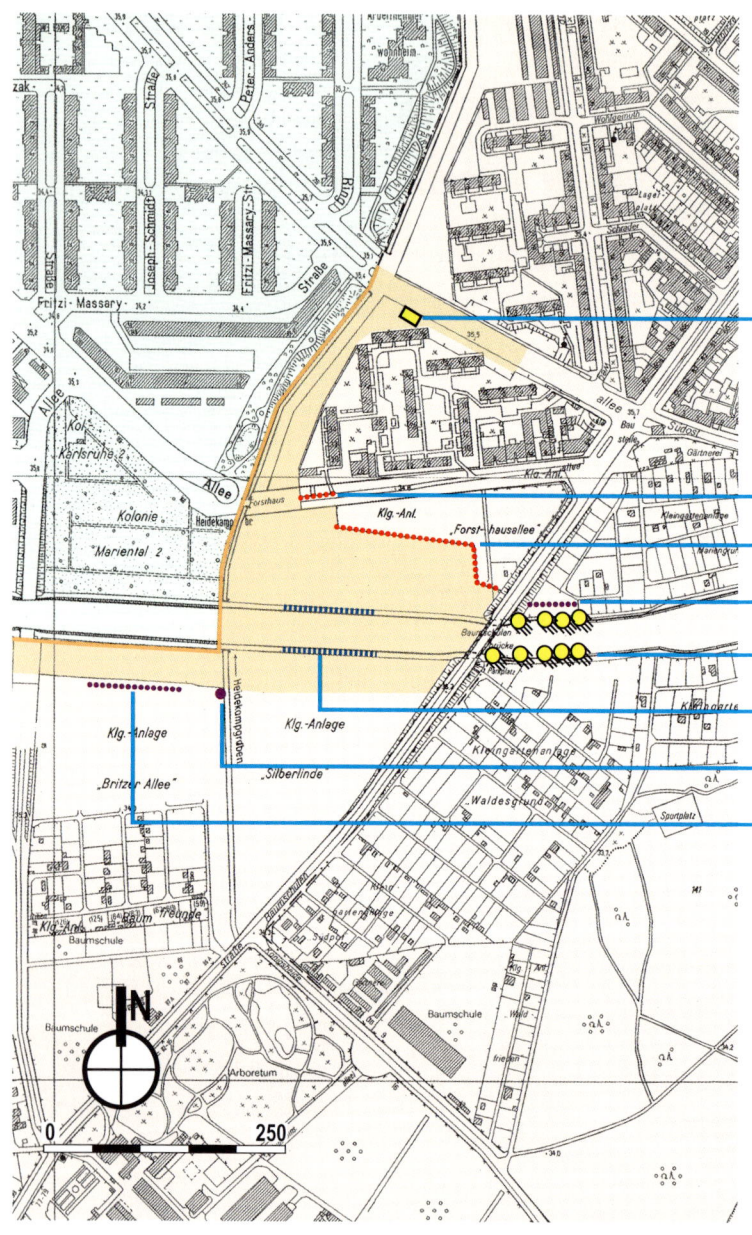

HM1   Hinterlandsicherungs- und Grenzsignalzaun
HM2   Hinterlandsicherungsmauer (HiSM)

R1   Reste der GÜSt für Schiffe 'Düker'

E1   Schaltkasten der Elektroinstallation

VZ1   Zaun der Vorfeldsicherung
VZ2   Streckmetallzaun als Einfassung der
        Grenzsicherungsanlagen
VZ3   Torpfosten eines Zufahrtstores zum Grenzstreifen

VB1   Blumenschalensperren

VL1-2   Lampen der Vorfeldsicherung

HW1   Zufahrtsweg zum Grenzgebiet

M1   Pfosten der Grenzgebietsmarkierung

S1   Leere des abgeräumten Grenzstreifens

E1

HM2

HM1

VZ1

VL1

R1

VZ3

VZ2

249

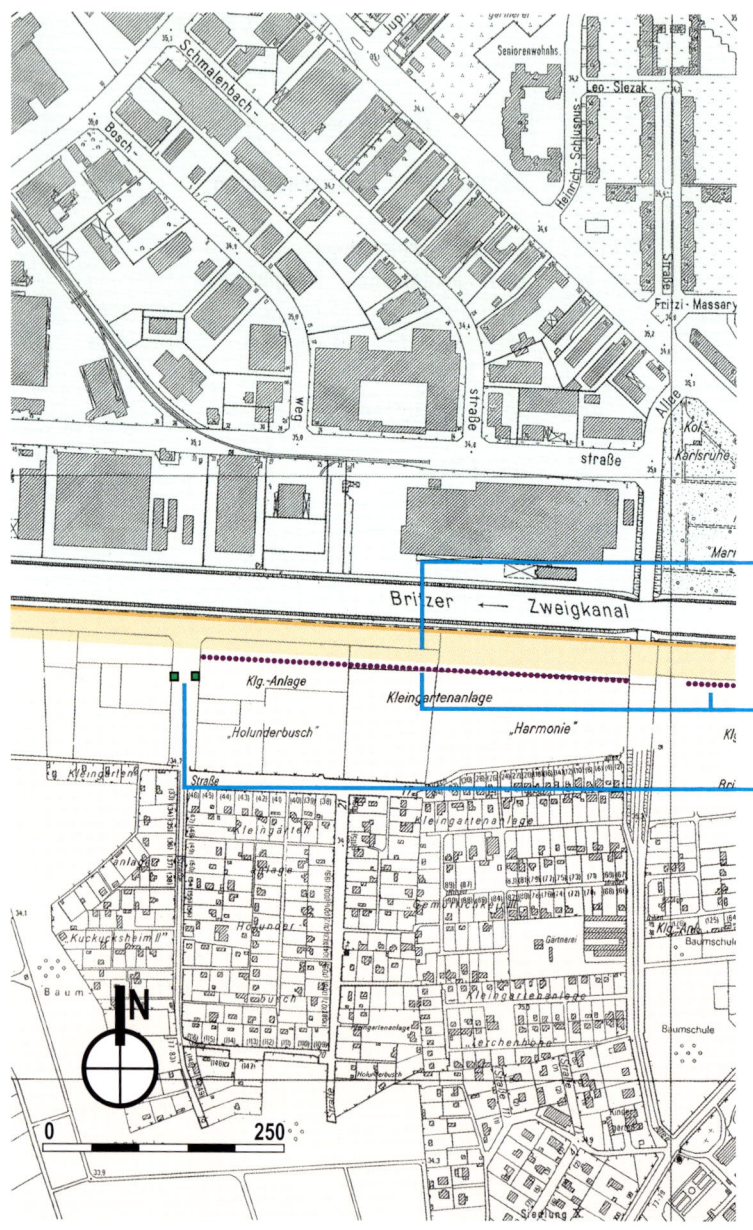

HM1   Hinterlandsicherungs- und Grenzsignalzaun
HM2   Hinterlandsicherungsmauer (HiSM)

R1   Reste der GÜSt für Schiffe 'Düker'

E1   Schaltkasten der Elektroinstallation

VZ1   Zaun der Vorfeldsicherung
VZ2   Streckmetallzaun als Einfassung der
       Grenzsicherungsanlagen
VZ3   Torpfosten eines Zufahrtstores zum Grenzstreifen

VB1   Blumenschalensperren

VL1-2 Lampen der Vorfeldsicherung

HW1   Zufahrtsweg zum Grenzgebiet

S1

M1   Pfosten der Grenzgebietsmarkierung

S1   Leere des abgeräumten Grenzstreifens

VZ2

VB1

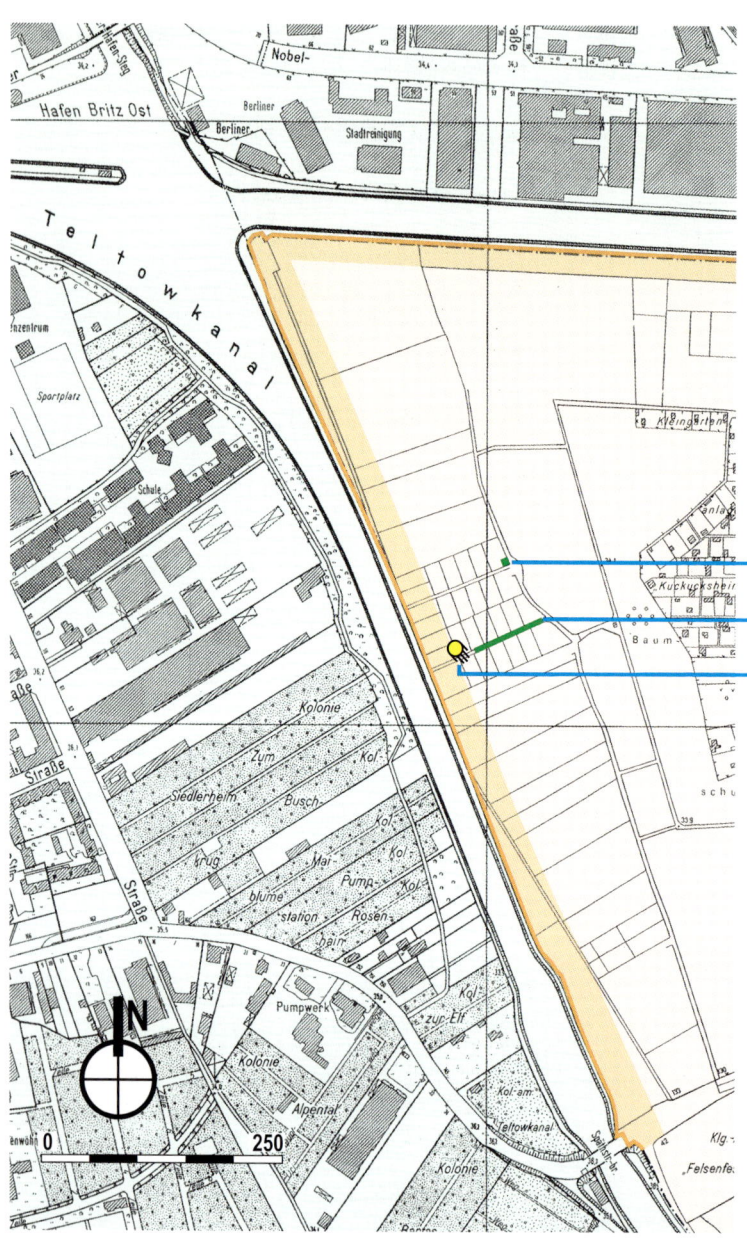

HM1	Hinterlandsicherungs- und Grenzsignalzaun
HM2	Hinterlandsicherungsmauer (HiSM)
R1	Reste der GÜSt für Schiffe 'Düker'
E1	Schaltkasten der Elektroinstallation
VZ1	Zaun der Vorfeldsicherung
VZ2	Streckmetallzaun als Einfassung der Grenzsicherungsanlagen
VZ3	Torpfosten eines Zufahrtstores zum Grenzstreifen
VB1	Blumenschalensperren
VL1-2	Lampen der Vorfeldsicherung
HW1	Zufahrtsweg zum Grenzgebiet
M1	Pfosten der Grenzgebietsmarkierung
S1	Leere des abgeräumten Grenzstreifens

— M1

— HW1

— VL2

Dieser Abschnitt liegt nicht direkt an einer U- oder S-Bahnstation, es sind ca. 1000 m zu laufen. Der Anfang liegt am nächsten zur S-Bahnstation Baumschulenweg, an der die Linien S8, S9 und S47 halten. Das Ende lässt sich mit der U-Bahnlinie U7 von der Station Blaschkoallee erreichen. Alternativ kann man von den beiden erwähnten Stationen den Bus 265 und 270 nehmen.

Von der Späthstraße entlang des Teltowkanals bis zur Massantebrücke

Blumenschalensperre im Agavenweg (VB1)

Der Autobahnneubau der knapp zehn Kilometer langen A 113 auf dem Gebiet Berlins zwischen der Buschkrugallee (A 100) und Altglienicke / Rudow, der als Fortführung der A 13 Berlin - Dresden die Verbindung zwischen dem äußeren Berliner Ring im Zuge der A 10 (Kreuz Schönefeld) und dem inneren Berliner Ring (Stadtautobahn A 100) herstellt, durchzieht den Verlauf des ehemaligen Mauerstreifens in diesem Abschnitt durchgängig und bestimmt wesentlich seinen Charakter. Die Autobahntrasse wird entlang der Ostseite des Neuköllner Osthafens im Bezirk Treptow in Richtung Süden entlang des Teltowkanals verlaufen. Da die Arbeiten raumgreifend voranschreiten, verändert sich das Erscheinungsbild des hier behandelten Areals beinahe täglich. Folglich sind im gesamten Bereich entlang des Teltowkanals in Richtung Südosten nur vereinzelte Reste und Spuren der innerstädtischen Grenzanlagen zu finden.

Ehemaliger Grenzstreifen mit Baumaßnahmen für die neue BAB 113 nordöstlich des Hafens Rudow West, Blick nach Süden; November 2002

Zu den Resten und Spuren gehören ein circa 1,20 hoher Zaun südöstlich der Späthstraßenbrücke, der sich über etwa achtzig bis hundert Meter erstreckt und die Kleingartenanlagen 'Späthstraße' und 'Oberdamm' zum Grenzstreifen hin begrenzte (VZ1). Die Zaunreihe, deren Felder überwiegend mit Streckmetallzäunen ausgefüllt sind, stand 'freundwärts' unmittelbar vor der Hinterlandmauer und bildete so eine Einfassung der Kleingartenanlagen gegenüber dem Grenzstreifen. Zwar war dieser Zaun nicht direkt Bestandteil der Sperranlagen, doch

Betonpfosten und Streckmetallzaun der Vorfeldsicherung zur Einfassung der Kleingartenanlagen (VZ1)

war die zusätzliche Begrenzung der Kleingartenanlagen aufgrund des Mauerbaus erst nötig geworden, weshalb diese Zaunreihe durchaus als Bestandteil der Vorfeldsicherung interpretiert und in die 'Sachgesamtheit Berliner Mauer' eingeordnet werden sollte. Vereinzelt ist an den Kronen der Betonpfähle noch Stacheldraht als zusätzliche Sicherung angebracht.

Auf der den Grenzanlagen zugewandten Seite der Kleingartenanlage 'Heimatscholle' befindet sich im südlichen Bereich der Kleingartenanlage ein Schaltkasten der einstigen Elektroinstallationen des Grenzstreifens (E1).

Blumenschalensperre im Agavenweg (VB1)

Nur wenig nördlich der Ernst-Keller-Brücke steht am dem Mauerstreifen

Elektroschaltkasten im Bereich der Kleingartenanlage 'Heimatscholle' (E1)

Grenzgebietsmarkierung in der Kleingartenanlage 'Wegegrün' (M2)

Panoramaansicht der Breite des einstigen Mauerstreifens mit Bauarbeiten für die zukünftige Autobahn; rechts erhaltener Zaun der Vorfeldsicherung zur Einfassung der Kleingartenanlagen (VZ1)

zugewandten Ende des Agavenwegs eine sogenannte Blumenschalensperre, die den Grenzdurchbruch mit Fahrzeugen verhindern sollte (VB1). Ferner befindet sich südlich der Ernst-Keller-Brücke im südlichen Bereich der Kleingartenanlage 'Heide am Wasser' am Ende der Straße eine Durchfahrsperre sowie rotweiße Pfosten der einstigen Grenzgebietsmarkierung (M1).

Nördlich der Massantebrücke an der Kleingartenanlage 'Am Hederichweg' stehen acht Pfosten der einstigen Grenzgebietsmarkierung (M2). Auch hier findet man noch ein längeres Stück des Zaunes, der die Kleingartenanlage einfasste und zum Grenzstreifen hin sicherte (VZ2).

Grenztruppenfoto, Winter 1988

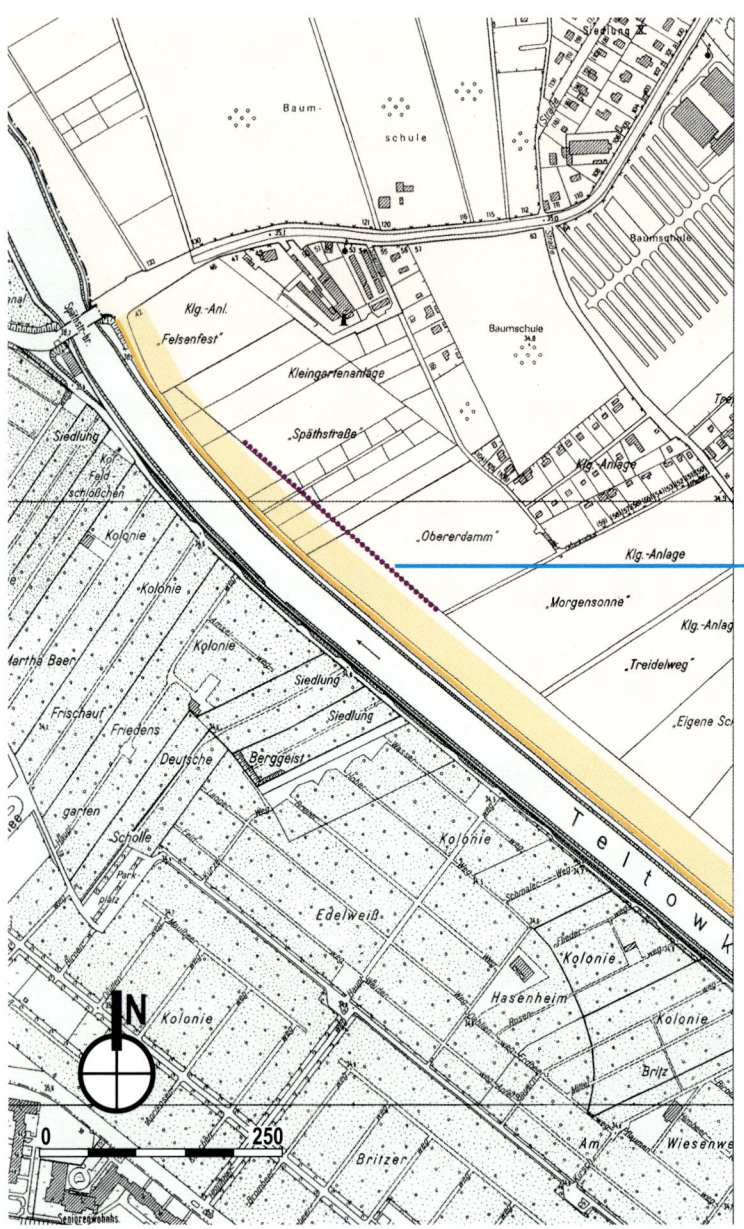

VZ1-2   Streckmetallzaun und Betonpfosten als Einfassung der
         Grenzsicherungsanlagen

E1   Schaltkasten der Elektroinstallation im Grenzstreifen

M1-2   Pfosten der Grenzgebietsmarkierung

VB1   Blumenschalensperre

VZ1

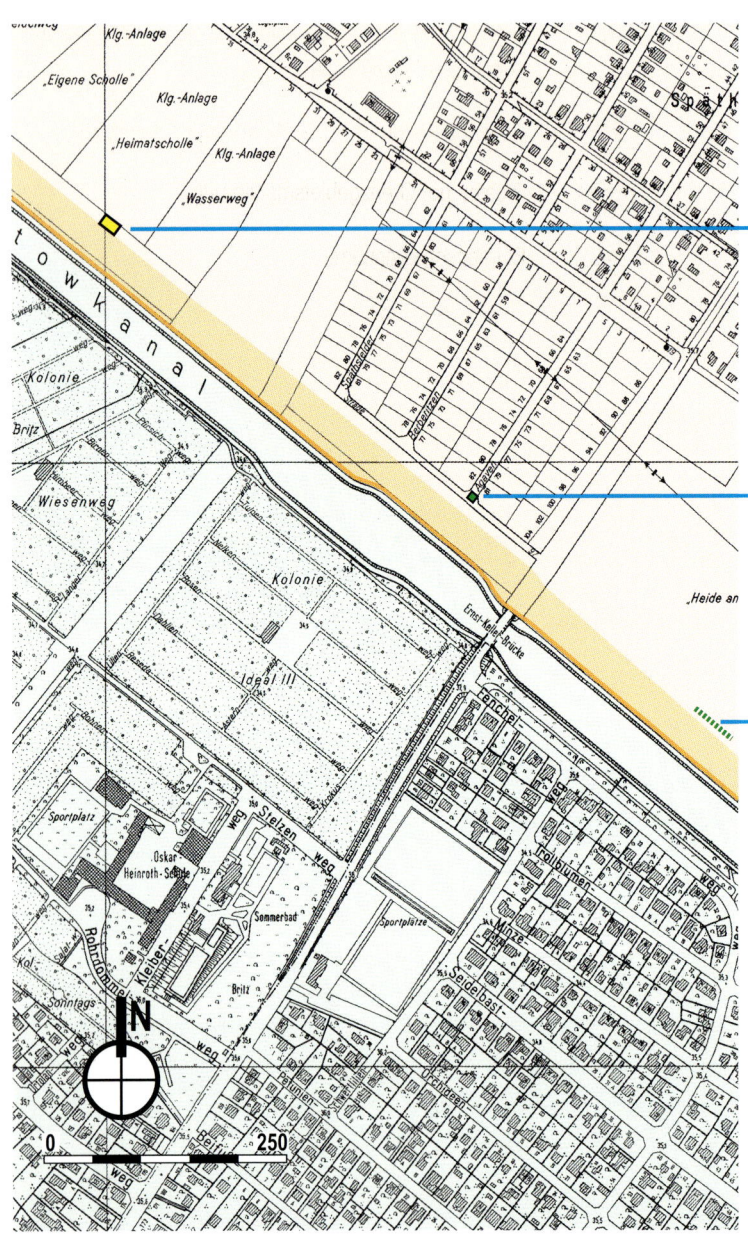

VZ1-2   Streckmetallzaun und Betonpfosten als Einfassung der
        Grenzsicherungsanlagen

E1   Schaltkasten der Elektroinstallation im Grenzstreifen

M1-2   Pfosten der Grenzgebietsmarkierung

___ E1

VB1   Blumenschalensperre

___ VB1

___ M1

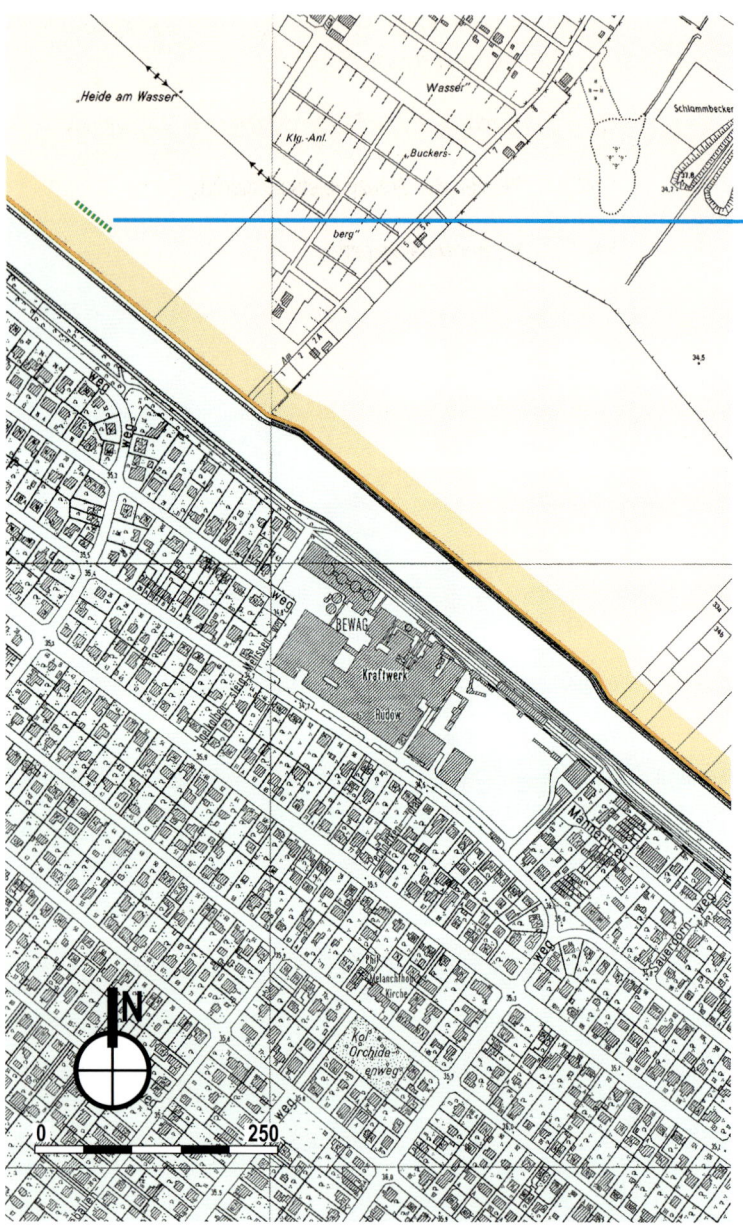

VZ1-2 Streckmetallzaun und Betonpfosten als Einfassung der Grenzsicherungsanlagen

E1 Schaltkasten der Elektroinstallation im Grenzstreifen

M1-2 Pfosten der Grenzgebietsmarkierung

M1

VB1 Blumenschalensperre

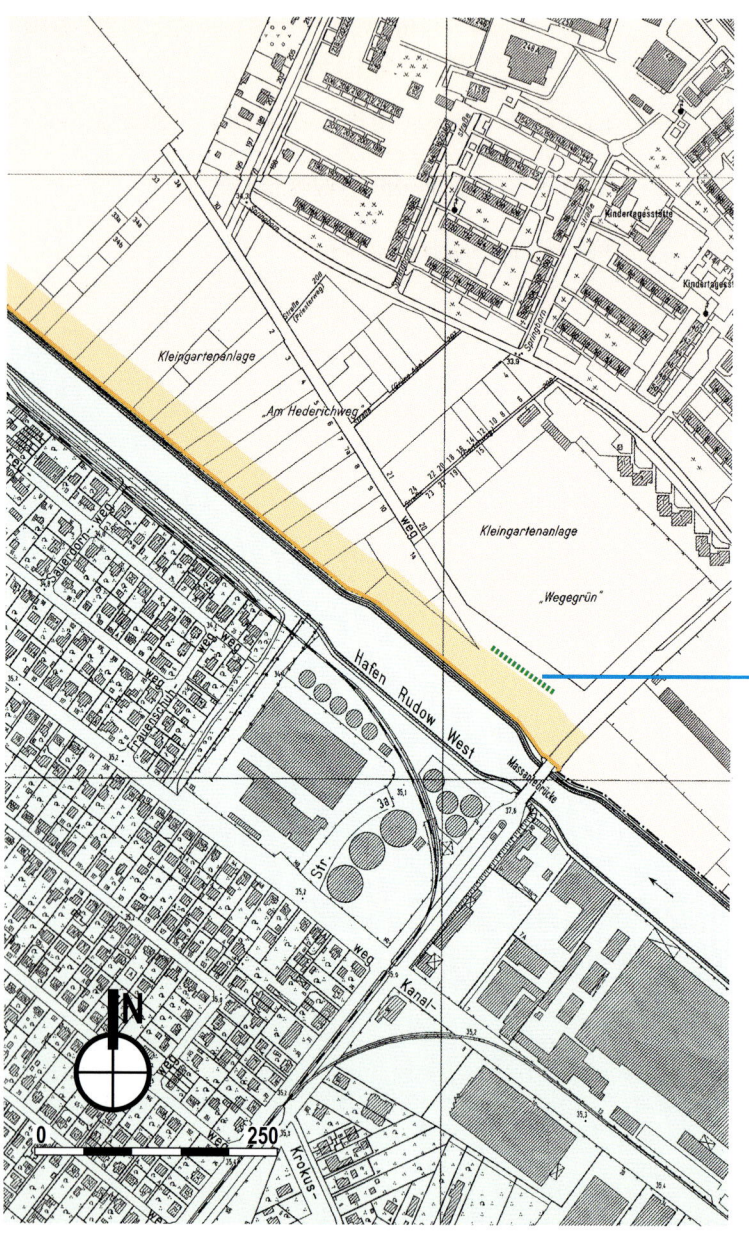

VZ1-2   Streckmetallzaun und Betonpfosten als Einfassung der
         Grenzsicherungsanlagen

E1   Schaltkasten der Elektroinstallation im Grenzstreifen

M1-2   Pfosten der Grenzgebietsmarkierung

VB1   Blumenschalensperre

——— M2,VZ2

Dieser Abschnitt liegt nicht direkt an einer U- oder S-Bahnstation, es
sind ca. 1000 m zu laufen. Der Anfang liegt am nächsten zur Station
Blaschkoallee, an der die U-Bahnlinie U7 verkehrt, oder man nimmt
von dort den Bus 265 oder 270. Das Ende ist mit den Bussen 165
und X11 z. B. vom S-Bahnhof Schöneweide zu erreichen, an dem die
Linien S45, S46, S47, S8 und S9 verkehren.

Von der Massantebrücke bis zum Hornkleepfad

Hinterlandsicherungsmauer zwischen Rudower Straße und Rudower Höhe (HM1)

Wie schon der vorhergehende Abschnitt ist auch dieser Bereich der einstigen Grenzanlagen durch den Autobahnneubau der knapp zehn Kilometer langen A 113 geprägt. Das Erscheinungsbild des Areals wandelt sich beinahe täglich. Die zukünftige Autobahn wird entlang der Ostseite des Neuköllner Osthafens im Bezirk Treptow in Richtung Süden entlang des Teltowkanals verlaufen. Aufgrund der bereits weit fortgeschrittenen Bauarbeiten haben sich im gesamten Bereich entlang des Teltowkanals in Richtung Südosten nur vereinzelte Reste der Berliner Mauer erhalten.

Dort, wo am östlichen Ende des Hafens Rudow Ost die Grenzanlagen im rechten Winkel nach Süden abknickten, steht südlich der Köpenicker Straße noch ein bislang nicht unterbrochenes, sehr langes Stück Hinterlandmauer (HM1) mit dem charakteristischen weißen Farbanstrich.

Unmittelbar östlich der Massantebrücke und südlich der Stubenrauchstraße stehen westlich des

Grundstücks des heutigen Baumarkts 'Globus' fünf Lampenmasten, die einst Bestandteil der Grenzanlagen waren (LT1). Es handelt sich dabei um Lampen der ehemaligen Lichttrasse, wobei die Strahler der Auslegerlampen selbst jüngeren Datums sind und aus der Zeit nach der Wende stammen. Unmittelbar neben den Lampen ist, trotz der umfangreichen Bauarbeiten für die Autobahn, ein rund fünfzig Meter langer Abschnitt asphaltierter Kolonnenweg erhalten (KW1).

Das von Bebauung noch freie Gebiet zwischen Stubenrauch- und Wegedornstraße wird 'Schäferwiesen' genannt. An dieser großen Fläche, auf der südlichen Seite des Eisenhutwegs, etwa gegenüber der Einmündung des Akeleiwegs, stehen außerhalb des einstigen Todesstreifens vor einer weiten, unbebauten Fläche am Rande der Straße drei rot-weiße, etwa kniehohe Eisenbarrieren, die einst den Beginn des Sperrgebietes markierten (M1) und somit Bestandteile der Vorfeldsicherung waren.

Weitere Reste der Vorfeldsicherung haben sich in der näheren Umgebung dieses Gebiets nicht erhalten, sieht man von vereinzelten aus dem Boden ragenden, abgeschnittenen Stromkabeln ab, die einst den Grenzstreifen mit Strom versorgten.

Das Gebiet um den Hafen Rudow Ost war auf der Ostseite mit großem materiellen Aufwand abgesperrt. Eine Schiffsdurchfahrt durch den Teltowkanal wurde durch drei aufeinander folgende Sperreinrichtungen verhindert. In den Teltowkanal hatte man eine Art Wehr gebaut, das auch als Übergang für die

Masten der Lichttrasse südöstlich Massantebrücke (LT1) und Kolonnenweg (KW1)

Sperrgebietsmarkierungen in der Höhe des Eisenhutwegs (M1)

Grenztruppenfoto der Situation am Hafen Rudow-Ost, Winter 1988 (mit den erhalten gebliebenen Dreifachauslegerlampen)

Grenztruppen fungierte. Von diesem Wehr finden sich bescheidene bauliche Betonreste im Boden, die jedoch leicht übersehen werden können.

Auf dem Gebiet westlich der Rudower Chaussee und nördlich des Hafens Rudow Ost, also dort, wo die Grenzanlagen im rechten Winkel den Teltowkanal überquerten, finden sich parallel zum Kanal inmit-

ten des ansonsten gründlich abgeräumten und durch die Bauarbeiten für die Autobahn A 113 weitflächig abgebaggerten ehemaligen Grenzstreifens als einzige authentischen Bestandteile der Grenzanlagen drei Lampenmasten mit jeweils drei Auslegerlampen, die die nähere Umgebung weiträumig ausleuchteten (LT2).

Südlich der Köpenicker Straße hat sich ein bislang nicht unterbrochenes, sehr langes Stück Hinterlandmauer (HM1) mit dem charakteristischen querrechteckigen weißen Farbanstrich erhalten. Dieser originale Farbanstrich ist jedoch stark mit Graffiti überzogen. Dieses lange Stück Hinterlandsicherungsmauer beginnt im Knick der Köpenicker Straße / Rudower Straße, zieht sich um den Teich herum und erstreckt sich bis unwesentlich nördlich vom Hornkleepfad. Die Hinterlandsicherungsmauer ist über eine weite Strecke in vergleichsweise un-

Eine von drei Dreifachlampen zur Ausleuchtung des Grenzstreifens (LT2)

HiSM zwischen Rudower Straße und Rudower Höhe (HM1)

Ansatz des Hinterlandsicherungszaunes an die HiSM (HM1, HM2)

beschädigtem Zustand, wenn auch einzelne Betonsegmente fehlen. Sie ist jedoch, ebenso wie der gesamte ehemalige Grenzstreifen, gerade in der näheren Umgebung des Sees an der Köpenicker Straße und von dort weiter nach Süden, stark von Spontanvegetation überwachsen. Des weiteren finden sich vielerorts Reste von abgeschnittenen Stromkabeln der einstigen Stromversorgung des Mauerstreifens. Sie ragen jeweils circa dreißig Zentimeter aus dem Boden.

Etwa an der Einmündung des Hornkleepfads zum einstigen Grenzstreifen stehen einige Elemente des Hinterlandsicherungszaunes (HM2), der in diesem Bereich an die Hinterlandmauer ansetzte. Doch auch diese Elemente sind durch die voranschreitenden Arbeiten zum Bau der Autobahn teilweise bereits zerstört, auf Grund von Bagger- und Räumarbeiten nicht mehr in situ oder gänzlich abgetragen.

Grenztruppenfoto des Grenzstreifens an der Rudower Höhe, Winter 1988

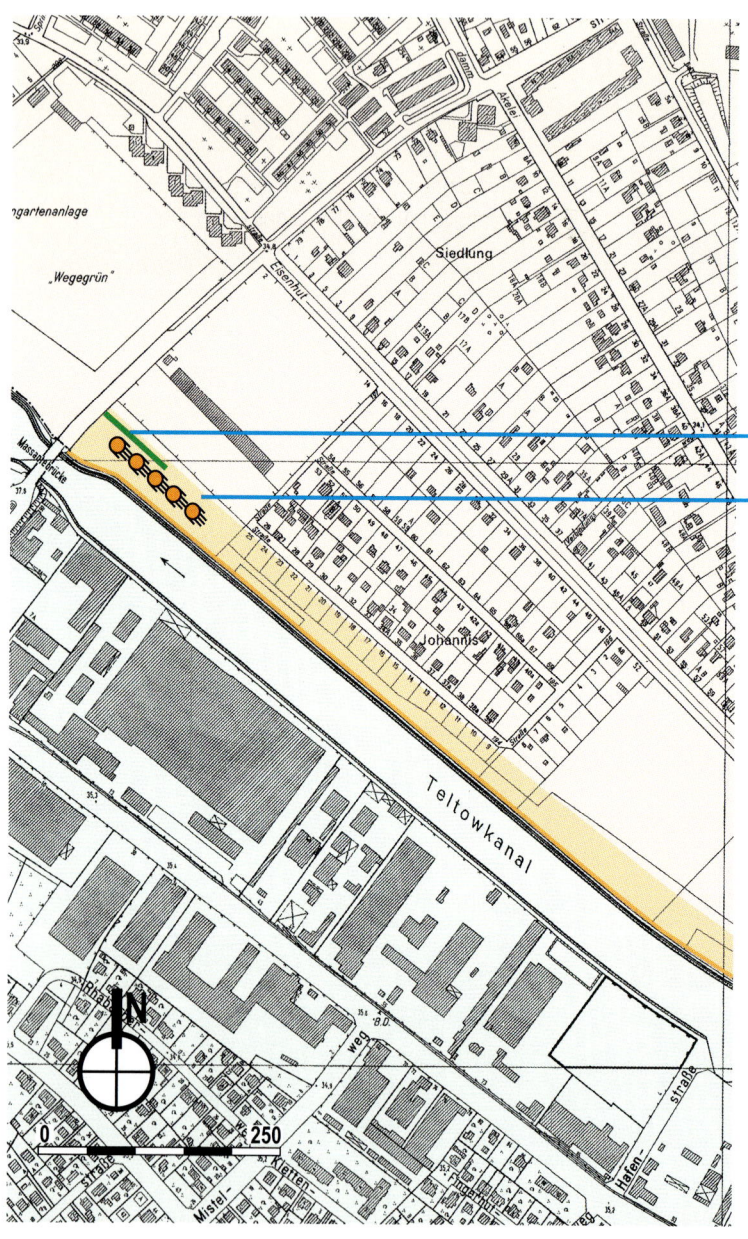

HM1   Hinterlandsicherungsmauer

HM2   Hinterlandsicherungszaun und Ansatz an die
        Hinterlandsicherungsmauer

LT1   Fünf Lampenmasten der Lichttrasse

LT2   Lampen zur Ausleuchtung des Grenzstreifens

KW1   Kolonnenweg

M1   Sperrgebietsmarkierung

KW1

LT1

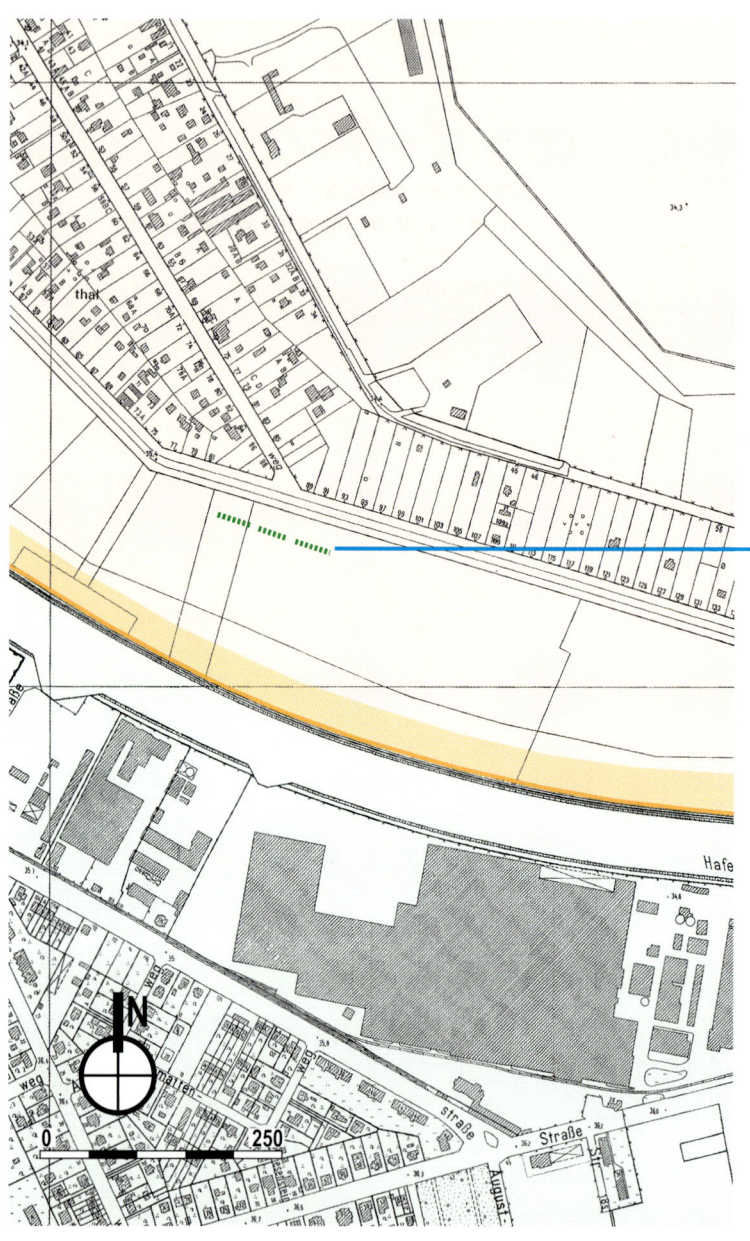

HM1   Hinterlandsicherungsmauer

HM2   Hinterlandsicherungszaun und Ansatz an die Hinterlandsicherungsmauer

LT1   Fünf Lampenmasten der Lichttrasse

LT2   Lampen zur Ausleuchtung des Grenzstreifens

KW1   Kolonnenweg

M1   Sperrgebietsmarkierung

—— M1

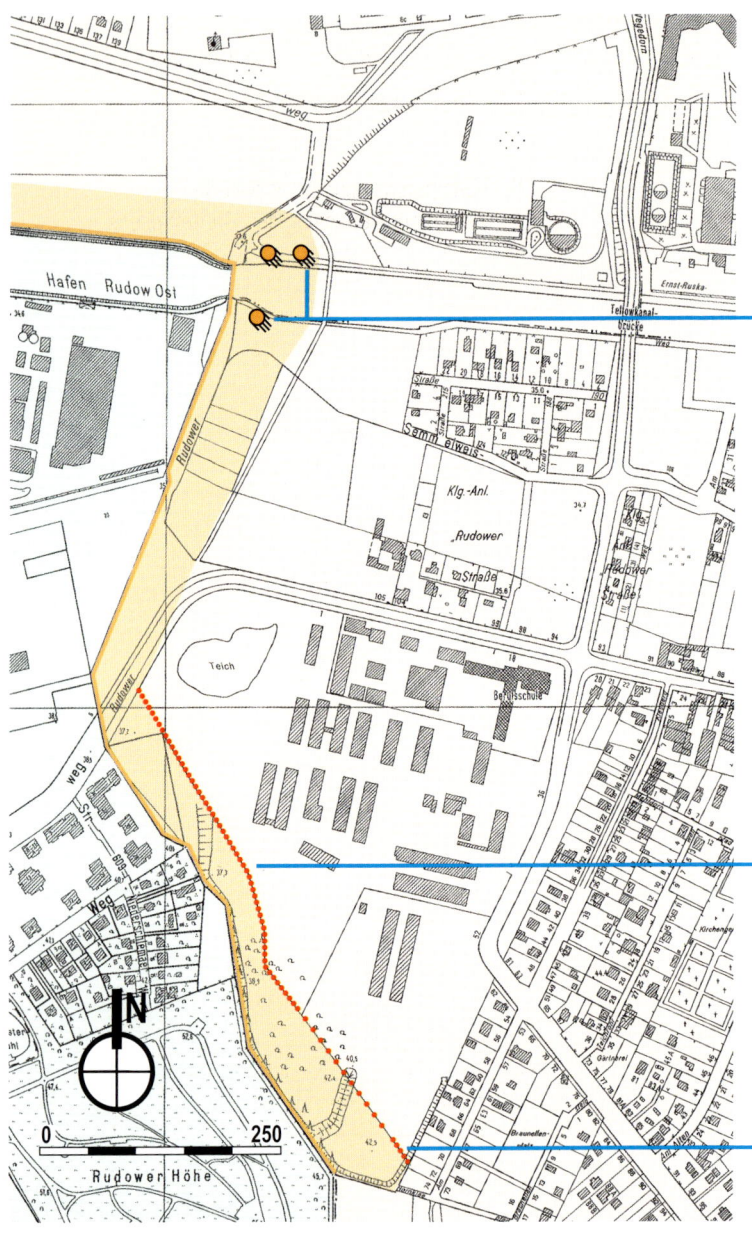

HM1   Hinterlandsicherungsmauer

HM2   Hinterlandsicherungszaun und Ansatz an die
        Hinterlandsicherungsmauer

LT1   Fünf Lampenmasten der Lichttrasse

LT2   Lampen zur Ausleuchtung des Grenzstreifens

KW1   Kolonnenweg

— LT2

M1   Sperrgebietsmarkierung

— HM1

Dieser Abschnitt liegt nicht direkt an einer U- oder S-Bahnstation.
Der Anfang ist am besten mit den Bussen 165 und X11 z. B. vom
S-Bahnhof Schöneweide zu erreichen, an dem die Linien S45, S46,
S47, S8 und S9 verkehren. Zum Ende kann man mit dem Bus 165
vom S-Bahnhof Flughafen Schönefeld gelangen, zu dem die Linien
S45 und S9 fahren.

— HM2

Vom Hornkleepfad bis zur ehemaligen Grenzübergangsstelle Waltersdorfer Chaussee

Kolonnenweg südlich der Rheingoldstraße (KW2)

Im gesamten Bereich zwischen Hornkleepfad und Waltersdorfer Chaussee ist die Schneise, die die ehemaligen Grenzanlagen zwischen den Stadtteilen Rudow und Altglienicke zog, noch deutlich ablesbar. Der einstige Todesstreifen wird derzeit jedoch für den Neubau der Autobahn A 113 vorbereitet. Daher ist er durch zahlreiche Tiefbaumaßnahmen und umfangreiche Erdbewegungen gekennzeichnet. Die Sperranlagen des einstigen Todesstreifens, der hier vergleichsweise breit war, sind zwar auch in diesem Abschnitt großflächig beräumt worden, doch finden sich zahlreiche Reste und Spuren der Berliner Mauer. So wird beinahe das gesamte Gebiet – mit nur wenigen Unterbrechungen – vom ehemaligen Kolonnenweg durchzogen. Ebenso ragen die Reste von abgeschnittenen Stromkabeln, die zur Stromversorgung des Mauerstreifens dienten, an zahlreichen Stellen aus dem Boden. Spontanvegetation hat sich auch in diesem Abschnitt flächendeckend ausgebreitet.

Am Beginn dieses Abschnittes stehen noch vereinzelte Teile der einstigen Hinterlandmauer, die durch die momentanen Abriss- und Tiefbaumaßnahmen im Zuge der Autobahnbauarbeiten einer ständigen Bedrohung ausgesetzt sind. Ebenso liegen zahlreiche, erst vor kurzem abgeräumte Teile der Hinterlandmauer wahllos herum.

Der Kolonnenweg ist zwischen Hornkleepfad und Kasparstraße fast vollständig erhalten (KW1). An zahlreichen Stellen ragen die Reste von abgeschnittenen Stromkabeln der einstigen Stromversorgung des Mauerstreifens circa dreißig Zentimeter lang aus dem Boden. Nordöstlich vom Dankmarsteig und etwas südöstlich der Ausläufer der Kolonie Rudower Höhe finden sich längere Stücke von Streckmetallzaun entlang der Grundstücke der Siedlung Grüneck (VZ1). Diese Zäune müssen unmittelbar vor der Hinterlandmauer gestanden haben und dienten der Vorfeldsiche-

rung. Vereinzelt ist an den Kronen der Betonpfähle noch Stacheldraht als zusätzliche Sicherung angebracht. Die Zäune selbst sind überwiegend verzinkte Streckmetallzäune. Heute dienen diese Zäune zur Begrenzung von Grundstücken. In diesem Bereich ist der Kolonnenweg auf einer Strecke von rund einhundert Metern unterbrochen.

Zwischen Dankmarsteig und der Siedlung am Rehpfuhl befindet sich der Städtische Friedhof Altglienicke, in dessen unmittelbarer Nähe sich mehrere Reste der innerstädtischen Grenzanlagen erhalten haben. Das freie Gelände, das sich westlich vor dem Friedhof zum Mauerstreifen hin befand, war durch mehrere Vorfeldsicherungen zusätzlich gesichert.

Der Kolonnenweg (KW2) ist in diesem Bereich, sieht man von wenigen kürzeren Unterbrechungen ab, beinahe komplett vorhanden. Er be-

Kolonnenweg zwischen Hornkleepfad und Kasparstraße (KW1)

Zaun der Vorfeldsicherung als Begrenzung von Kleingartengrundstücken (VZ1)

Rot-weißer Betonpfosten der Grenz-markierung am Friedhof (M1)

Doppelzaun der Vorfeldsicherung im Bereich des Friedhofes (M1)

steht vorwiegend aus Asphalt, an einigen wenigen Stellen jedoch aus gegossenen Betonplatten. An der südwestlichen Spitze des Friedhofs stehen zwei Betonpfosten mit Resten der rotweißen Farbmarkierung, die einst den Beginn des Sperrgebietes anzeigten (M1). Ebenso sind an den Pfosten noch Haltevorrichtungen für das Spannen von Draht vorhanden. Auf der Nordwestseite des Friedhofs stehen zwei weitere, formgleiche Betonpfosten, an denen ebenfalls Reste der Farbmarkierungen zu erkennen sind.
Als Bestandteile der einstigen Vorfeldsicherung befinden sich auf der Nordseite des Friedhofes die Reste einer doppelten Zaunreihe, wobei es sich um Betonpfosten und Eisenpfosten handelt (VZ3). Die Beton-

pfosten sind am oberen Ende abgewinkelt. Die Reihe der Eisenpfosten steht circa 1,30 Meter vor den Betonpfosten. Der Draht der Zäune ist nicht mehr vorhanden. Hierbei handelt es sich um eine gestaffelte, massive Doppelreihe von Zäunen der Vorfeldsicherung, die in unmittelbarer Nähe zur Hinterlandsicherungsmauer standen.

Ebenso stehen dazu in der Nähe auf der Nordseite des Friedhofs zwei Lampenmasten der Vorfeldsicherung mit erhaltenen Auslegerlampen, die einst den grenznahen Bereich ausleuchteten (VL1).

Im gesamten Bereich zwischen der Siedlung am Rehpfuhl und dem ehemaligen Grenzübergang Wal-

Grenztruppenfoto des Areals südlich des Dankmarsteigs, Winter 1988

tersdorfer Chaussee ist die Schneise, die die Grenzanlagen zwischen den Stadtteilen Rudow und Altglienicke zog, deutlich ablesbar. So wird beinahe das gesamte Gebiet – mit nur wenigen Unterbrechungen – vom ehemaligen Kolonnenweg (KW2) durchzogen. Ebenso

ragen die Reste von abgeschnittenen Stromkabeln der Stromversorgung des Grenzstreifens an mehreren Stellen aus dem Boden.

Im östlich der Waltersdorfer Chaussee gelegenen Bereich des früheren Grenzstreifens zeugt die städtebauliche Leere (S1), die die Beräumung der Grenzanlagen nach sich gezogen hat, von der Teilung der Stadt. Zu den Folgeerscheinungen des Mauerbaus zählt ferner die unterschiedliche Art der Bebauung auf den beiden Seiten des einstigen Todesstreifens in der näheren Umgebung der Waltersdorfer Chaussee: Auf der Rudower Seite (Westen) befinden sich in unmittelbarer Nähe des Grenzstreifens überwiegend vereinzelte Einfamilienhäuser, die sich mit größeren Wiesen und einer Baumschule abwechseln und an denen ein Fußweg entlang läuft, der einst unmittelbar vor der Grenzmauer

Lampenmasten der Vorfeldsicherung im Bereich des Friedhofs (VL1)

verlief. Anders zeigt sich die einstige Ostseite in Altglienicke: Kleingartenanlagen ragen direkt bis an den Mauerstreifen heran. In einiger Entfernung ragen jedoch mehrgeschossige, noch aus Zeiten der DDR stammende und mittlerweile sanierte Wohnblöcke auf: Ein Phänomen, das auf der Westseite keine Entsprechung findet.

Auf der Rudower Seite der Grenzanlagen (Westen) erstreckt sich parallel zum einstigen Mauerverlauf in der Höhe der Baumschule und von dort weiter nach Süden ein Weg, der einst von den Westberlinern als Spazier- und Radweg entlang der Mauer genutzt wurde (auch 'Zollweg' genannt). An der Einfahrt Nibelungenweg stehen Blumenschalensperren aus Beton (VB1), die die Zufahrt von Fahrzeugen in den grenznahen Bereich bzw. einen Grenzdurchbruch bereits im Vorfeld verhindern sollten. Die Blumenschalensperren dienten ausdrücklich auch

der 'Verschönerung' der Grenzanlagen auf der Ostseite.

Auf der den Grenzanlagen zugewendeten Seite der Siedlung am Rehpfuhl (Westseite) ist der Streckmetallzaun (VZ2) fast durchgängig erhalten. Hier ist an den Kronen der Betonpfähle ebenfalls Stacheldraht als zusätzliche Sicherung angebracht. Die Zäune selbst sind überwiegend verzinkte Streckmetallzäune. In denjenigen Bereichen, in denen die Streckmetallfüllungen zwischen den Betonpfosten nicht mehr vorhanden sind, sondern die Zaunfelder mit anderem Material gefüllt sind, finden sich trotzdem über weite Strecken Reste von auf Grasnarbenhöhe abgeschnittenem Streckmetallzaun.

Im nördlichen Bereich der Siedlung am Rehpfuhl steht am Ende eines Erschließungsweges das Einfahrtstor zum Grenzstreifen (VZ4). Zwischen der Rheingoldstraße und der Waltersdorfer Chaussee ist die Ausdehnung des einstigen Grenzstrei-

Blumenschalensperren und Streckmetallzaun am Nibelungenweg (VB1, VZ2)

Zufahrtstor in den Mauerstreifen (VZ4)

Nähe Waltersdorfer Chaussee; Foto der Grenztruppen aus dem Jahre 1988

fens noch deutlich erkennbar (S1). In diesem Teil hat sich der Kolonnenweg (KW2) aus gegossenen Betonplatten vollständig erhalten.

Die einstige Grenzübergangsstelle (GÜSt) Waltersdorfer Chaussee war neben den Grenzübergängen Heiligensee/Stolpe im Nordwesten, Staaken im Westen und Dreilinden/Drewitz im Südwesten die vierte Grenzübergangsstelle, die West-Berlin mit der DDR verband. Sie war ausschließlich für westliche Fluggäs-te auf dem Weg zum ostdeutschen Flughafen Schönefeld bestimmt. Die Waltersdorfer Chaussee markiert auch die südliche Grenze des innerstädtischen Grenzbereichs. Von den Anlagen der GÜSt finden sich ebenso keine Reste mehr wie von der Wendeschleife für den Westberliner BVG-Bus, dessen Strecke hier auf Grund der Grenzanlagen endete.

Vergleichsaufnahme vom Oktober 2002

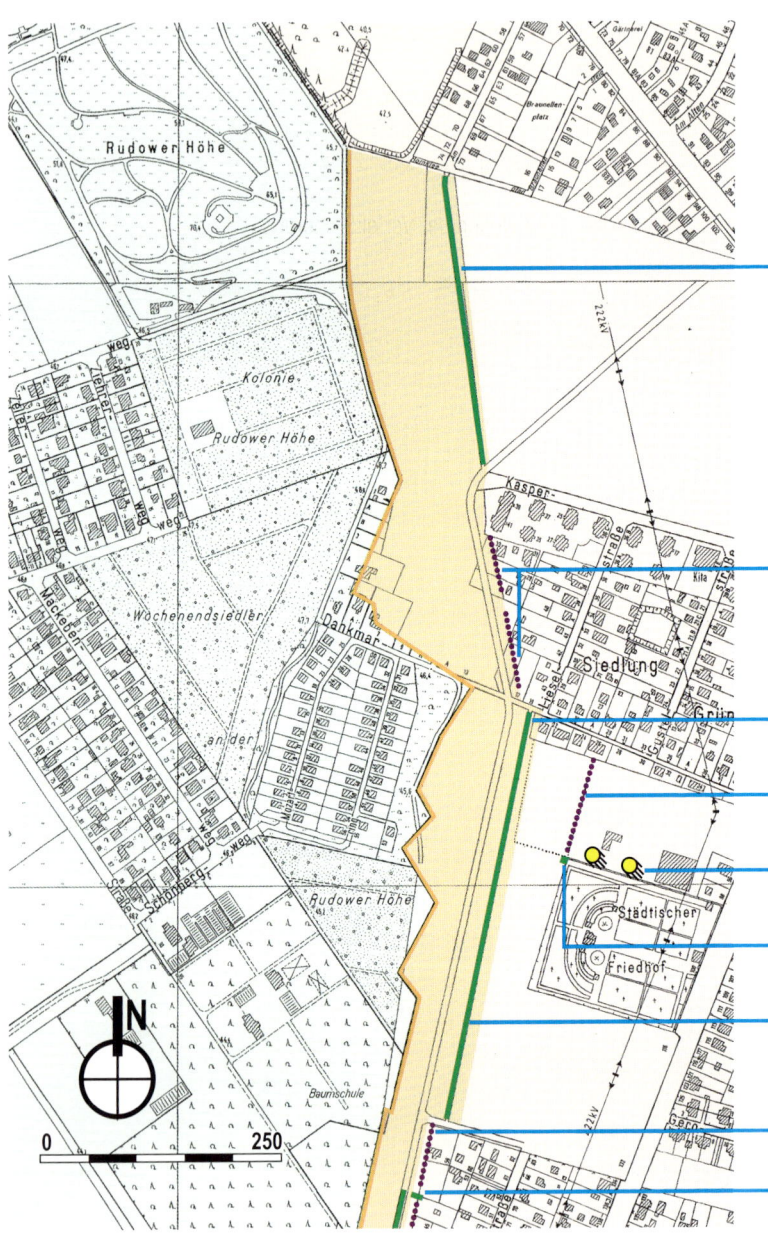

KW1-2   Kolonnenweg

VZ1-2   Vorfeldsicherung, Zaun
VZ3   Doppelter Zaun der Vorfeldsicherung
VZ4   Einfahrtstor zum Grenzstreifen

VL1   Lampen der Vorfeldsicherung

KW1

M1   Pfosten der Sperrgebietsmarkierung

VB1   Blumenschalensperren

S1   Leere des Grenzstreifens

VZ1

KW2

VZ3

VL1

M1

KW2

VZ2

VZ4

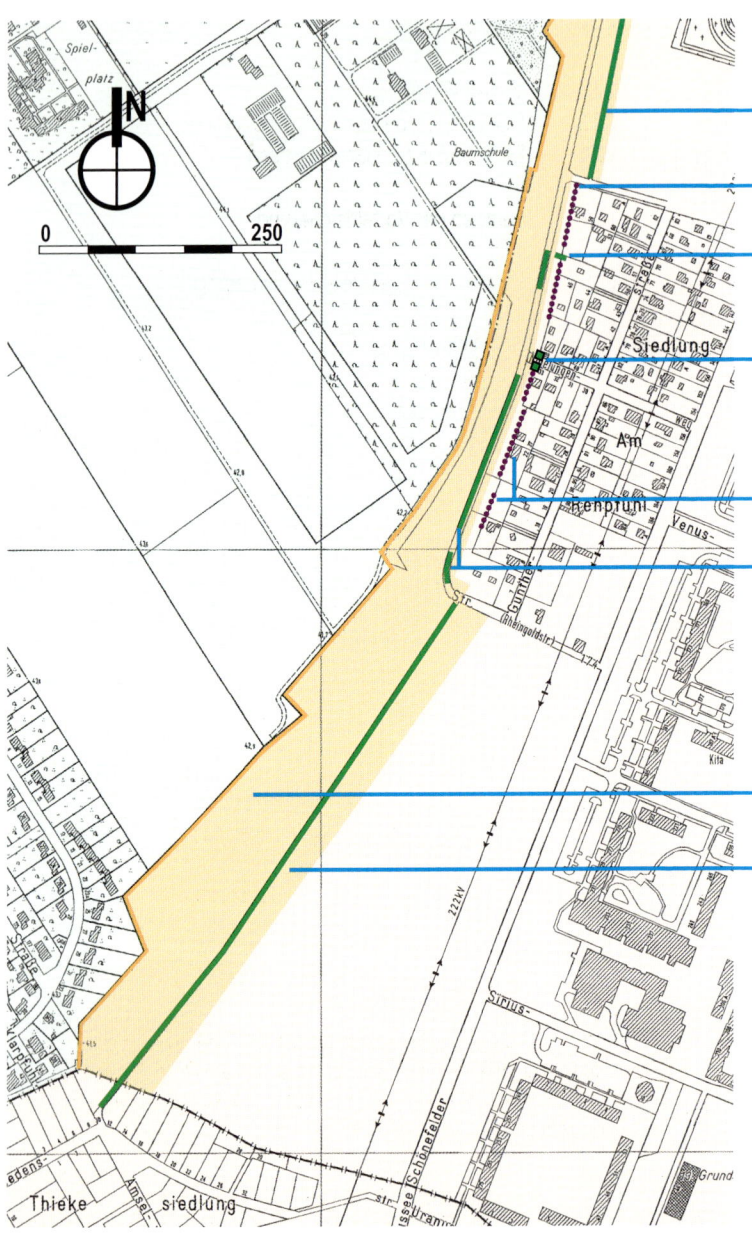

KW1-2   Kolonnenweg

KW2

VZ1-2   Vorfeldsicherung, Zaun
VZ3   Doppelter Zaun der Vorfeldsicherung
VZ2   VZ4   Einfahrtstor zum Grenzstreifen

VZ4   VL1   Lampen der Vorfeldsicherung

M1   Pfosten der Sperrgebietsmarkierung

VB1   VB1   Blumenschalensperren

S1   Leere des Grenzstreifens

VZ2

KW2

S1

KW2

Dieser Abschnitt liegt nicht direkt an einer U- oder S-Bahnstation.
Sowohl Anfang als auch Ende kann man mit dem Bus 165 vom S-
Bahnhof Flughafen Schönefeld erreichen, zu dem die Linien S45 und
S9 fahren.

Literaturauswahl

Jürgen Ritter und Peter Joachim Lapp: Die Grenze – Ein deutsches Bauwerk. Berlin 1997

Thomas Flemming und Hagen Koch: Die Berliner Mauer – Geschichte eines politischen Bauwerks. Berlin 1999

Gabriele Camphausen u.a.: Eine Stadt wächst zusammen. 10 Jahre Deutsche Einheit: Was aus der Berliner Mauer wurde. Berlin 1999.

Polly Feversham und Leo Schmidt: Die Berliner Mauer heute – Denkmalwert und Umgang / The Berlin Wall Today – Cultural Significance and Conservation Issues. Berlin 1999

Hans-Hermann Hertle u.a.: Mauerbau und Mauerfall; Ursachen – Verlauf – Auswirkungen. Berlin 2002

Kim Bouvy: Niemandsland – Berlin ohne die Mauer. Rotterdam 2002

Hope M. Harrison: Driving the Soviets Up The Wall. Soviet-East German Relations, 1953-1961. Princeton 2003

Abbildungsverzeichnis

Die Fotos der Grenztruppen, die jeweils als solche ausgewiesen sind, entstammen dem Berliner Mauer Archiv, Berlin.

Die den jeweiligen Kapiteln angehängten Kartenausschnitte wurden auf der Basis von Karten der Abteilung III, Geoinformation, Vermessung, Werteermittlung der Senatsverwaltung für Stadtentwicklung Berlin hergestellt. Die Karten befinden sich auf den Seiten 36, 38, 40, 42, 50, 52, 64, 66, 68, 70, 78, 92, 94, 102, 112, 120, 130, 138, 148, 156, 166, 176, 178, 190, 192, 200, 202, 212, 214, 224, 226, 234, 236, 238, 248, 250, 252, 258, 260, 262, 264, 270, 272, 274, 282, 284.

Die Luftbilder auf den Seiten 49, 154 und 163 wurden freundlicherweise von der Abteilung III, Geoinformation, Vermessung, Werteermittlung der Senatsverwaltung für Stadtentwicklung Berlin zur Verfügung gestellt.

Alle übrigen Fotos und Illustrationen wurden von den Verfassern aufgenommen bzw. hergestellt.